JN217963

はじめに

2011年3月にNext教科書シリーズ『政治学』初版を刊行してから7年近くが経過した。この間、日本でも世界でも、さまざまな局面において大きな変動のうねりが見られた。2011年といえば、日本では民主党政権の時代であり、政権交代に伴う当初の期待と清新さは、国民に政治的変化の胎動を感じさせたが、約3年3カ月続いたこの政権は、そのような期待と変化の大きさに反比例するように、さまざまな問題を生み出して、結局2012年12月の総選挙で自民党中心の安倍晋三政権に取って代わられた。その後の政権は、衆・参両院の選挙で連勝し、現在まで引き継がれている。

世界的に見ても、アメリカでは2016年11月の大統領選挙で、大方の予想を覆して、共和党の大統領候補であるドナルド・トランプが勝利し、「アメリカ第一」を掲げて、既存の政治的枠組みに大きな変化をもたらしつつある。ヨーロッパでも、2016年6月の国民投票でイギリスのEU離脱が決まり、いわば自国中心主義の動きは加速しているように見える。2017年9月のドイツの連邦議会選挙では、伝統的な二大政党が議席を減らし、第3勢力として反EU、反移民を掲げる「ドイツのための選択肢」が躍進する結果となった。国際社会のグローバル化とは裏腹に、国民国家の政治的レベルでは、内向きで自国中心主義的な潮流がいわゆる先進民主主義国でも明示的に表れているといえる。

このような政治的環境の変容を踏まえながら、第2版では情報のアップデートを図ることはもちろん、いくつかの章で、若手のエネルギッシュな研究者に参画いただき、新鮮な視点や柔軟な問題の捉え方を取り込むことによって、「改訂版」の名にふさわしい内容となっていると自負している。

初版の趣旨を踏襲して、この本書でも節を見開き2ページで完結させ、いわば簡便な「政治学辞典」としても利用できる構成となっている。とくに初学者にとっては個々のテーマの核心を要領よく把握するために有益ではないかと思う。編集作業については、弘文堂編集部の加藤聖子さんにきめ細やかなフォローをいただいたことに感謝申し上げる。

2018年1月　吉野　篤

目　次 | Next 教科書シリーズ『政治学』［第 2 版］

第 10 章　インターネットと政治…145

第 1 章

人類と政治

本章のポイント

　人間の歴史や国家と政治と行政の本質、地方公共団体と自治権の本質等を総合的に考える。

1. 人類の文化史と文明史のスピードの相違が、どのようなかたちで現在の地球温暖化等の問題を引き起こしているのかを考える。
2. ロストーの「take off の原理」を軸に、定住後の人類と国家の歴史や変遷を考える。
3. 政治と行政の関係を官房学や警察学、ドイツとアメリカの行政学を中心に考える。
4. ヨーロッパの先進国である英・仏と、後発国のドイツの対立から国家を考える。
5. 民主政治と民主主義や「民主政治対民主政治」を通じて、民主政治の多様性を考える。
6. 国家規模や国内の多様性と、単一国家と連邦国家の関係から政治の多様性を考える。
7. 地方自治の歴史と自治権の本質から、自治のあり方や国家と地方の関係等を考える。

1 人類の文明・文化の歴史と現代の課題

A 人類の歴史と文化

人類の祖先は、今から約700万年前に類人猿から分かれたサヘラントロプス・チャデンシス（猿人）である。その後人類は、約250万年前のホモ属の最初の種とされるホモ・ハビルス（器用なヒト）、約60万年前のホモ・エレクトス（立ち上がったヒト：原人）、約20万年前のホモ・サピエンス（かしこいヒト：新人）へと進化した。その進化は、先人類の絶滅と新人類の誕生が若干重なり合う形で展開されてきた。そこに文化の継続性が認められる。

ホモ属は石器や土器等の道具を製作し文化の基礎を築いた。ホモ・ハビルスは人類最初の石器を製作した。火を最初に使用したホモ・エレクトスの一部は、アフリカを出てアジアに住み、北京原人やジャワ原人と呼ばれた。ホモ・サピエンスは絶滅したネアンデルタール人等（旧人）と、われわれの祖先の新人に分かれた。新人は約6万年前にアフリカを出て世界中に広がっていった。土器は約1万5000年前につくられた。

人類は誕生と絶滅の繰り返しの中で、文化を継続させながら進化し、約6万年前に新人は、地球上の隅々にまで広がっていく中で、芸術や宗教や言語等の文化を生み出していく英知を獲得してきた。人類は英知を受け継ぎ、700万年前、250万年前、60万年前、20万年前、6万年前と、ほぼ3分の1ずつ時間を短縮しながら、文化を洗練させてきた。

B 人類の歴史と文明 （図1-1）

文明誕生の起点の一つが、約40万年前の原人による火の使用（エネルギー革命）である。文明社会は、約1万年前の農業革命、約250年前の産業革命、そして近年の情報革命を通じて激変してきた。制御可能なエネルギーは人類の生活を急速に変化させ、農業を通じて人類は、狩猟・採集の生活から自給自足型の生活へ踏み出した。農業の発展は定住を生みだし、集落や都市や国家を作りだした。余剰生産物の市場での交換や交易は貨幣経済を生みだし、時代に即応した権力者（群）を育成した。産業革命は、科学・技術の発展を背景に、地下資源をエネルギー源とすることで生成発展して

いった。情報革命は、社会や人々の生活等に大きな変化をもたらしている。

　火の使用によって原始的な科学や技術を生みだした人類は、農業革命（第一次産業）、産業革命（鉱工業：第二次産業）、サービス業を中心とした産業の発達や情報革命（第三次産業）を体験し発展してきた。約40万年前のエネルギー革命から、1万年前の農業革命、250年前の産業革命、ごく最近の情報革命と、人類の文明は40分の1のスピードで進化してきた。

C　文化と文明の時差とその帰結

　人類は、ペースの遅い文化の変化には何とか対応してきた。しかし、ハイペースで変化してきた文明への対応には苦慮している。大量生産、大量消費、大量廃棄を前提とする産業社会への対応は、緊急の課題となっている。過度に地下資源に依存する現代文明は、資源の枯渇や地球温暖化や世界的な異常気象といった地球的な環境の危機をもたらしている。国際交易や交流拡大も、一国の経済危機が世界恐慌を惹起する危機や、新しい疾病がパンデミックとなる危険性を生みだした。国家を越えて地球規模で国家が協力し合う必要性が高まり、政治に大きな変革を求めている。

　こうした問題に人類は地球的な視点で取り組む必要がある。人口の急増や生活の変化は、地下資源への依存度を急増させ、地球環境破壊の危機が急迫していることを示している。人類には、太陽光や風力や波力等の自然エネルギーや大地からの恵みという、いわゆる再生可能な資源やエネルギーの活用に積極的に取り組むべき時期がきている。政治が対象とすべき領域が拡大化し複雑化してきており、政策の大転換が必要となっている。（池内了「未来世代への責任」日経新聞2008年3月14日〜25日参照）

文化史：時間を3分の1ずつ短縮・文化（英知）の力によって時間を短縮…人類は何とか変化に対応
約700万年前　約250万年前　約60万年前　　　　約20万年前　　　　　　　　約6万年前
猿人 → ホモ・ハビルス → ホモ・エレクトス→ ホモ・サピエンス（旧人・新人）→ 世界中に点在
文明史：時間を40分の1に短縮・文明が一気に進化…現在：文明の進化が人間の英知を抜かしつつある時代
約40万年前：火の使用　約1万年前：農業革命　約250年前：産業革命　約6年前：情報革命
制御可能なエネルギー獲得 → 人類最初の文明 → 地下資源文明（公害発生）→ 地上資源文明へ

池内了「未来世代への責任」日本経済新聞『やさしい経済学』（2008.3.14-25.）を参照し作成。年代は河合信和『ヒトの進化七〇〇万年史』（ちくま新書879，2010）によった

図1-1　人類の文化史と文明史

2 国家の誕生と変質

A 先史時代と古代（都市国家）と中世（領邦国家）

　農業革命後は小規模集落を単位に祭政一致といわれる政治が行われていた。古代ギリシアの国政は都市国家（ポリス）を単位に行われた。身分制社会の中で奴隷制経済が営まれ、自然哲学や歴史哲学を生みだした。政治制度は王政、貴族政、民主政が混在していた。そこでは兵士となる義務と引き換えに参政権が付与された。ポリスからは「囲まれたところ」、「安全なところ」、「秩序」、「政治」、「行政」、「警察」といった意味が生まれた。

　中世ヨーロッパの国政は領邦国家を単位として行われた。封建制は国王と領主と家臣の間の土地を仲立ちとした契約で成立し、荘園領主となった貴族等が支配地を統治したことから貴族政といわれる。キリスト教の影響が強く、ローマ教皇の宗教的権威の下に国家と領邦が存在した。

　自由農民も存在したが、農奴が生産の中心である農奴制経済が行われていた。荘園には領主の館と教会がおかれ、領主の支配した荘園は領邦、教会の管轄区を前提にした荘園は教区（パリッシュ）と呼ばれた。

B 近世（国民国家）

　近世以降のヨーロッパ諸国の政治は、領邦国家を統一して生まれた国民国家を単位として行われた。ルネサンスと宗教改革が教会の権威を弱めたことから、王権神授説で武装した絶対主義王政が確立された。大規模国家運営のために家産官僚を中心にした官僚機構と、騎士を中心とした常備軍が形成された。臣民は納税と徴兵によって国家機構と結びつけられた。常備軍の組織形態は官僚制として行政機構にも導入された。

　マニュファクチュアによる社会的分業が生んだ余剰生産物の交易によって重商主義経済が確立され、大規模国家経営のために、国家が関税政策を通じて金銀や財宝を蓄積する国富の増進が求められた。この時代の国民国家は警察国家とよばれ、幸福促進主義の実現に向けて積極的に活動することが求められた。警察には行政の意味が内在されており、警察国家は積極国家すなわち行政国家の一種と考えることができる。

C 近代（国民国家）と現代（国民国家）

　近代国家は、近代市民革命と産業革命の後に確立され、自由主義のもとめる自由放任や自己責任や自助作用、保守主義のもとめる「安価な（小さな）政府」が理想とされた。市民による制限民主政治が行われ、社会は有権者である市民によって構成される市民社会とされた。人類に固有な天賦人権は自由権的基本権とされ、国家からの自由が強調された。

　資本主義経済は市場原理による予定調和によって導かれるものと考えられ、国家は立法国家（夜警国家・消極国家）が理想とされた。個人の自由な活動が社会の調和を導くとみなされていた。しかし資本主義経済は景気循環を生み、貧富の差を拡大させていった。

　現代国家は大衆民主政治を実現した。大衆は国家に社会福祉を通じた安定した社会の実現を求め、修正資本主義は国家に景気対策等の積極的な活動を求めた。国家は行政国家（福祉国家・積極国家）が理想とされ、国民の社会的基本権（生存権）の確保が求められた。社会民主主義は社会福祉の積極的な実現を目的とする「大きな政府」を理想とした。行政国家は行政機構の肥大化や財政赤字の増大を生みだし、その批判論として、「小さな政府」への回帰を求める新自由主義や新保守主義が展開された。

　国家は、ロストー（Rostow, W. W.）が「take off の原理」（『経済成長の諸段階』）（図1-2）で述べたように、経済の発展に合わせて都市国家、領邦国家、国民国家へ移行し、国民国家の政治も独裁政治から制限民主政治そして大衆民主政治へと変質した。

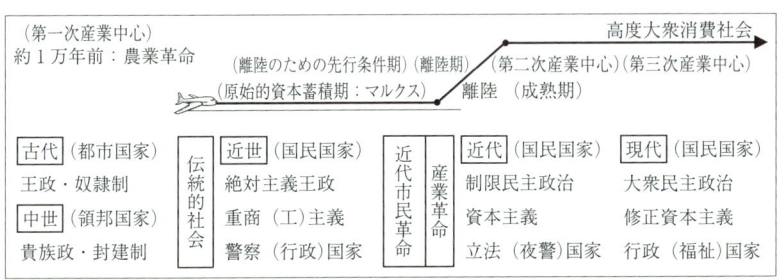

ロストー，W. W.「take off の原理」『経済成長の諸段階』を参照し作成

図1-2　文明社会の進展と国家の変質

3 政治と行政

A 政治と行政の関係

　政治学や法律学は三権分立論を前提としている。議会制民主政治では、議会は主権者が選出する政治家によって構成される。議院内閣制においては下院の信任を受けた内閣が、大統領制では国民から直接選出された大統領が行政を執行する。ここでは、実際の行政を担当する行政機関は、内閣や大統領の指揮命令を受ける下部機関となる。この行政機関が有する準立法権（命令制定権）や準司法権をめぐって、政治と行政の望ましい関係について、さまざまな研究や実践が行われている。

　行政学では五権分立論が提唱されている。これは権力を主権者の持つ選挙権、議会が担当する立法権、大統領と政治任命の上級公務員または内閣が担当する執政権、行政機関が担当する行政権、裁判に関する司法権に区分するものである。政治をいわゆる意思決定、行政を決定された意思の執行とみなした場合、選挙権と立法権と執政権を政治が担当し、行政機関が行政権を担当することになる。両者の相違を強調した時には政治・行政二分（分断）論が、効率的な行政が求められた時には行政管理論が、政治と行政の関連性が強調された場合には政治・行政循環（連続）論が展開された。

B 先史時代と行政

　農業革命は約1万年前に起こった。この時代は更新世から完新世、氷河期・間氷期から後氷期、旧石器時代から新石器時代、先史時代から歴史時代への移行期という人類生活の大転換期であった。狩猟は成員の協働が不可欠であり、農業開始期には畑づくり等に成員の協働が必要であった。協働へのリーダーシップが「政治」であるとすれば，協働は広く考えた場合には「行政」ということになる。ヒトが2人以上で生存しているところには「政治」が存在するといわれている。しかし国家が生まれる以前の社会では、必要な共同作業である「行政」が存在し、その「行政」を前提に「政治」が存在したと考えることもできる。行政学者サイモン（Simon, H. A.）は、人類の誕生とともに「行政」が存在したと論じている。

C 独裁政治と行政

　一時期のアテネ（アテナイ）等を除くと、古代と中世は小規模国家で独裁政治が行われていた。政治と行政は一体視され、為政者の意思決定（政治）に臣下や臣民が対応（行政）した。自給自足が前提であったが、ピラミッド建設等の大規模事業は臣民の福祉を目的とした公共事業であった。いつの時代にも、為政者には国家経営と臣民生活の安定が求められていたといえる。

　近世のイギリスやフランスでは、領邦国家を統合した国民国家で絶対主義王政が確立され、重商主義が営なまれた。300 程の領邦に分裂していた神聖ローマ帝国（ドイツ）は、各領邦が絶対主義王政を確立し、重商主義を実践した。三十年戦争で疲弊した国家の復興のために官吏養成が行われ、必要な学問分野で構成される総合学問である官房学が、『ドイツ君候国家論』の著者であるゼッケンドルフ（Seckendorff, V. L. v.）らによって確立された。ドイツの各領邦は上からの改革を担当する官吏養成を目的に、警察（行政）学を官房学から独立させ、大学で講義を始めた。ユスティ（Justi, J. H. v.）は「警察学が種を蒔き、財政学がこれを刈り取る」（『警察学提要』）と述べ、行政と財政の役割を強調した。

D 民主政治と行政学 （表 1-1）

　産業革命後の統一国家の政治と行政の関係を二分論として論じたのが、ドイツのシュタイン（Stein, L. v.）とアメリカのウィルソン（Wilson, T. W.）である。国家有機体説に立つシュタインは、意思決定（頭脳：憲政）と、憲政を具現化する装置（手足：行政）の分離（「憲政と行政の分離」）の必要性を論じた。ウィルソンは、メリット・システム（資格任用制）が導入された時代に、中立的な行政を求める「政治・行政二分（分断）論」を展開した。

表 1-1　官房学と行政学

ドイツ官房学	重商主義の変種・官吏養成に必要な総合的知識を体系化
前期官房学 後期官房学	ゼッケンドルフ『ドイツ君候国家論』：最初に行政の価値を承認した人 ユスティ 『警察学提要』：官房学に「国家学」等を導入・警察学の父
シュタイン行政学	シュタイン『行政学』『国家学体系』：国家有機体説・憲政と行政の分離
アメリカ行政学	1887 年：ウィルソンの「行政の研究」による新しい学問
政治・行政二分論 行政管理論 政治・行政融合論	ウィロビー『行政の諸原理』：五権分立論，政治・行政二分（分断）論 ギューリック他『行政の科学に関する論文集』：POSDCoRB を提唱 マークス『行政の諸要素』：行政と政治を連続的にとらえる

4 近代国家の本質と役割——世界市民主義と国民主義の対立

A 先進国と後発国

　近代国家は近代市民革命と産業革命を経て誕生した。フランス革命は、フランスを君主国（王政）から共和国（民主政治）に変えた。人権宣言は人間（人類）が天賦不可譲の人権を有することを宣言し、啓蒙主義を喧伝した。イギリスの古典派経済学は、国内での自由競争と国際間での自由貿易のメリットを強調した。フランスとイギリスは、政治上の民主主義と経済上の自由主義が人類に普遍的な原理であるとするコスモポリタニズム（世界市民主義）を展開し、各国に影響を与えた。

　ドイツでは、近代化に向けた独自の思索や行動が展開された。ここには、先進国がモデルとなり後発国が追随してくると考えるいわゆる進歩史観と、国民は国家を単位として独自の政治社会を確立していくべきだとする考えの対立が見られ、ドイツの近代化のあり方が模索された。

B 政治的ロマン主義と歴史学派

　ドイツは、ナポレオンの支配と自由貿易の要求への対応に苦悩していた。人間個性の主張として興ったロマン主義は、民族や国民や国家の独自性を主張する政治的ロマン主義に変質し、コスモポリタニズムであるフランス啓蒙主義とイギリス古典派経済学を批判した。彼らは、言語や文化や芸術等の伝統を共有する、一つなるドイツ国民国家の実現を目指す国民主義を展開した。これを直接・間接に継承したものが歴史学派である（**表1-2**）。

C リストの発展段階説

　ドイツ歴史学派の先駆となったリスト（List, F.）は、古典派経済学はイギリスの経済状態を写し取ったものであり、自由競争と自由貿易は諸国民が経済の発展段階をのぼりつめていく先にあるものと論じた。リストは経済の発展段階を、原始的未開段階、牧畜段階、農業段階、農工業段階、農工商段階の5段階に分類し、イギリスは農工商段階に到達しているのであって、古典派経済学は最終段階の経済理論であると論じた。

　彼はドイツが第3段階から第4段階への移行期にあるとみなし、ドイツでは対内的には自由主義、対外的には保護貿易主義が必要なことを論じた。彼は産業資本の保護主義的な統一国内市場の形成の必要性を主張し、1834年のドイツ関税同盟の成立に尽力した。彼はドイツの政治的・経済的な統一と独立を訴え、ロマン主義によって覚醒された反個人主義的な国民意識を、近代的な国民経済建設の政策思想として結実させた。

D　歴史学派と国民国家・国民経済

　発展段階説に立脚した歴史学派は、自然経済、貨幣経済、信用経済への発展を論じたヒルデブラントに代表される前期歴史学派と、家族経済、村落経済、都市経済、領邦経済、国民経済、世界経済への発展を論じたシュモラーや、封鎖的家内経済、都市経済、国民経済への発展を論じたビュッヒャーに代表される後期歴史学派に分類される。歴史学派のいう歴史は、国や地域によって歴史は異なるというものであり、いずれも国家の経済の発展段階に応じた対応の必要性を説いている点に共通性がある。

　後期歴史学派は、1871年のドイツ第二帝政成立の翌年に社会政策学会を設立し、資本主義経済が生み出した貧困や階級対立の解消を目的とした活動を展開している。貧富の差を是正し、社会保険によって階級対立を緩和する政策等はその代表的な例といえる。発展段階説はマルクスの「唯物史観」やロストーの「take off の原理」等に影響を与えた。

表1-2　ドイツ歴史学派等の特徴と内容

区　分	人物／主著	理論の特徴
先駆者	リスト，F.（1789-1846）『経済学の国民的体系』	未開段階→牧畜段階→農業段階→農工段階→農工商段階
前期歴史学派	ヒルデブラント，B.（1812-1878）『現在と未来の経済学』	自然経済（中世的・封建的）→貨幣経済（現代資本主義）→信用経済（未来）
後期歴史学派（社会政策学派）	シュモラー，G. v.（1838-1917）『重商主義とその歴史的意義』	家族経済→村落経済→都市経済→領邦経済→国民経済→世界経済
	ビュッヒャー，K.（1847-1930）『国民経済の成立』	（個人的食料探索段階）→封鎖的家内経済→都市経済→国民経済
政治的ロマン主義	マイネッケ，F.（1862-1954）『世界市民主義と国民国家』	コスモポリタンの世界市民主義に国民国家理念を対置させた

5 民主政治の発展と多様化

A 民主政治と哲人政治

　古代ギリシアでは、民主政治に対して、否定論と肯定論が存在した。民主政治はデモス（demos 人民）とクラティア（kratia 権力）の合成語であり、人民の権力を意味した。それは市民が民会で意思決定する直接民主政治であった。神殿の前での籤（くじ）による執政官（アルコン）の選出は、行政への政治の不介入となり、民主政治の機能を弱めたともいえる。

　民主政治には裁判機能もあり、市民が裁判で原告と被告の弁論を聞き評決した。陪審員裁判や裁判員制度の起源が認められる。プラトンは、ソクラテスの死刑判決を理由に民主政治を批判し、四元徳や哲人政治を提唱した。アリストテレスは国家を六分類し、その一部として民主政治を論じた。

　古代ギリシア市民の参政権は兵役の、近代ヨーロッパ市民の参政権は納税の義務への対価であった。民主政治は権利義務関係から始まり、大衆民主政治における参政権は人類に普遍な基本的人権の一部とされている。

B デモクラシーと民主主義・民主政治（民主制）

　デモクラシーは、民主主義や民主政治（民主制）等と表現されている。しかし両者は異なる概念である。民主主義は政治的イデオロギーを、民主政治（民主制）は体制や制度や機構を指す。民主主義は、ファシズムや軍国主義、社会主義や共産主義等の政治的イデオロギーと対立する、中間的な政治的イデオロギーということになる。民主政治（民主制）は、各国で採用されている民主政治の制度や機構等として論じられることが多い。

　民主政治には定型モデルは存在しない。それゆえ選挙制度や議会制度や政府の形態等の対比として論じられる。直接民主制と間接民主制や制限民主政治と大衆民主政治といったものもその一つといえる。

C 民主主義と人民民主主義

　第二次世界大戦では、連合国側が民主主義とファシズムや軍国主義との戦いというスローガンを掲げ、民主主義を正義のイデオロギーとした。し

かし、冷戦下では民主主義と人民民主主義が対立することとなった。民主主義を自明の理とした連合国は、民主政治の質や内容をめぐって自由主義と社会主義に分かれて対立した。

D　多数決型民主政治とコンセンサス型民主政治

　民主政治は多数決型とコンセンサス型に類型できる（**表 1-3**）。選挙制度で比較すると、多数決型民主政治は小選挙区制を、コンセンサス型民主政治は比例代表制を採用していることが多い。小選挙区単純多数代表制は二大政党制になり単独内閣となりやすく、政権交代により政策が激変することがある。比例代表制は多党制になり連立政権となりやすく、多くの意見が政策形成過程に表出されることから、コンセンサスが重要となる。

　ドイツの一部の地方自治体では大選挙区完全連記一部累積投票制を採用している。各政党は候補者数の調整が可能であり、有権者は候補者の一部に３倍まで累積投票ができる。たとえば 16 議席に A 党が 16 人、B 党が 8 人の候補者を立てた場合、A 党支持者は各候補に１票を投じることも候補者を選択して１人に３票まで投票することもできる。B 党が各候補者を２人分とすると支持者は各候補に２票ずつ投じることも一部候補に６票まで、一部の候補者を３名分とした場合には９票まで累積投票ができる。イギリスの一部のパリッシュでは、大選挙区完全連記非累積投票制（与えられた票を別々の候補者に投票する）を採用している。

表 1-3　多数決型民主政治とコンセンサス型民主政治：政府、政党次元における 5 変数

	多数決型民主政治	コンセンサス型民主政治
執行権	単独内閣への執行権の集中	広範な多党連立制による執行権の共有
執行府と議会	執行府首長が圧倒的権力を持つ執行府・議会関係	均衡した執行府・議会関係
政党制	二大政党制	多党制
選挙制度	小選挙区単純多数代表制	比例代表制
利益媒介システム	集団間の自由な競争に基づく多元主義的利益媒介システム	妥協と協調を目指した「コーポラティズム（協調主義）」的利益媒介システム

レイプハルト，A.『民主主義対民主主義』粕谷祐子訳，勁草書房，2005. を参照して作成。
ただし制度の比較であることから民主政治とした。

6　国家と政治

A　連邦国家と単一国家

　民主国家の政治権力は中央政府と地方政府に分割される。中央政府の権力が、連邦と州（邦）に分割されているものが連邦国家であり、唯一の中央政府に権力が集中しているものが単一国家である。連邦の各構成単位を国家に類似した権力中枢の一つとみるか、地方政府とみるかによって連邦国家の評価が変わる。ロシア共和国では州や大都市の首長を大統領がコントロールしている。面積が世界7位までのロシア、カナダ、中華人民共和国、アメリカ、ブラジル、オーストラリア、インドの中では、中華人民共和国以外は連邦国家である。またスイスやベルギーも連邦国家である。それゆえ連邦制は、大規模国家と多元的な民族や文化などが内在する国家に妥当する体制といえる。

B　一院制と二院制

　一院制と二院制の比率は2対1程度である。デンマークとスウェーデンは二院制から一院制にかわった。面積上位7カ国では、中華人民共和国以外は二院制である。二院制は、ほぼ平等な権限をもち両院議員が国民の直接選挙で選出される対称的な二院制と、憲法上の権限と上院議員の選出方法がきわめて不平等な非対称的な二院制に分類できる。アメリカ、イタリア、コロンビア、スイス等が対称的な二院制の国家であり、オーストラリア、オランダ、日本も類似国である。オランダでは上院がすべての法案に絶対拒否権を持っている。その他の二院制採用国の多くは非対称的な二院制であり、極端に上院が弱いイギリスはその典型である。

　下院の優越を形式的に保障するため、上院は下院に比べて規模が小さく、議員の任期が長く、下院と時期を異にする選挙が行われることが多い。また二院制は、上院議員が少数派を過大評価するような下院とは異なる選挙制度で選出される不調和な二院制と、ほぼ平等な選挙制度で選出される調和した二院制に区分できる。連邦国家では不調和な二院制が多い。

　アメリカ（各州2名）やオーストラリア（各州12名）などは不調和な二院制

である。アメリカでは、全体で10%の人口に相当する小さい州に住む人々が40%の上院議席を選出している。単一国家では、デュベルジェ（Duverger, M.）が「農業院」と揶揄したように、フランスは不調和な二院制の国家であり、イタリアや日本等は調和した二院制の国家である。

C 集権と分権

単一国家の一院制議会における多数決型民主政治では、議会に立法権が集中し集権的な政府になりやすく、連邦国家の二院制議会におけるコンセンサス型民主政治では、平等な人数の州（邦）代表が構成する議会が存在すると、州（邦）代表の影響力の保障が強いほど、分権的な政府になりやすいといわれる（表1-4）。それゆえ各国は、議会制度や選挙制度に工夫を加えているのであり、民主政治が多様性を持つ要因ともなっている。

連邦国家の二院制では、国民代表の議会と州（邦）の構成単位から選出され対等な権限を持つ議会に分かれ、対称的な二院制で不調和な二院制となることが多い。一票の平等を前提とした場合には、不調和な二院制は大きな問題となるが、州（邦）が国政の場で対等な立場に立って発言権を持つということは、形式的には分権的な国家体制となっているといえる。二院制の一方の院が他方の院に対する法案等への拒否権が弱ければ、両院がコンセンサスをとることで、多様な声が法律や予算に反映されることになる。

表1-4　多数決型民主政治とコンセンサス型民主政治：連邦制次元の5変数

	多数決型民主政治	コンセンサス型民主政治
国家と政府	単一で中央集権的な政府	連邦制・複数の権力中枢への権力の配分：権力の非集中
議会制度	一院制議会への立法権の集中	異なる選挙基盤から選出される二院制議会への立法権の分割
憲法	相対多数による改正が可能な軟性憲法	特別多数によってのみ改正できる硬性憲法
違憲審査制	立法活動に関し議会が最終権限を持つシステム	立法の合憲性に関し最高裁または憲法裁判所の違憲審査に最終権限があるシステム
中央銀行	政府に依存した中央銀行	政府から独立した中央銀行

レイプハルト, A.『民主主義対民主主義』粕谷裕子訳, 勁草書房, 2005. を参照し、一部修正して作成。制度の比較であることから民主政治とした。

7　地方自治と地方政府

A　国と地方公共団体

　経済と国家等の間には、村落経済と国家以前、都市経済と都市国家、領邦経済と領邦国家、国民経済と国民国家、世界経済と地域経済統合やグローバル化といった関連が認められる。村落が統合されて都市国家や領邦国家（小規模国家）が生まれ、領邦国家が統合されて国民国家（大規模国家）が誕生し、いまや人類は地球規模で相互関連をもちながら生活している。

　ただし、国家は単なる地域の統合体ではない。古代のギリシア人には一体化意識はあったが政治の単位は都市国家という独立国家であった。中世は広域国家があり国王が存在したが、政治の単位は領邦国家であった。近世の絶対君主が統一国家である国民国家を創設し、国土を地方公共団体に分割して官吏を派遣して支配した。民主政治の進展とともに、先進諸国では、自治権が拡大され中央集権から地方分権へと変質してきている。

　絶対主義王政期に確立された国民国家では、国家を区分して地方公共団体が形成されたことから、地方公共団体は国家の下部組織とされた。しかしコミュニティが人間生活の基礎単位であり、国家とは異なった役割を持つことが理解されると、地方分権や地方自治の必要性が強調され、中央政府と地方政府を対等な政府と考える政府間関係論も広まりをみせている。

B　主権・自治権・人権

　人類が最初に集団生活の場として村落を形成し、村落を結合して小規模国家を創設し、小規模国家を結合して大規模国家を確立したとすれば、それらは国家と広域自治体と基礎自治体となる。ボダン（Bodin, J.）は国家主権を当然視し、フランス啓蒙思想は基本的人権を普遍の権利としたが、自治権を絶対的存在とする理論はみられない。自治権は相対的な権利である。

　人類が村落を形成し支配者に統治（自治）権を付与したとすれば、統治権は人権から派生した権利となり、村落が統合されて国家となり支配者に主権を付与したとすれば、主権は統治権から派生した権利となる。しかし絶対君主が国民国家を樹立して主権を確立し、設立した地方公共団体に自ら

が承認した自治権を行使させたとすれば、自治権は国王が認めたもの、あるいは国家から伝来した権利となる。これが承認説（伝来説）である。他方、国家に主権があり、個人に人権がある以上、地方公共団体にも固有の自治権があると考えることもできる。これが固有権説である（図1-3）。

　民主国家の多くは法律で自治権を認めている。ここにいう自治権は、法律が承認した範囲の権利（承認説・伝来説）となる。そこでは、国家が地方自治関連法規を廃止して自治権を剥奪することも可能となることから、シュミット（Schmitt, C.）は、国家が法律で地方自治制度を認め自治権を付与した以上、それを保守する義務があるとする制度的保障説を論じた。

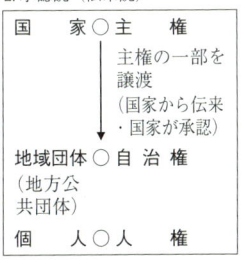
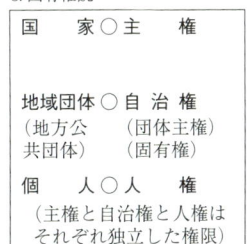

図1-3　主権と自治権

C　自治権の範囲

　英米法諸国では、地方公共団体が行使できる自治権は地方自治法が規定した範囲に限定するという制限列挙方式が前提となっている。大陸法諸国では、地方自治法の規定は概略であり、地方が必要とするものは、自治権の趣旨の範囲内での権限行使を容認する概括例示方式が前提となっている。

　概括例示方式は、地方自治制度が未発達な国家で、地方に派遣した官吏に必要最低限の権限行使を認める必要があったことから生まれたものである。ただし、大幅な権限行使は見られなかったといわれている。また、イギリスでは多くの地方法や私法律が存在する。これらは各地方公共団体に、何らかの特別な権限行使や行政サービスの提供等を個別に認めるために制定されたものである。

知識を確認しよう

. . . .

［問題］ 以下の文の中から適切なものを選びなさい。

(1) 約700年前の最初の人類はアウストラルピテクス属であり、約250万年前頃にホモ・エレクトスが石器を作成した。その後約40万年前にホモ・サピエンスが火を使用した。土器は約1万5000年前に作られた。

(2) 約1万年前の農業革命前後に定住を始めた人類は、集団生活の規模を拡大していくことで国家を創設した。古代国家は都市国家、中世の国家は領邦国家と呼ばれた小規模国家であったが、近世にはイギリスやフランスで国民国家と呼ばれる大規模国家が誕生した。

(3) 近世の先進国イギリスの古典派経済学を批判し、歴史学派の先駆となったロストー（Rostow, W. W.）は、農工段階のドイツが農工商段階に追いつくまでは保護貿易が必要であることを強調した。マルクスの唯物史観は、資本主義が社会主義、共産主義へと移行することを必然と論じた。

(4) 国家は連邦国家と単一国家に大別される。民主政治における統治機構は大統領制と議院内閣制に大別される。議会制度は一院制と二院制に大別される。地方公共団体の自治権は、固有権説と伝来（承認）説に大別され、デュベルジェ（Duverger, M.）は伝来説による自治は制度的保障が必要とした。

［解答］

(1) 最初の人類はサヘラントロプス・チャデンシスであり、石器を製作したのはホモ・ハビルス、火を使用したのはホモ・エレクトスである。

(2) ○

(3) 歴史学派の先駆はリスト（List, F.）である。ロストーはケネディ大統領の経済顧問であり、「take off の原理」を提唱した。

(4) 制度的保障説を論じたのはドイツのシュミット（Schmitt, C.）であり、デュベルジェはフランス元老院（上院）議員が、国民会議（下院）議員、県議会議員、市町村議会議員の代表で構成される選挙人団による間接選挙で選出され、農村部に有利なことからそれを「農業院」と呼んだ。

第2章 政治学の基礎概念

本章のポイント

　この章では、政治学の基本的内容を学ぶ上で必要となる基礎概念について解説する。

1. 権力の概念・政治権力の特質・ミランダとクレデンダ。
2. 主権論の歴史的展開・主権概念の変容。
3. 支配と服従の動態・支配の正当性。
4. 制度研究の歴史的系譜・「新制度論」の枠組み。
5. マルクスとマンハイムのイデオロギー論・イデオロギーの終焉論。
6. 体制の分類・政治体制の構成要素・政治システムとの関係。
7. リーダーシップの概念・政治的リーダーシップの類型。

1 権力

権力は物理的・社会的・経済的・政治的な側面を含めて、社会のなかにさまざまな形態で存在している。丸山真男によれば、政治とは「社会における紛争が権力を媒介として解決されてゆく社会現象」と規定されているように、第一義的には、権力は社会的紛争を解決する手段として重要な役割を果たしている。と同時に、権力は、それ自体が一つの社会的価値として追求対象となり、その意味で自己目的化し、自己増殖する。「権力闘争」という表現は、この側面を端的に示している。

A 権力の概念

一般的には、「実体概念としての権力」と「関係概念としての権力」という区分がなされる。

実体概念としての権力は、強制的側面が重視され、支配者の持つ能力・属性として捉えられる。この場合の権力は、相手の抵抗を排除して、自己の意思を貫徹する力であると理解される。その最終的手段は実力的強制である。

関係概念としての権力は、同意的側面が重視され、支配・被支配の関係において、具体的に実体概念としての権力が機能する点に着目する。この意味での権力は機能的概念であり、こうした側面からのアプローチは状況説とも、関係的アプローチとも呼ばれる。もっともこのような区別は相補的なものであり、これらの概念を念頭において、権力現象を状況に応じて包括的に考察することが肝要である。

また、アメリカの政治学者ラスウェル (Lasswell, H.D.) は、「決定とは重大な制裁（価値剥奪）を伴う政策である。権力とは決定の作成への参与である。すなわち、もしGがHのK政策に影響を及ぼすような決定の作成に参与する場合、Gは価値Kに関し、Hに対して権力を持つ」と規定し、国家権力のみならず、通常の政府関係以外の広範な社会関係を包摂する権力概念を提起した。

B　政治権力の特質

　「制裁力を背景として紛争を解決する能力」としての政治権力の特質は、まず第1に、すべての成員がそれに服従すべきものとして政治的権威（倫理的な正当性）を備えていなければならない。第2に、すべての成員を服従させることができる物理的強制力（暴力）を備えていなければならない。そして第3に、すべての成員に対して決定を下し、その決定を伝達できなければならない。これらの要件を満たしてはじめて、政治権力は正当性と倫理性を獲得し、一定の共同体の成員すべてを合法的に拘束することができる。要するに政治権力は、きわめて多様な社会的権力とは異なって、一定の社会あるいは組織的集団における全構成員を拘束する普遍的で権威化された権力を指しているといえよう。

C　ミランダとクレデンダ

　アメリカの政治学者メリアム（Merriam, C. E.）は、『政治権力』（1934年）のなかで「権力の常套手段は、信仰せらるべきさまざまなもの、すなわちクレデンダと、讃嘆せらるべきさまざまなもの、すなわちミランダとで自己を飾りたてることである。いかなる権力といえども、物理的な力に依存するだけでは自己を維持することはできない」と述べたが、このミランダとクレデンダは、政治権力を正当化するための手段として、重要な概念である。

　クレデンダとは、権力がより知的なものに訴えかけることによって、尊敬・服従・犠牲などの対象となるような状況を指している。その意味で、「クレデンダは合理化という次元にある」。他方のミランダとは、メリアムによれば、記念日および記憶に残されるべき時代、公共の場所および記念碑的な道具立て、音楽と歌曲、旗・装飾品・彫像・制服などの芸術的デザイン、物語と歴史、念入りに仕組まれた儀式、行進・演説・音楽などをともなった大衆的示威行為などである。これらは、歴史の美化あるいは大衆動員といった方法によって、大衆のいわば情動的側面に訴えかけて、権力が神聖・壮大なものとして正当化される状況であるといえる。この2つの概念には、政治権力の作用を総合的に分析しようとする場合に、常に指針とすべき根本的な意味が含まれているといえよう。

2 主権

主権 Sovereignty という語は、ラテン語の supremitas（最高のもの）あるいは suprema potestas（最高の能力）に由来しており、このような語源からすれば、「最高性」あるいは「絶対性」といった属性がこの語から導き出される。

A ボダンの主権論

この語を最初に定式化した 16 世紀フランスの思想家ボダン（Bodin, J.）によれば、主権とは「国家の永続的で最高の権力」であり、いかなる権力・命令・時間性によっても制約されず、従って不譲渡性・不時効性・不分離性という属性を持つ。また、主権の具体的内容として挙げられるのは、立法権（法は主権者の意志表示的命令という性格を持つ）、宣戦布告・講和締結の権利、官吏任命権、最高裁判権、恩赦権、忠節・服従に対する権利、貨幣鋳造権・度量衡選定権および課税権である。ここに見られるのは、政治社会の目的は秩序の維持であって、秩序は権威的な法制定が単一人に限定される場合にのみ可能であるとする絶対君主王政の卓越性の肯定である。さらに、主権の第一の属性として上記の立法権を挙げたことは、法律の制定を重要な機能とする近代国家の観念にとって決定的ともいえる意義をもっている。

B ルソーの人民主権論を契機とする政治理論の展開

ボダンの主権論がいわゆる王権神授説の学問的側面をもっていたのに対し、フランス啓蒙の代表的思想家ルソー（Rousseau, J.-J.）は、社会契約によってのみ国家が成立し、ここでの最高権力は契約当事者たちの集合体である人民以外に帰属することはできないと論じた。君主主権は自然人と主権の担い手が一致するという意味で単純な構造をもっていたが、人民に主権があるとする場合には、それを現実的に作動させるために、きわめて多くの機構作りを行わなければならない。19 世紀以来の政治理論・政治機構論はこの点に大きな重点を置いて展開された。また、20 世紀になると人民主

権の正当性は確実なものとなったが、人民主権がいわゆる全体主義体制を正当化するために動員されたことへの反省から、自由主義の原理を維持するために複数政党制をはじめとする競争原理をどのように制度化するかがより大きな焦点となっていった。さらに、現代国家の相互依存性の高まりは、主権の絶対性への信念を動揺させ、それに対する見直しや再検討を迫っている。

C　主権概念の変容と伝統

　特に国際政治の局面では、主権の属性である対外的独立性をめぐって、さまざまな変容が表れている。たとえば、第二次世界大戦以降におけるヨーロッパ統合の進展は、いわば主権の垣根を低くしていくことによって達成されたといえる。初期段階で形成されたヨーロッパ石炭鉄鋼共同体などはまさに主権を共同使用することを前提としたものであったし、ヨーロッパ連合設立の法的根拠となったマーストリヒト条約に盛られた共通の外交・安全保障政策の規定などは、国益に直結するいわゆるハイ・ポリティクス（High Politics）の領域でも共同行動を要請している。現実の政治行動の面では、特に後者については必ずしも実践されているとはいえないものの、こうした例は、明らかに従来の伝統的な主権概念を再構成しようとしていると解釈することができる。

　一方、ヨーロッパ統合に対するイギリスの態度は、興味深い伝統的事例を示している。ある論者によれば、イギリスの主権は「自由に生まれたイギリス人」についての神話とリンクしており、議会主権の理解は、独立した国民国家から成るヨーロッパ秩序というビジョンと直接的にリンクしているという。また、アメリカの政治学者クラズナー（Krasner, S. D.）は、著書『主権——組織化された偽善』のなかで、一定の領域内の権威構造から対外的アクターを排除することを基礎とする「ウェストファリア的主権」、一国家内の政治的権威の公的組織化および自らの統治組織内部で効果的統制力を行使する公的権威の能力としての「国内主権」といった整理を行いながら、国際関係における主権の問題性を掘り下げている。このような主権概念の変容と伝統性に関する問題意識を共有していくことが重要な時代になっている。

3 支配と服従

　政治社会は、支配と服従という権力関係を基盤として形成された社会を指す。その意味で、支配と服従は政治現象の核をなす政治権力の最も明瞭な発現・作動形態であるといえる。デモクラシーの理念は、すべての社会成員による自発的な秩序形成であり、その意味で支配者と被支配者の同一性を前提としているとはいえ、支配と服従という政治的・社会的関係の存在は、現実の政治社会を規定する厳然とした事実である。

A　支配

　支配とは、社会関係のなかで、Aという個人あるいは集団が、Bという個人あるいは集団に対して、継続的に優位な立場から、Bの行動に対する強制力を用いた制約またはBの自発的な承認によって、自己に有利な価値の配分を確保しうる状況・作用をいう。このような支配関係を安定させるために、支配者は調和的・実効的な価値を配分して、被支配者の不満を緩和し、現状の社会に対する支持を継続的に調達することが必要となるし、さらに支配そのものに対するいわば無条件の内在的・自発的支持を創出することが何よりも効率的となる。

　支配は、支配者の属性や行為ではなく、社会関係における相互作用を示す「影響力」・「権力」の狭義の概念といえる。社会関係における事実上の作用力全体を指す影響力や関与者の行為選択を方向付ける力である権力に対して、支配には、命令の権威に対する被支配者の服従意思の存在が要件として加わる。従って、支配は、被支配者の服従動機によって、その性格が規定される。

B　服従

　人間を一定の命令への服従に駆り立てる動機には、まず当人の利害関心が考えられる。この場合、たとえば市場において独占に基礎づけられた権力に対しては、利害関係者は、その支配下にある財への特定の利害関心に動機づけられて、その命令に従う。このような場合における服従行為は、

形式的には市場における自己の経済的利益を高めるという目的合理性に支えられているといえる。それに対して、たとえば家父長の家に対する支配や君主の臣民に対する政治的支配は、各人の特定の利害関心を超越して、ほぼ絶対的といえる服従義務・行為を要求し、いわば慣習的に命令に従うという形式をとる。この場合の服従は支配者の命令自体に内在する権威に依っている。そしてとりわけ政治社会における服従は、支配の持つ倫理的正当性に支えられてはじめて、自発的・内在的な性格を帯びる。それゆえ、支配の倫理的正当性が失われれば、支配・服従の慣例的な従属関係は解体し、政治社会の安定性は失われ、安定的存続は困難となる。

C　支配の正当性

　ドイツの社会学者ウェーバー（Weber, M.）は、正当性を主張する支配を、伝統的支配・カリスマ的支配・合法的支配という3つの純粋類型に分類した。

(1) 伝統的支配

　伝統的支配とは、以前から妥当してきた伝統の神聖性とこの伝統によって権威を与えられたヘル（支配者）の威信によって、正当であると観念される支配類型である。

(2) カリスマ的支配

　カリスマ的支配とは、ある個人の英雄性あるいは模範性とこの個人によって作られた秩序の神聖性によって、正当であると観念される支配類型である。

(3) 合法的支配

　合法的支配とは、制定された秩序の合法性とこの秩序において秩序を行使する者の命令権の合法性によって、正当であると観念される支配類型である。

　このような支配類型は、いわゆる理念型であり、現実の支配関係の多様性や動態を分析する際の準拠枠として理解され、ウェーバーによっても、現実の支配は、これらの3種類の混合型として現れるとされている。

4 制度

　制度は、一般的には社会規範の体系として、価値・規範の集合体として理解される。政治制度という場合には、伝統的には、議会制度、内閣制度、大統領制、議院内閣制などと用いられるように、具体的な統治のシステムあるいは構造として理解される。

A　政治研究の伝統的対象としての制度

　プラトン、アリストテレス以来の伝統を持つ政治研究は、ほぼ一貫して、多様な観点から、政治を現実に作動させるための制度・機構の問題に取り組んできた。その意味で、制度の研究・分析は政治研究の主要な対象であるといってよい。古典・古代においては、プラトンの、哲人統治の理念を頂点にして想定されるポリスの統治組織のあり方に関する構想は、制度工学的思考の嚆矢であるとも考えられるし、アリストテレスによる統治形態の循環論も、制度に関するリアルな認識に支えられていたといえるであろう。中世の政治像に見られるキリスト教共同体の観念は、聖俗の統治構造を支える制度的配置が不可欠の前提となるであろうし、マキァヴェリ（Machiavelli, N.）の政治思想を考える際の大きな準拠枠は「君主制」と「共和制」の関係である。

　近代以降に目を転じても、社会契約説を梃子として形成される近代政治原理は、それを保障する憲法、代表制、権力分立といった制度的枠組みの整備を図ることによって政治社会に根を下ろし、実体化していく。マルクス（Marx, K. H.）による、上部構造・下部構造から成る社会の立体的構造化も、新たな市民社会を展望するうえで不可欠な制度構想と理解することができる。ミル（Mill, J. S.）でさえ、社会成員の精神的進歩を促進する価値基準として政治制度の問題に取り組んでいる。

B　現代政治分析の方法論としての「新制度論」

　このような制度研究・分析の伝統は、アメリカ政治学における行動論の隆盛とともに退行したかに見えたが、脱行動論の混沌とした状況のなかか

ら、特に 1980 年代半ば以降に、行動論の一定の成果を踏まえた形で復興する。この「新制度論」にはいくつかのカテゴリーがあるが、ここでは、この分析枠組みの根底にあると考えられる、政治と社会の関係をめぐる機能的捉え方について概説する。

　従来の一般的な捉え方によれば、政治という領域は、社会のなかにある実に多様な利害関係に関する要求が「持ち込まれる場」であり、その持ち込まれた利害関係の調節機能を果たす場として位置づけられてきた。ここでは、社会の側が出力の場であり、政治の側は入力の場となる。従ってこの場合、社会は独立変数（説明する側）であり、政治は従属変数（説明される側）となる。

　これに対して、新制度論の枠組みでは、政治は、何らかの個別具体的な制度の生成・展開・効果を通じて、社会への出力のアクティヴな役割を果たし、社会そのものの再形成・編成を促す重要な要素の一つとなる。こうして政治は従属変数の位置づけとともに、独立変数としても位置付けられる。さらに、制度の効果はダイナミックな展開を示し、ある制度の設立時の意図から一定の重要な契機（結節点）を起点として、当初の設立意図から離れた役割・機能に転じ、このような展開過程を通じて政治社会のアクティヴな変容を促す場合がある。

　特に政治史の分析に限定した場合、この分析枠組みの一つと考えられる「歴史的制度論」は、政治学と歴史学の接点に位置する政治史研究に理論的指向性をもたらす可能性を秘めている。たとえば、ある政治システムあるいは政策策定の初期になされた一定の制度的・政策的選択は、その政治システムあるいは政策の「経路」を規定して、それを変更させるようなきわめて強力なモーメントが現れない限り、継続的効果を持ち続けるという知見が研究によって得られている。これは、たとえば日本政治において、55 年体制時に形成された政府・与党二元体制が、歴史的制度論でいう「経路依存」の力学によって、政権交代後もすぐには清算されないという現状を説明する一助となりうる。また、経路依存の考え方は、経済現象に比べて先の読みにくい政治現象の固有性に、一定の説得的な説明要因を提供する可能性をもたらす。

5　イデオロギー

　イデオロギー Ideologie とは、一般的には、自然・人間・社会の総体について人々が抱く意識形態を指す。語源的には、19 世紀の初頭、フランスの哲学者デステュット・ド・トラシー（Destutt de Tracy, A. L. C.）によって、さまざまな観念の起源が本来は先天的なものか、あるいは後天的に経験を通じて得られるものかを問う観念学という意味で使われた。

A　マルクスのイデオロギー論

　この語を社会科学的に最も明確に規定したマルクスによれば、イデオロギーは、広義・狭義の 2 つの意味で使われており、広義には、上部構造 – 下部構造図式を前提として、経済的な土台の上に立つ国家、制度、法体系など上部構造全体を含むが、狭義には、法・政治・宗教・哲学・芸術などの観念形態の意味に限定されていた。

　マルクスは、ある思想なり理論が、特定の階級的利害を基盤として、現存の支配体制の正当化として機能する場合、それを「虚偽意識」としてのイデオロギーと呼んで批判の対象とした。しかし、イデオロギーの虚偽性が、思想の内容や論理についてだけではなく、政治的利害に関わる社会的機能という面で理解されるようになると、今度は、マルクス主義自体が、特定の階級的利害と政治的目的に奉仕するイデオロギーに転化しているという批判を招くことになった。

B　マンハイムのイデオロギー論

　このような問題状況を正面から受け止め、マルクスのイデオロギー論を批判しながら、20 世紀になって知識社会学的にイデオロギー論を展開・進化させたのは、ハンガリー系ドイツ人の社会学者マンハイム（Mannheim, K.）であった。マンハイムによれば、人々の意識は、単に社会の下部構造のみによって規定されるのではなく、各社会層の世界観、宗派、職業あるいは社会過程などによっても規定される。社会の各層は、それぞれの置かれている階級的利害によって拘束された知識を持つに過ぎないにもかかわらず、

各立場からする思考を客観化し、正当化しようとするところに混乱がある。こうした観点からすれば、マルクス主義自体も、1個のイデオロギーであることを認めなければならない。

　主著『イデオロギーとユートピア』を構成する一論文である「政治学は科学として可能であるか」のなかで、マンハイムは、政治概念を行政概念と区別し、前者を「流動しつつあるもの、生成しつつあるもの」すなわち非合理的なものと規定しながら、政治的知識を、これを拘束する存在的状況との関連において追求しながら、全体的に展望することによって総合的把握が可能となり、このようにして、政治的な全分野の生成発展に関する科学としての政治社会学が成立する、と主張した。

C　イデオロギーの終焉論

　現代アメリカの社会学者ベル（Bell, D.）などによると、マルクス主義のイデオロギーに基づく共産主義社会の失敗は、権力の腐敗と理論の誤りの双方からきている。前者は、新たな特権階級の発生から生じ、後者は、近代の複雑な社会が小規模な中央によって計画できると考えたことから生じた。さらに、より大きな誤りとして、労働者階級こそ変革の歴史的主体であるという歴史理論があった。また、マルクスの思考の枠組みとなっていた西洋の産業社会は、次第に脱産業社会に移行し、そこでは情報や知識が社会の主要資源となり、社会組織の問題もより専門分化し、技術的側面を強めている。このようにして、マルクスに由来するイデオロギーの概念は、終焉を迎えているというのが、ベルなどの「イデオロギーの終焉」という考え方である。

　とりわけ、冷戦構造の崩壊した現代の政治社会においては、体制思潮という意味でのイデオロギー概念も後景に退き、それに代わる新たな秩序の基軸となるような社会的観念は確立されていない。それを確立することは、国際社会全体にとっても大きな課題となっている。先の事態を予想できることが秩序の大きな枠組みであるとすれば、このような新たな社会的観念を確立することは、国内・国外を問わず、社会の政治的安定にとって不可欠であると考えられる。

6 体制

　体制とは、一般的には、ある一定の原理によって統一され、秩序づけられている状態を指す。従って、「政治」体制という場合には、ある一定の政治原理・統治構造に基づいて支配・服従関係が編成されている状態を指している。

A　体制の分類

　体制は、権力の獲得、維持あるいは支配の仕方、正統性獲得の理念などによって多様に分類される。第二次世界大戦以降の国際社会の体制は、自由主義体制と全体主義体制あるいは経済システムを基礎として資本主義体制と社会主義体制に大きく分類されてきた。封建体制、資本主義体制、社会主義体制といった用法の場合、ある社会を規定し、正統化する価値・規範・制度の総体として理解される。また、ある社会を支配している個人、集団あるいはそれらの属性などに着目して、毛沢東体制、軍部独裁体制などの用法もある。また、旧体制 (ancient regime) のように、正統性秩序やその枠組みを政治・経済・社会・文化の総体として理解する場合もあれば、それぞれの枠組みを切り離して個別的に政治体制、経済体制、社会体制というように把握することも可能である。リンス (Linz, J. J.) は政治体制を、イデオロギーとメンタリティ、参加と動員の程度、権力の集中度、社会の多元性などを基準として、自由民主主義体制、権威主義体制、全体主義体制に分類した。

B　政治体制の構成要素

　山口定によれば、政治体制の構成要素は、①体制を支える「正統性原理」、②政治的展開のイニシアティブをとる「政治エリート」の構成とそのリクルートのシステム、③国民の政治的意思の表出と政策の形成に関わる制度と機構（選挙制度、政党制と利益団体の配置構造、議会制度）、④軍隊と警察からなる物理的強制力の役割と構造、⑤国家による社会の編成化の仕組み（官僚制に代表される制度化された要素と基本的な公共政策、とりわけ国民の権利保障、中央・

地方関係、貿易政策、産業政策、労働政策、教育政策）である。山口のいうように、これらを包括的に分析することは、政治思想史、憲法構造論、政治機構論といった政治研究の古典的な諸領域だけではなく、政治社会学、政治文化論、政治経済学といった比較的新たに開拓された諸領域の方法と成果を動員し、また統合しなければならない、きわめて広範な学問的作業を必要とする。

C　政治体制と政治システムの関係

特に政治体制の概念は、アメリカ政治学においては政治システムの概念によって再解釈された。イーストン（Easton, D.）は、政治システムを構成する基本的要素として、政治的共同体・体制・権威の3つを挙げ、それらは政治システムにたいする支持の調達を目的としている。このうち体制は、政治システムの実現する諸価値や遵守すべき規範によって編成された行為構造として捉えられる。たとえばドイツの国民国家統一から第二次世界大戦の敗北までの政治的共同体は同一であっても、体制は帝政から共和制を経てナチスの一党独裁へと変化した。イーストンは政治システム論の代表的研究者であるが、その後、「構造」分析に取り組むなかで、システム分析を深化させている。

確かに、システム分析は、「政治の一般理論」構築を目指したイーストンによって、政治分析に大きな貢献をもたらしたが、これに対する批判的見解が示すように、システム分析は政治権力の一元的作動というような実体的な政治過程を説明しにくい側面を持っていた。こうした視点から考えた場合、体制分析は、政治の「ストック」あるいは「構造」に焦点を当てることによって、システム論では視野に入りにくい実体的な政治的作動の力学をより精緻に解明する手段となる可能性がある。たとえば、比較政治分析の方法論としての構造・機能分析は、1950年代以来の比較政治学に大きな貢献をもたらしたが、この分析手法は、政治体制の比較構造・機能分析として、先に示したような実体的な統治体制の個別具体的な要素をダイナミックに分析し、相互関係を明らかにする側面を依然として持っている。

7 政治的リーダーシップ

ここでは、まずリーダーシップそのものの概念上の特徴、研究視角を取り上げ、次に政治的リーダーシップの類型について概説する。

A リーダーシップの概念上の特徴と研究視角

第１に、リーダーシップは、指導者が強制力（権力）に依存することなく、しかも有効な影響力を集団成員に行使する現象を意味する。第２に、それは、指導者と集団成員の価値の共有を前提として成立する人間関係とみなされる。第３に、それは、ある集団活動を方向付け、促進する集団的機能それ自体を強調するものである。

このように、リーダーシップ現象は、ある意味で、「支配」現象の対極としての「指導」現象として意識され、さらには、独裁政治に対する民主政治の優位を証明する理論となることが暗黙のうちに期待されていた側面がある。このことは、リーダーシップ研究が、アメリカを中心として1930年代に急速に進展したことと対応している。この年代はファシズムの台頭期であり、特にナチス・ドイツにおいてヒトラー（Hitler, A.）の「指導者原理」が脚光を浴びた時期であった。これは、民主主義社会にとって明白な危機であり、従って民主主義社会における指導体制の確立が理論的にも補強されねばならなかった。

リーダーシップ現象の研究視角としては、まず指導者個人に分析の焦点を集中する立場があり、これは特性追求的アプローチと呼ばれる。このアプローチは、個々の特性を問題とするよりは、特性のパーソナリティ・タイプを問題とする理論や指導者の行動を類型化する理論となって展開した。具体的には２つの理論が組み合わされて、ある指導者類型には、どのようなパーソナリティ構造が特徴的かといった分析が行われた。たとえば、アメリカの政治学者ラスウェルが、扇動家タイプの指導者には劇化的性格（ロマンティックで細部にこだわらない性格）を、行政家タイプには強迫症的性格（現実的で細部にこだわる性格）を、それぞれ特徴的とみた研究が、これに当たる。もう一つのアプローチは、リーダーシップが機能する場としての集団社会

状況に分析の焦点を合わせる立場で、状況追求的アプローチと呼ばれる。このアプローチによって、比較的共通して重視される要素は、集団目標の性質、集団構造（組織化の程度、規模、安定性、成員の質など）、集団成員に共通してみられる態度や欲求などである。このアプローチに基づく研究は、リーダーシップ機能の有効性を、状況の性質と相関的なものとする基本原則に立つ。

B　政治的リーダーシップの類型

　高畠通敏の整理によると、以下のような類型化がなされる（篠原・永井, 1993）。

(1)　伝統的リーダーシップ

　指導者が、身分によってその地位につき、慣習・伝統的形式にのっとって支配する場合である。伝統的社会に見られるこのようなリーダーシップは、政治が担うべき課題を形成する下からの圧力がそもそも稀薄な状況下で成立する。

(2)　代表的（制度的）リーダーシップ

　近現代の安定した政治社会に成立する典型的なタイプである。ここでは、大衆は安定した社会秩序のもとで、自らの「利益」の充足を政治に求め、従って、課題は利益をめぐって特定化し、指導者は大衆の利益の代表者として自らの立場を確立する。

(3)　投機的リーダーシップ

　この型の指導者は、不況・敗戦など、大衆の閉塞した不満を投機的に充足させるという解決方法を提示する。この場合、大衆の利益・価値体系の性格は持続しているが、大衆の挫折感は、日常的制度を通じての利益回復は不可能との実感を伴うため、利益の充足方法を変化させるカリスマ的指導者がしばしば出現する。

(4)　創造的リーダーシップ

　政治体制の行きづまりを、これまでの利益についての価値体系そのものの変革によって打開しようとするタイプである。マルクス主義のように、世界観全体の変革がアピールされるような場合が、これに当たる。

知識を確認しよう

・・・・・・・・・・・・・・・・・・・・・・・・・・・・・

【問題】 次の各文を読み、下線部の正誤を判断しなさい。

(1) 権力を正当化するための手段として、①メリアム（Merriam, C. E.）が提起した概念のうち、合理化の次元に訴えてその正当化を図るのが②ミランダであり、情緒的側面に訴えてその正当化を図るのが③クレデンダである。

(2) 主権の概念は16世紀に④ルソー（Rousseau, J.-J.）によってはじめて明確に定式化され、その決定的な特徴は⑤立法権の重視である。

(3) 支配の正当性の根拠として、⑥マルクス（Marx, K. H.）が提起した類型のうち、歴史的な慣行・掟に従うことで正当性を確保しようとするのが⑦合法的支配であり、超人的な資質によって正当性を確保しようとするのが⑧伝統的支配である。

(4) ラスウェル（Lasswell, H. D.）が提起した政治的人間の類型のうち、劇化的性格を帯びるタイプは⑨扇動家であり、強迫症的性格を帯びるのが⑩行政家である。

【解答】

(1) ① ○　　　　② ×　クレデンダ　③ ×　ミランダ

(2) ④ ×　ボダン　　⑤ ○

(3) ⑥ ×　ウェーバー　⑦ ×　伝統的　⑧ ×　カリスマ的

(4) ⑨ ○　　　　⑩ ○

本章のポイント

　本章では、古代から近代にかけて主にヨーロッパを中心に展開された政治思想の歴史を、各時代を代表する思想家にスポットを当てる形で概観する。

1. プラトンとアリストテレスの理想国家論について理解する。

2. マキァヴェリの統治技術論とボダンの主権論について理解する。

3. ホッブズの社会契約論の構造とその特徴（戦争状態としての自然状態、国家主権の絶対性）について理解する。

4. ロックの社会契約論の構造とその特徴（所有権としての自然権、信託、権力分立、抵抗権・革命権）について理解する。

5. ルソーの社会契約論の構造とその特徴（憐れみの情、自己改善能力、人民主権、一般意志）について理解する。

6. トクヴィルの民主主義論（「境遇の平等」、「多数者の暴政（専制）」、「民主的専制」）について理解する。

7. ミルの功利主義思想とそれに基づく自由擁護論・代議制度論について理解する。

1 古代ギリシアの政治思想

　政治思想の歴史は古代ギリシアに始まる。この時代、政治は「ポリス」と呼ばれる都市国家を基礎単位として行われていた。本節ではこの時代を代表する思想家として、プラトン（Platōn）とアリストテレス（Aristotelēs）を取り上げる。

A　プラトン

　プラトンは前427年に古代ギリシアの代表的なポリスであるアテナイで生まれた。20歳の時にソクラテス（Sōkratēs）に師事したが、民主派政権によってソクラテスが刑死させられたためアテナイを去り、諸国を遍歴した。前387年にアテナイに戻り、自らの学園「アカデメイア」を開いて、研究と教育に力を注いだ。プラトンは対話篇という形式で数多くの著作を残している。政治学上の主著は『国家』である。

　プラトンは『国家』において、正義が実現された理想のポリスについて論じている。彼によれば、理想のポリスは、統治を担当する「守護者」、軍事を担当する「補助者」、経済活動に従事する「生産者」という三つの階級から構成される。これら三つの階級の立場は対等ではなく、最上位に守護者が位置し、その下に補助者、さらにその下に生産者が位置する。これら三つの階級が上位の階級の命令に従いながらそれぞれの役割を適切に果たすことによって、ポリス全体に秩序と調和がもたらされる。これこそ、正義が実現された理想のポリスの姿に他ならない。こうした理想のポリスを実現するためには、①三階級の区分が個人の素質のみに基づいて行われること、②守護者と補助者の階級内で財産と妻子が共有されること、③「哲学者」が王となってポリスを支配すること（哲人王）、という三つの条件を克服しなければならない。プラトンがいうところの「哲学者」とは、単なる学者ではなく、善の究極的な理想の姿、すなわち「善のイデア」を認識できる者のことである。ポリスの中から優れた素質を持った子弟を集め、長期にわたる厳しい教育・訓練によって彼らを哲学者に育て上げる。最終的にその中の一人にポリスの支配権を委ねることによってはじめて、理想

のポリスを実現することができると、プラトンは主張した。

B アリストテレス

アリストテレスは前384年にギリシア北部の植民都市スタゲイラでマケドニア国王の侍医の子として生まれた。17歳の時にアカデメイアに入学し、約20年間そこで学んだが、プラトンの死去とともに学園を去った。マケドニア王子（のちのアレクサンドロス大王）の家庭教師を務めた後、前335年にアテナイに戻り、自らの学園「リュケイオン」を開いた。彼は「万学の祖」と呼ばれ、自然・社会・人文の各分野で膨大な数の著作を残している。政治学上重要な著作は『政治学』と『ニコマコス倫理学』である。

アリストテレスは、人間のすべての活動は「善」を目的としたものであると主張した。善とは「徳（倫理的卓越性）に基づく魂の活動」であり、徳とは情念と行為において「中庸」を選択することである。こうした選択を人間に習慣づけるためには、「言葉」（説得）だけでは不十分であり、ポリスの法律による強制が必要である。人間はポリスの市民として生活することによってはじめて、中庸の徳を身につけ善に到達することができる。アリストテレスが人間を「ポリス的動物」と規定したのは、こうした意味においてであった。

アリストテレスは〈支配者の数〉と〈その支配が公共の利益をめざしているか否か〉という二つの基準を組み合わせることによって、ポリスの「国制」（統治形態）を六つに分類した。一人・少数者・多数者が、公共の利益をめざす国制がそれぞれ「王制」「貴族制」「ポリティア」であり、自分だけの私的な利益をめざす国制がそれぞれ「僭主制」「寡頭制」「民主制」である。このうち僭主制は最悪の国制であり、王制と貴族制は実現不可能な国制なので、いずれも検討の対象から外される。実現可能な最善の国制はポリティアである。これは寡頭制と民主制の長所を混合した国制であり、具体的には少数の富裕層と多数の貧困層の間に位置する中間層が支配する国制である。中間層は支配と服従の双方の経験を持っているので、極端に走ることなく中庸にかなった政治を行うことができる。また、中間層の支配によって富裕層と貧困層の対立が緩和される。こうしてアリストテレスは、プラトンとは異なり、中間層による支配が最善であると主張した。

2　ルネサンス期の政治思想

　中世ヨーロッパではキリスト教が人々の精神世界を支配しており、政治学を含むさまざまな学問もキリスト教神学に対して従属的な立場に置かれていた。しかし、ルネサンスと宗教改革によって教会の権威が揺らぎ始めると、学問の世界でも政治学をキリスト教神学から自立させようとする動きが現れる。本節ではそうした潮流を代表する思想家として、マキァヴェリ（Machiavelli, N.）とボダン（Bodin, J.）を取り上げる。

A　マキァヴェリ

　マキァヴェリは1469年にルネサンス最盛期のフィレンツェ共和国で法律家の長男として生まれた。当時のイタリアは小国分裂状態にあり、しかもその争いにヨーロッパ各国が介入したため、きわめて不安定的な政治状況にあった。こうした中でマキァヴェリはフィレンツェ政庁に出仕し、外交官としてボルジア（Borgia, C.）との交渉などにその手腕を発揮した。その後、メディチ家の復権により免職されるが、隠遁生活中に主著『君主論』（1532年）を執筆し、再仕官の道を探った。

　マキァヴェリの政治思想の大きな特徴は、そのリアルな人間像にある。彼によれば、人間は恩知らずで、気が変わりやすく、偽善的で、臆病なくせに貪欲である。さらに、人間は生まれつき邪悪な存在で、自己の利益のためならば愛する者にも躊躇なく危害を加える。こうした利己的な人間像を所与の条件としながら、いかにして政治秩序を確立するか。これがマキァヴェリの思想的課題であった。彼はこの課題について論じるうえで、「スタート」（stato）という概念に注目した。この言葉は、公的な地位や身分とは関係なく、武力や財力などを背景にして人々を支配する〈事実上の権力〉を意味する。利己的な人間の世界に政治秩序を確立するためには、事実上の権力を保有する者が「処罰の恐怖」によって人々を統制する以外に方法はない。マキァヴェリは事実上の権力を獲得し維持し拡大するための技術を、〈内政〉〈外交〉〈軍事〉という三つの観点から論じている。〈内政〉（臣民の統治）においては、君主は臣民に憐れみ深くあるよりも冷酷であるべき

であり、臣民から愛されるよりも恐れられるべきである。また、〈外交〉（自国の独立の確保）においては、君主は「狐の狡知」から学ぶべきであり、他国の君主との約束を守ることが自国に不利益をもたらすような場合は、その約束を守るべきではない。そして、〈軍事〉においては、そうした内政と外交を支えるために、強力な自分の軍隊を持つべきである。

　こうしてマキァヴェリは、君主は政治秩序の確立という目的のためならば、道徳に反するような統治術を用いることも許されると主張して、政治的価値と道徳的価値の峻別を図った。こうした彼の議論は、政治学をキリスト教神学や倫理学から自立させる契機となった。こうした意味で、マキァヴェリは近代政治思想の出発点に位置する思想家だと評価できよう。

B　ボダン

　ボダンは 1530 年にフランスのアンジェで仕立屋の親方の次男として生まれた。アンジェ大学、トゥルーズ大学で法学を学び、パリの高等法院で弁護士となった。彼の主著『国家論』（1576 年）は、フランスにおける宗教戦争（ユグノー戦争）の混乱のさなかに執筆されたものである。

　ボダンは国家を「多くの家族とそれらに共通のものとに対する、主権をもった正しい統治」と定義し、国家の本質的な要素として「主権」の概念を提示した。彼によれば、主権とは「国家の絶対的で永続的な権力」であり、それゆえ主権者は対内的にも対外的にも上位者を持たず、その任期は無制限である。主権は、立法権、宣戦布告／講和締結権、裁判権、官吏任命権、課税権、恩赦権、貨幣鋳造権などから構成され、なかでも特に重要なのは立法権である。ボダンは中世以来の「法の支配」の伝統を否定し、法を「主権者の命令」と定義して、主権者は自らの自由意志に基づいて法を制定・改廃できるとした。ただし、このことは主権者による恣意的な統治を正当化するものではない。たとえ主権者といえども「神法・自然法」と「王国基本法」に違反することは許されず、契約の尊重や臣民の財産の保障などを義務づけられる。なぜなら、国家の目的はあくまでも「正しい統治」だからである。こうしたボダンの議論は、王権神授説の論拠となる一方で、近代的な主権論の先駆となった。

3 市民革命期の政治思想Ⅰ——ホッブズ

　17～18世紀のヨーロッパでは、ピューリタン革命・名誉革命・フランス革命といった一連の市民革命によって絶対王政が打倒され、天賦人権・法の下の平等・権力分立といった新たな原理に基づく近代市民国家が誕生した。3～5節では、こうした市民革命に大きな影響を与えた三人の社会契約論者を取り上げる。

　ホッブズ（Hobbes, T.）は1588年にイングランド南西部のウィルトシャー州で国教会牧師の次男として生まれた。オックスフォード大学を卒業後、貴族の子弟の家庭教師を務めながらガリレオやデカルトなどと交流し、独自の思想体系を構築していった。革命の勃発を恐れて1640年にパリへ亡命し、その後亡命してきたイングランド王子（のちのチャールズ2世）の数学教師を務めた。1651年に帰国し、クロムウェル政権に帰順したが、王政復古後はチャールズ2世に臣従した。

　ホッブズの思想的課題はイングランドにおける内乱の原因を明らかにし、平和を実現するための条件を示すことであった。彼は主著『リヴァイアサン』（1651年）において、〈社会を最小の構成要素である人間（個人）にまで分解し、その本質を究明したうえで、個人を再び社会に構成し直す〉という方法によって、社会全体の運動法則を解明しようと試みた。

　ホッブズは人間を自らの生命運動の維持（自己保存）のために運動する一個の機械として捉えた。人間は自己保存に役立つものを欲し、自己保存を阻害するものを避けようとする。なぜなら、人間は自己保存の促進に「快楽」を感じ、自己保存の阻害に「苦痛」を感じるからである。これは人間の本性であり、人間にとって快楽は「善」であり、苦痛は「悪」である。つまり、人間は自己の快楽と苦痛を唯一の善悪の基準として行動する利己的な存在なのである。ホッブズは、人間が自己保存に役立つ欲求の対象を獲得するための手段のことを「力」と名づけた。その中には、肉体的な力（暴力）、経済的な力（富）、社会的な力（地位・名声）などが含まれる。こうした力の強弱は、他人の力との比較によって決まる相対的なものである。そ

れゆえ、人間は現在保持している欲求の対象を将来にわたって保持し続けるために、他人よりも少しでも大きな力を手に入れようとする。こうした「死に至るまで止むことのない、力への不断の止みがたい欲求」こそ人間の本質であると、ホッブズは主張した。

　ホッブズは、人間が自己保存のために自分の力を自由に用いる権利を「自然権」と呼び、その行使を肯定した。しかし、人々を支配する共通の権力が存在しない「自然状態」において、利己的な人間たちが自然権を勝手に行使すれば、人々は自己保存のために相争うことになり、自然状態は必然的に「各人の各人に対する戦争状態」にならざるをえない。こうした戦争状態から脱出するために、人間は理性の力によって、平和を実現するための一般法則としての「自然法」を創り出す。その内容は、平和への努力、自然権の放棄、信約の順守などである。しかし、人間は利己的な存在であるから、自然法の命令に従うとは限らない。そこで、人々は自然法の命令をすべての人に強制するための「共通の権力」を樹立することになる。人々は「一個人あるいは一つの合議体」を代理人に指名し、自分たちが有するすべての力を代理人に譲渡するとともに、代理人の意志を自分たちの意志と認めてこれに従うという内容の相互契約を結ぶ。この契約によって、代理人を主権者とし、他の人々を臣民とする政治社会、すなわち「国家」が成立する。主権者は、立法権、裁判権、交戦権、外交権、課税権、官吏任命権、思想統制権を有しており、まさに絶対的な権力の保持者である。臣民は自分たちの意志を完全に主権者に委ねているので、主権者に対して抵抗することは許されない。ホッブズが国家を「リヴァイアサン」（旧約聖書に登場する怪物）に例えたのは、こうした主権の絶対性を強調するためであった。

　以上のようなホッブズの政治思想は、国家を自然的な共同体ではなく人為的な結社として捉えるというパラダイム転換を政治思想史にもたらした。わかりやすくいえば、彼は国家を〈あるもの〉ではなく〈つくるもの〉として捉えたのである。こうした意味で、ホッブズは近代的な国家観の礎を定めた思想家だと評価できよう。

4 市民革命期の政治思想Ⅱ——ロック

　ロック (Locke, J.) は 1632 年にイングランド南西部のサマセット州で治安判事書記の息子として生まれた。オックスフォード大学で道徳哲学と医学を学び、卒業後は同大で講師を務めた。議会派の領袖シャフツベリ伯爵の知遇を得て、彼の侍医兼相談役として政治に関わるようになるが、伯爵が王党派との政争に敗れてオランダに亡命すると、ロックも後を追って同地に亡命した。名誉革命の成功とともにイングランドに帰国し、『統治二論』(1690 年) をはじめとする著作を次々と刊行した。

　ロックの主著『統治二論』は、当時の議会派と王党派の政争の中で、議会派を擁護する意図で執筆されたものである。同書は二つの論文から構成されている。第一論文の主な内容は、王党派の思想家フィルマー (Filmer, R.) が唱えた王権神授説への反論である。第二論文ではその反論を踏まえて、国家権力の起源・目的・範囲などが論じられている。

　ロックもホッブズと同様に、人々を支配する共通の権力が存在しない「自然状態」についての考察から議論を出発させる。ロックによれば、自然状態とは各人が他人に従属することなく自分の意志に従って行動できる完全に自由な状態である。こうした自然状態は、ホッブズがいうような「各人の各人に対する戦争状態」とはならない。なぜなら、自然状態にはあらかじめ「自然法」が存在しており、すべての人間に対して〈他人の生命・自由・財産を侵害してはならない〉と命じるからである。自然法は理性の命令であると同時に神の意志でもあるので、神の被造物である人間は自然法に従う義務を負っている。こうした自然状態において、人間は自らの生命・自由・財産に対する所有権を「自然権」として保持している。神は人間の自己保存のために自然を共有物として与えたが、人間はこの自然に対して自らの身体を使った「労働」を加えることによって、労働の対象を自分の所有物 (財産) とすることができる。人間は自己保存のため自分の財産を増やそうとするので、結果として争いを避け労働に励むことになる。

　このようにロックの想定する自然状態は、完全に自由な人々が自分の財産を増やそうとして労働に励んでいる平和な状態である。しかし、自然状

態には自然法を解釈し執行する共通の権力が存在しないので、自然権をめ
ぐる紛争が発生した場合、人々は自分の力で自然法を解釈し執行するしか
ない。このため、自然権の保障は不確実であり、自然状態は常に戦争状態
に陥る危険をはらんでいる。そこで、人々は各人の自然権をより確実に保
障するために、自然法を解釈し執行する共通の権力をそなえた政治社会、
すなわち「国家」を形成することになる。人々は各人の自由で自発的な同
意に基づいて、一つの「共同体」に結合する。次に、各人の自然権をより
確実に保障するために、少数の人々からなる専門機関、すなわち「政府」
を設立する。そして、自分たちが有する自然法の解釈・執行権を政府に「信
託」する。こうした内容の相互契約によって、共同体と政府を包括した人
的団体としての「国家」が成立する。ロックによれば、政府は「立法権」
「執行権」「連合権（軍事と外交を司る権力）」という三つの権力を持つ。しか
し、これら三つの権力を政府内の一個人ないし一機関に委ねると、その個
人ないし機関が私的利益のために権力を濫用する危険性が高い。そこで、
政府を「立法府」と「執行府」の二つに分割し、立法府には立法権を、執
行府には執行権と連合権を担当させ、互いに牽制させることによって権力
の濫用を防ぐ。ただし、立法府と執行府の関係は対等ではなく、最高権力
である立法権を担当する立法府が執行府に優越する。現実のイングランド
の国制では、立法府の役割を議会が、執行府の役割を国王が担うため、国
王に対する議会の優越が正当化されることになる。

　ただし、こうした権力分立が功を奏さず、政府が権力を濫用して国民の
自然権を侵害した場合、そうした政府の行為は政府設立の目的に違反して
いるので、国民は政府に抵抗し、政府を打倒して新たな政府を設立するこ
とができる。つまり、国民は政府に対する抵抗権・革命権を有している。

　以上のようなロックの政治思想は、名誉革命によって成立した議会優位
の立憲君主制を理論的に正当化する役割を果たした。また、社会契約や抵
抗権・革命権に関する彼の議論は、アメリカ独立革命やフランス革命に大
きな影響を与えた。こうした意味で、ロックは近代自由主義の原型を創り
上げた思想家だと評価できよう。

5　市民革命期の政治思想Ⅲ──ルソー

　ルソー（Rousseau, J.-J.）は時計職人の息子として 1712 年にジュネーヴ共和国で生まれた。16 歳の時にジュネーヴを出奔し、放浪生活ののちにパリに移った。当初彼は音楽家を志していたが、ディジョンのアカデミーの懸賞論文に入選したことが契機となって才能を開花させ、『人間不平等起源論』（1755 年）、『社会契約論』（1762 年）など、独創的な著作を次々と発表した。しかし、教育論『エミール』（1762 年）の内容が問題視され逮捕状が出たため、パリを脱出し、逃亡生活を送った。晩年はパリに戻り、自伝的著作『告白』（1782-89 年）などを執筆した。

　ルソーもまたホッブズやロックと同様に、自然状態についての考察から自らの議論を出発させる。しかし、彼の自然状態論はホッブズやロックのそれとは大きく異なっている。ルソーは自然状態を、「野生人」が互いに孤立して生活している未開の状態と捉えた。野生人は自己保存の欲求としての「自己愛」と、同胞の死や苦痛を見ることへの嫌悪感としての「憐れみの情」という二つの情念を持っている。自己愛に基づく利己的な行動を憐れみの情が抑制するので、自然状態は決して戦争状態にはならない。野生人は孤独ではあるが誰に隷属することもなく、自然的な自由と平等を享受している。しかし、こうした自然状態は、人間に生来備わっている「自己改善能力」によって次第に変化していく。この能力によって人間は共同生活を始め、言語を生み出し、家族を形成する。さらに冶金術を開発し、農業を始め、人間の生活はより豊かになる。ところが、こうした文明の発展とともに私有財産制が発生し、そこから財産の不平等が生まれる。人間は他人と自分を比較するようになり、他人よりも優位に立とうとする「自尊心」が芽生える。自尊心によって憐みの情は窒息させられ、人間はさまざまな悪徳に支配されるようになる。こうした中で、少数の富者が〈人々の財産の保護〉という名目で「国家」を設立し、多数の貧者を隷属させることに成功する。その結果、財産の不平等が固定化され、自然的自由も失われることになった。

　こうしてルソーは自然状態を自由で平等な理想の状態と捉え、文明社会

を隷属と不平等に満ちた悪しき状態と捉えた。こうした悪しき状態から脱却し、文明社会の下で失われた自由と平等を取り戻すためには、「社会契約」によって新たな国家を創出することが必要である。人々は一つの共同体に結合し、この共同体に対して自らの意志と自らが有するすべての権利を全面的に譲渡する。すべての人が例外なく自らの意志と権利を譲渡するので、共同体の中ではすべての人が平等である。また、この譲渡は共同体全体に対してなされるので、共同体の中では特定の個人に服従する義務がなく、すべての人が自由である。こうした内容の相互契約によって、「共同の自我」を備えた一つの団体が形成される。この団体は、受動的な意味では「国家」と呼ばれ、能動的な意味では「主権者」と呼ばれる。その構成員は、集合的には「人民」と呼ばれ、主権に参加する場面では「市民」と呼ばれ、法律に従う場面では「臣民」と呼ばれる。つまり、新たな国家の主権者は、国家を構成する人民自身である（人民主権）。

　ルソーは社会契約によって創出された国家の意志を「一般意志」と名づけ、人民各人の個別的な意志の総和である「全体意志」と区別する。全体意志が人民各人の「私的な利益」の実現をめざすのに対して、一般意志は人民全体に共通する「公共の利益」の実現をめざす。それゆえ、人民は一般意志への服従を強制されるが、国家＝主権者＝人民であるから、人民が一般意志に従うことは、自分が自分の意志に従うことと同じである。一般意志の内容は、人民全員が参加して開かれる「人民集会」で確認され、「法」として制定される。つまり、人間は社会契約を結ぶことによって「自然的自由」を失う代わりに、自らが定めた法に自らが従うという新しい自由、すなわち「市民的自由」を獲得するのである。ただし、現実の人民は市民として未熟なので、人民集会の決議が常に正しいとは限らない。そこで、優れた知性を備えた人物を「立法者」に任命し、法を起草する任務を担わせる。また、市民としての義務を人民に自覚させるために、社会契約の神聖性を説く「市民宗教」を創設し、その信仰を人民に強制する。

　以上のようなルソーの政治思想、特にその人民主権論は、フランス革命に絶大な影響を与え、近代民主主義を進展させる原動力となった。それゆえ、『社会契約論』は〈民主主義の聖典〉と呼ばれる。しかしその一方で、ルソーを〈全体主義の祖〉と捉える解釈もある。

6　自由主義の政治思想Ⅰ──トクヴィル

　市民革命はその後の世界における民主主義の進展を不可避なものとする
一方で、多数派が少数派を数の力で抑圧するという民主主義の弊害も顕在
化させた。これに伴い 19 世紀に入ると、多数派の圧力から個人の自由を
擁護すべきことを強く訴える思想が現れる。6 節と 7 節では、そうした 19
世紀の自由主義を代表する二人の思想家を取り上げる。

　トクヴィル（Tocqueville, A. de）はフランスの名門貴族の三男として 1805
年にパリで生まれた。パリ大学を卒業後、ヴェルサイユ裁判所で判事修習
生となり、1831 年から 32 年にかけて刑務所制度視察のためアメリカ各地
を旅行した。帰国後、視察旅行での見聞をもとに『アメリカのデモクラシ
ー』（全 2 巻、1835-40 年）を著し、成功を収める。その後、政治家に転身し、
下院議員、憲法制定議会議員、外務大臣などを務めたが、1851 年のクーデ
ターを機に政界を引退し、晩年は大著『旧体制と大革命』（1856 年）の執筆
に専念した。

　19 世紀前半のヨーロッパでは、「デモクラシー」という言葉は〈多数の貧
者が支配する政体〉という意味で否定的に用いられることが多く、しばし
ば「衆愚政治」や「暴民政治」と同一視された。これに対して、トクヴィ
ルはデモクラシーを単に政体の一形態として捉えるのではなく、「境遇の
平等」（政治・経済・社会・文化などのさまざまな領域における平等）が進展した社
会状態と捉え直した。そして、こうした平等化の進展は歴史の必然であり、
世界に先がけてアメリカで進んでいるが、やがてヨーロッパにも到来する
不可避的な現象であると主張した。

　こうした時代認識に基づいてトクヴィルは、平等化の進展がもたらすさ
まざまな問題について警鐘を鳴らした。第一の問題は「個人主義」である。
これは、身分制秩序の解体によって生じた、私的領域に閉じこもり公的領
域の問題に関心を示さない態度のことである。個人主義は、物質的利益に
執着する態度としての「物質主義」と相まって、人々の「公共心」を破壊
してしまう。第二の問題は「多数者の暴政（専制）」である。民主的社会で

は伝統的権威が否定され、多数者の意見が最高の精神的権威となる。人々は多数者の意見に追従するようになり、結果として世論が画一化して、少数者の意見が抑圧される。そして、第三の問題は、以上の二つの問題が結びつくことによって生じる「民主的専制」である。個人主義と物質主義に蝕まれた人々は、物質的利益の保障を求めて中央政府への依存を深めてゆく。その結果、政府の権力はますます強大なものとなる。政府は人々の要求に「事細かく、几帳面で用意周到、そして穏やか」に対応することによって、暴力の行使を伴うことなく、人々から主体性を奪ってしまう。こうして「巨大な後見的権力」が誕生し、人民主権と中央集権が結びついた新たな専制、すなわち民主的専制が成立する。

　以上のような状況の下で、平等化の進展を前提としながら民主的専制の発生を防ぎ、個人の自由を守るためにはどうしたらよいか。これがトクヴィルの思想的課題であった。彼はその答えのヒントを、アメリカ視察旅行での見聞から導き出した。まず彼が注目したのは地方自治制度である。アメリカの人々はタウンシップと呼ばれる地域共同体の自治に参加することを通じて、公共心を育むとともに、自由のあり方について学んでいく。こうした意味で地方自治制度と自由の関係は、小学校と学問の関係と同じであると、トクヴィルは述べている。次に彼が注目したのは結社の活動である。アメリカの人々は社会のさまざまな領域で結社をつくり、その活動を通じて他者との協同に習熟していく。こうした結社の活動は、民主的専制から個人の自由を守る防波堤となる。さらに彼は宗教の役割にも注目した。宗教は多数者の意見を超越した精神的権威として、人々を個人主義や物質主義から解放するとともに、新たな社会的紐帯の基礎となる。この他にトクヴィルは、連邦制、陪審制、法曹の役割などについて論じている。

　こうしてトクヴィルは平等化の進展する社会で個人の自由を守るための方策について論じ、自由と平等の両立を図ろうとした。こうした意味で、トクヴィルは自由民主主義の成立に大きく貢献した思想家だと評価できよう。また、平等化の進展がもたらすさまざまな弊害についての彼の鋭い洞察は、のちの大衆社会論に大きな影響を与えた。

7 自由主義の政治思想Ⅱ——ミル

　ミル（Mill, J.S.）はイギリスの経済学者ジェームズ・ミルの長男として1806年にロンドンで生まれた。父ミルはイギリスの法学者ベンサム（Bentham, J.）の盟友であり、彼の功利主義を信奉する改革派の政治団体「哲学的急進派」の指導者であった。このため、ミルはベンサムの後継者となることを期待され、幼い頃から父の手により厳しい教育を施されたが、その反動で20歳の時に「精神の危機」に陥った。ミルはこの体験から「感情の陶冶」の重要性を自覚するようになり、功利主義の修正に転じた。主な著作は『自由論』（1859年）、『代議制統治論』（1861年）、『功利主義論』（1863年）、『女性の解放』（1869年）などである。また、1865年から68年まで下院議員を務め、普通選挙権や女性参政権実現のために尽力した。

　ベンサムは主著『道徳および立法の諸原理序説』（1789年）において、ある行為の正・不正はその行為が社会全体の幸福を増大させるかそれとも減少させるかによって決まると主張した。もちろん、社会全体の幸福を増大させる行為は正しく、減少させる行為は正しくない。ベンサムは幸福と快楽を同一視し、何から快楽を得るかは人によって異なるが、さまざまな快楽の間に質的優劣はなく、それゆえ快楽は量的に比較し計算することが可能であると主張した（量的功利主義）。これに対して、ミルはベンサムの考え方を基本的に継承しながらも、さまざまな快楽の間には質的優劣があり、「肉体的快楽」よりも「精神的快楽」の方が優れた快楽であると主張した。「満足な豚よりも不満足な人間である方がよく、満足な愚者よりも不満足なソクラテスである方がよい」というミルの有名な言葉は、彼の功利主義思想（質的功利主義）の特徴をよく表している。

　ミルの自由擁護論の根幹には、こうした質的功利主義の考え方がある。ミルはトクヴィルの「多数者の暴政（専制）」という議論から大きな影響を受け、『自由論』において「社会が個人に対して正当に行使できる権力の本質と限界」について論じた。ミルによれば、人間が他人の行動に干渉することが正当化される唯一の目的は「自己防衛」のため、すなわちその行動が周囲の人々に危害を及ぼすことを防ぐためだけである。逆にいえば、他

人の生命や財産に危害を及ぼさない限り、人間は誰からも干渉されることなく自由に行動する権利を持っている。文明社会で最も重要な自由は「自分自身の幸福を自分自身の方法で追及する自由」であり、たとえその「幸福」や「方法」が第三者の目からは愚かなものに見えたとしても、周囲の人々に危害を及ぼさない限りは他人の幸福追求に干渉してはならない。ミルはこうした原則（他者危害の原則）を示すことによって、社会（多数者）が様々な名目で個人の自由に干渉することを防ごうとした。こうした個人の自由の具体例は、①思想と言論の自由、②行動の自由、③団結の自由である。これらの自由によって人間の幸福の最も重要な要素である「個性の自由な発展」が促されるとともに、多様な意見や行動の表明が可能となり、それらの自由な競争を通じて社会の進歩が促進されると、ミルは主張した。

　ミルの代議制度論もまた、質的功利主義の思想に基づいている。ミルは、統治の最も重要な目的は国民の幸福を増大させること、すなわち国民の道徳的・知的・活動的資質を向上させることであると主張した。したがって、善き統治の第一の基準は国民のそうした資質を向上させることであり、第二の規準は国民の資質を公共の事柄のために活用することである。ミルは、こうした二つの基準を満たす最善の統治形態は、すべての国民が統治に参加することを通じてその資質を向上させうる「代議制」であると主張する。しかしその一方で、代議制には〈議会と世論における知性の低さ〉と〈階級立法〉（多数派の階級による自己利益優先の立法）という二つの弊害がある。こうした弊害を克服するために、ミルは以下のような提案を行った。①議会の機能を〈政府の監視・統制〉と〈世論の表出〉に限定し、法案の作成は少数の専門家からなる「立法委員会」に委ねる。②行政は専門的能力を持った官僚に任せ、議会は行政の細部に干渉しない。③少数派の当選を容易にするために、比例代表制を導入する。④成年男女普通選挙制を導入する。ただし、読み書き・算術のできない者には選挙権を与えない。⑤知識人に複数の投票権を与える。⑥投票者の責任感低下を防ぐために、公開投票制を導入する。

　こうしてミルは質的功利主義の観点から個人の自由を擁護するとともに、代議制に理論的な根拠を与えた。こうした意味で、ミルはロックに始まる近代自由主義を完成させた思想家だと評価できよう。

知識を確認しよう

〔問題〕 以下の文の中から適切なものを選びなさい。

(1) プラトン（Platōn）は、理想のポリスを実現するためには、「善のイデア」（善の究極的な理想の姿）を認識できる者、すなわち「哲学者」をポリスの王にすることが必要であると主張した。

(2) ホッブズ（Hobbes, T.）は、政府が国民から信託された権力を濫用して国民の自然権を侵害した場合、そうした政府の行為は政府設立の目的に違反しているので、国民は政府に抵抗し、さらに政府を打倒して新たな政府を設立する権利を持つと主張した。

(3) ルソー（Rousseau, J.-J.）は、社会契約によって創出された国家の意志を全体意志と名づけ、人民各人の個別的な意志の総和である一般意志と区別した。全体意志が人民全体に共通する公共の利益の実現をめざすのに対して、一般意志は人民各人の私的な利益の実現をめざす。

(4) ミル（Mill, J. S.）は、ある行為の正・不正はその行為が社会全体の幸福（快楽）を増大させるかそれとも減少させるかによって決まると主張した。そのうえで、何から快楽を得るかは人によって異なるが、さまざまな快楽の間に質的優劣はないと主張した。

解答

(1) ○　正しい。これが有名なプラトンの哲人王論である。

(2) ×　これはホッブズではなく、ロック（Locke, J.）について説明した文である。

(3) ×　一般意志と全体意志の説明が逆である。

(4) ×　これはミルではなく、ベンサム（Bentham, J.）について説明した文である。

第 4 章 政治研究の変遷

本章のポイント

　本章においては、何故に政治や政治学が必要なのか、という根本的問題にまで立ち返って考察した上で、政治研究の変遷を古代ギリシアの時代から現代に至るまで概観していく。

1. 何故に政治や政治学が必要なのかを理解する。
2. 伝統的政治学とは何かを理解する。
3. 政治学が対象とする、現代の社会と政治の諸特徴を理解する。
4. 政治学の科学化と行動論政治学について理解する。
5. 行動論政治学への批判とイーストンの脱行動論革命について理解する。
6. 現代において「復活」した、政治学における価値理論について理解する。
7. 現代における国家論と制度論について理解する。

1 政治と政治学

政治学は「パンのための学問ではない」といわれる。それでは、何故に政治を学ばなければならないのであろうか。これに加えて、そもそも何故に政治という営みが存在するのか、政治をいかなる観点から捉えることが可能であるかについてみていく。

A 政治と政治学の必要性

そもそも、何故に政治という営みが必要となるのであろうか。アリストテレス（Aristotelēs）によれば、人間は「ポリス的動物」であり、ここでポリスとは古代ギリシアの都市国家のことを意味する。すなわち、人間は一人で生きることはできず、必ず社会を形成することになる。そして、その社会の中で「人間は真に人間らしい生活を送ることができるようになる」のである。その社会には、家族に始まり、さまざまな社会集団、国家に至るまで多様なものが考えられるが、いずれにせよ、それは組織化された集団となる。その集団の中で人々は、それぞれの機能を果たし、それぞれの目的を持って、一員として暮らすのである。また、それらの集団は、その中に暮らす人々の生活を安定させ、彼らに豊かさをもたらすために、彼らが平和に共存できるよう、一定の秩序を維持しなければならないのである。

しかしながら、社会内に暮らす人々の目的や価値観はさまざまであり、よって、利害の対立や紛争が起こることが予想される。社会内の平和と安定がもたらされるためには、これらの対立や紛争は、何らかの合意を得ることによって解決されるか、あるいは強権的に封じ込められざるを得ない。ここに政治の必要性が生じるのである。そして、先ほども述べた通り、人間が社会内に生活せざるを得ないのであれば、あらゆる人々は政治に関わりを持たざるを得ないのである。この政治を良くするのも悪くするのも社会内に生活する人間であり、これを良きものとするためには、まずもってそれを理解し、改善する術を考えていかなければならない。人間と社会にまつわる現象である政治を学ぶ必要性はここにある。

B 政治研究の諸観点

　政治についての定義は政治学者の数ほどあるといわれるほどに、政治の概念は多様なものである。しかしながら、それぞれの政治学者は、自分なりの政治観を持ち、それを基に政治という現象を研究している。それらを逐一みていくわけにはいかないが、彼らは、大別して5つの観点から政治を研究していると考えられる。

　まず、第1に、政治哲学にみられるように、政治のあるべき姿に着目するものである。それは、理想や正義といった、人間が目指すべき価値ないし目標の実現に向けられた政治学である。第2に、国家や地方自治体などの組織や制度それら自身、ないしそれらの働きに着目するものである。これらは、国家学や制度論に典型的にみられる観点である。第3に、国家や地方自治体などの組織や制度ではなく、その下位集団にあたるさまざまな社会集団に着目し、集団内の統制や利害調整、社会秩序の形成や維持などの働き、あるいは、集団間の争いなどを分析しようとするものである。第4に、政治に特有の現象である権力の作用に着目するものである。この立場の中には、権力を人間間に働く抑圧的なものと捉えるか、それとも人間に共通した目的を実現するものとして捉えるかで2つの見解がある。最後に、政治における最小単位である個人の政治的活動に着目するものである。人間はどのように政治を捉え、どのように政治に反応するのか。この立場は、これらのことに着目するのである。

　以上のような観点から、それぞれの政治学者は、それぞれの分析を行ってきた。そして、それらは、ある時には補完しあいながら、またある時には批判しあいながら、政治学の発展に寄与してきた。政治学とは、人間と社会にまつわる政治という現象を理解し、それをいかに良きものにするかを考える営為である。政治学は、「パンのための学問ではない」かもしれないが、あらゆる人間に関わる現象を取り扱うものであるがゆえに、あらゆる人間にとって学ばれるべきものといえる。

2 ● 伝統的政治学

A 古代ギリシアにおける政治学

　よく知られているように、政治学の起源は古代ギリシアにある。古代ギリシアにおいては、ポリス（都市国家）と呼ばれる比較的小さな領域が政治の主たる舞台であった。そして、政治学は、このポリスにおける「善」とは何か、「正義」とは何かを主要なテーマとして始まったのである。たとえば、ソクラテス（Sōcratēs）はポリスにおける「良き生」とは何かを探求し、プラトン（Platōn）はポリスにおける最善の統治を哲人政治に求め、アリストテレスはポリスの統治者に正義と衡平との実現を要請した。これらは、もとより現代の政治学においても考えられなければならない重要なテーマではある。しかしながら、古代ギリシアの政治学は総じて観念的なものであった。

B 近代の始まりと政治学

　中世は、身分制を前提とした封建社会の時代であり、思想的にはスコラ哲学が支配的であった。それゆえ、政治学の発展はルネサンス期を待たねばならなかった。ルネサンスを背景として、マキァヴェリ（Machiavelli, N.）の君主論や共和制論、ボダン（Bodin, J.）の主権論などが登場したのである。マキァヴェリは著書『君主論』において、君主の為の統治技術を論じ、君主が統治という目的を果たすためには、善と悪という価値判断にとらわれる必要はないとした。この主張の背景には、当時統一がなされていなかったイタリアを統一する目的があったのであるが、いずれにせよ、マキァヴェリの君主論はその現実主義によって、彼をして近代政治学の祖と言わしめるものである。

　17、18世紀の市民革命期に入ると、ホッブズ（Hobbes, T.）やロック（Locke, J.）、ルソー（Rousseau, J.-J.）らが登場した。ホッブズは、自然状態における「万人の万人に対する闘争状態」を脱するために、人々は自然法に従って契約によって自然権を放棄し、このことによってリヴァイアサン（国家）を造るとした。また、ロックは、自然状態において、人々は、自然法が許す限

りにおいて、自然権を完全に行使し、自分の望むことすべてを自由に実行することができるとする。ところが、その中においても、さまざまな理由により、人々の間に争いがおこることは考えられるので、人々は全員一致の契約によって政府を設立し、各人の権利が保障されるようにするとロックはいう。さらに、ルソーは、「人間は自由なものとして生れた。しかもいたるところで鎖につながれている」としたが、その背景には、当時のフランス絶対王政における絢爛豪華な文明と学問は、多くの民衆の犠牲の上に確立されたものであるという理解があった。そして、ルソーは、全員一致で社会契約を結ぶことによって、一般意思に基づく国家の形成を訴えたのである。ホッブズ、ロック、ルソーによる社会契約の理論の具体的内容は、それぞれに異なるものではあるが、革命という動乱を背景に、「個人」をいかに「社会」へと統合し、彼らの平和と自由ないし権利を保障するかということをテーマとするものであった。

C 法学的・制度論的アプローチと歴史的アプローチ

19世紀にはいると、いわゆる「立法国家」が現れ、議会制を中心とした近代政治制度が発展した。このような動きに政治学も対応していくことになる。すなわち、法現象や政治制度を研究することに重点が置かれたのである。法学的アプローチと制度論的アプローチと呼ばれるものがそれである。たとえば、アメリカの政治学者であるリーバー（Lieber, F.）やバージェス（Burgess, J. W.）は、「ドイツ国家学」、「国家論」、「公法学」を導きの糸として、法律や政治制度を含む文化という観点から、アメリカの「国家」と「国民」の歴史的位置と「使命」を導き出そうとした。

また、過去の政治的出来事を研究し、叙述していき、そこになんらかの政治的意義を見出そうとするものもみられた。このようなアプローチは歴史的アプローチと呼ばれる。たとえば、アメリカのアダムズ（Adams, H. B.）は、「制度」の中に社会的紐帯の歴史的結合様式を認め、ヨーロッパ史を研究し、その継続ないし連続性の中にアメリカという国家の歴史的位置を置こうとしたのである。

3 政治学の対象としての現代社会と政治

伝統的政治学は、哲学、制度論、法学および歴史学の方法によって政治を研究することを特徴としていた。これらは、現実に今起こっている政治のダイナミズムを分析するものとは異なるという意味で、静態的分析といえる。近代までの政治システムは、比較的単純なものであり、このような静態的分析で対応することが可能であった。しかし、現代社会は非常に複雑に構成されており、政治もその複雑さを増した。それゆえに、新しい政治学が必要になるわけであるが、それをみていく前に、本節では、現代社会と政治の諸特徴について概観する。

A 集団の噴出

現代社会を考える上での大前提は、第二次産業革命以降の資本主義と産業主義の進展であろう。資本や産業に基づいた経済的発展のためには、当然大量の労働力が必要となるが、その補充はもともと農村にあった労働力によってなされた。すなわち、労働人口が都市へと移動することにより、地縁や血縁を基本としたコミュニティであった伝統的村落共同体は消滅していくことになったのである。そして、都市において、人々を結びつけるのは、地縁や血縁ではなく、共通の利益や目的であった。つまり、伝統的共同体（コミュニティ）は凋落する一方、利益団体（アソシエーション）が台頭してくるのである。

こうして、現代において、いわゆる「集団の噴出」という現象が現れることになる。このような集団の例として、企業や労働組合が挙げられるが、これらの集団は、自らの利益や目的を実現するため、組織的・継続的に政治に影響力を及ぼすようになった。こうした集団は「圧力団体」とも呼ばれる。これら圧力団体は、一般的な利益を追求するのではなく、あくまで私的利益を追求するものであって、これらが影響力を互いに及ぼす中、政治における決定は、それらの諸団体の間の「push and resist」の度合い次第という局面が多くみられるようになったのである。

このような利益団体の中には、労働組合も含まれる。都市に大量に現れ

た労働者たちは、労働組合に加わり、労働運動や選挙権拡大要求などの政治運動を行った。このことにより、労働者たちは、次第に政治に対する影響力を増すようになり、先進諸国において、20世紀には男女普通平等選挙が実現するに至ったのである。

B 「夜警国家」から「行政国家」へ

　こうした状況下において、資本主義の進展に伴う貧富の格差の増大や、自由放任経済の弊害たる不況の発生といった問題が深刻化する中、人々の国家に対する期待や要求が高まった。国家には、治安や外交といった「夜警国家」としての機能に加え、「行政国家」として、経済・教育・福祉への介入というより幅広い役割が求められたのである。

C 大衆の出現

　産業の発展はテクノロジーの進歩とも分かちがたく結びついているが、このテクノロジーの進歩は大量生産のための手段を用意するのみならず、交通網など商品の運搬手段や、マス・コミュニケーション手段など商品宣伝の手段も発展させ、大量消費を可能にした。テクノロジーの発展は大量生産・大量消費への道を開いたのである。

　こうして、現代において、大量の商品の生産者であると同時にそれらの消費者である大量の人間、すなわち大衆が現れた。しかも彼/彼女らは、選挙権を得ることで政治の表舞台に大々的に登場するようになったのである。しかしながら、彼/彼女らは、必ずしも自律的で理性的な「市民」ではなかった。大衆は伝統的共同体における紐帯から解放された存在であり、その意味で自由ではあったが、このことは、逆にいえば、彼/彼女らがアトム化され、孤立させられた「孤独な群衆」であることを意味した。大衆はこうした孤独に耐えられず、他者の考えに依拠して行動する受動的・他律的存在であり、非合理的な感情や情緒に動かされやすい衝動的な存在とされるのである。

4 政治学の科学化と行動論政治学

A 政治学の科学化

　現代において、前節で述べたような社会・政治状況の変化が起こったわけであるが、こうした状況の変化に対して、概して主知主義的で静態分析的な政治学であった伝統的政治学は対応しきれなかった。そこで、諸状況を実体的かつ動態的に捉える、既存の政治学とは異なる新しい政治学が必要とされたが、その際のキーワードが「科学」であった。政治現象を科学的に分析しようとする態度はすでにマルクス（Marx, K. H.）にみられた。彼は、政治現象を科学的に分析する政治学は変革のイデオロギーとして役立つとし、自らの社会主義を「科学的社会主義」と名付けた。

　しかしながら、本格的に「政治学の科学化」が開始されたのは、20世紀に入ってからであった。ウォーラス（Wallas, G.）とベントレー（Bentley, A. F.）は奇しくも同じ1904年に書かれた著書で、当時政治学の主流を占めていた制度論を批判する。ウォーラスは、人間の政治行動は必ずしも合理的なものではないので、こうした実際の人間性を把握せず、制度のみを研究する政治学は有害ですらあるとする。また、ベントレーは、政治を動態的に把握しない、政治制度の外面的な特徴についての研究を「死せる政治学」と呼び、現実の政治における集団の存在に着目し、政治をそれらが影響力を与えあう過程として捉える必要性を主張した。

　1930年頃になると、アメリカのシカゴ学派と呼ばれる人々によって、政治学の科学化に向けた動きはさらに推進されるようになる。シカゴ学派の統領であるメリアム（Merriam, C. E.）は、法制度や統治制度の歴史的進化を詳細に記述することは実際の善良な生活の促進とかけ離れており、もはや不適当な研究方法であるとした。そして、心理学や統計学などの経験的手法が政治学へ導入される必要があるとしたのである。メリアムの弟子であるラスウェル（Lasswell, H. D.）も、制度研究の重要性は認めつつも、「マーシャルやリンカーンの人生抜きで、アメリカ合衆国の構造的な発展について制度的に説明しても、それは豊かで活気に満ちた歴史の残りかす以外のなにものでもなかろう」として、政治学への心理学的研究方法の導入を促進

した。

B　行動論政治学

　しかしながら、シカゴ学派のこうした努力によってさえも、政治学が一つの科学たり得るかという疑問は残っていた。1950年代から60年代にかけて、政治学界は総力を挙げ、「行動」をキーワードにした政治学の科学化に邁進する。このような「新しい」「科学的な」政治学は、行動論政治学と呼ばれた。

　イーストン（Easton, D.）が1967年に挙げた、行動論的政治学の内容は以下の通りである。

①社会行動における規則的なものを探求し、知見を理論的に一般化すべきである。

②理論は、原則として関連行動への引証によってなされる検証手続に服すべきである。

③行動の観察・記録・分析のための厳密な方法や技術が開発され、使用されるべきである。

④データの記録と発見の陳述の精密性を期するために、数量化と測定の論理的手続が必要である。

⑤価値判断と経験的説明とは異なる。両者は分析的に区別されるべきである。もっとも、行動論者は、両者を混同しないかぎり、どちらの命題を述べてもかまわない。

⑥研究は体系的でなければならない、理論に導かれない調査研究は無益であり、データに支えられない理論は不毛である。

⑦知識の応用は重要だが、これに先立って、社会行動の理解と説明に関する基礎理論の開発が重要である。

⑧社会科学は人間状況の全体とかかわる。社会諸科学の相互関連の認識と自覚的な統合が重要である。

　こうした行動論政治学は、とりわけ、世論、政治的態度、投票行動などの研究分野において大きな成果をもたらし、1960年代に入る頃には、アメリカ政治学会の主流の座を占めるに至ったのである。

5 脱行動論革命

A 行動論政治学への批判

　行動論政治学は、心理学や社会学に学びつつ、政治学を一つの自律的専門科学たらしめんとする運動であった。しかしながら、行動論政治学は、価値問題や時代の最も重大な政治問題を回避する傾向があった。こうした傾向は、1960年代後半に鋭い批判に晒されることになる。すなわち、行動論政治学はそれらの諸問題を回避し、心理学的方法や社会学的方法を用いて、政治の周辺的問題を数量的に分析しているにすぎないから、政治学ではないとされたのである。

　こうした批判の背後には、当時のアメリカ合衆国における社会的・政治的危機状況があった。たとえば、ベトナム戦争の開始とその泥沼化がある。また、公民権運動に見られるような人種的原因に基づいた激しい対立や学生運動の激化という状況も存在した。さらに、世界的には、核戦争の脅威、人口の爆発的増加、深刻な環境汚染の発生などさまざまな諸問題が喫緊の政治的課題となっていたのである。

　「価値中立性」を堅持することで、それらの諸問題を回避して、ひたすら「政治学の科学化」に邁進するような行動論政治学は、現実的な諸問題に的確な解決策をもたらしえなかったとされた。それゆえ、政治学は、政治の核心的問題を取り上げるべきであり、また、価値の問題の重要性を再認識するべきであるとされたのである。

B 脱行動論革命

　イーストンは、行動論政治学の主唱者の一人と目される人物であったが、以上のような行動論政治学への批判を受け入れた。すなわち、彼は、1969年にアメリカ政治学会会長になり、その就任演説「政治学における新しい革命」において、この「新しい革命」を「脱行動論革命 (Post-Behavioral Revolution)」と呼び、行動論政治学の問題点を認識しつつ、「行動論以後」の政治学の課題として次の点を指摘する。

①研究の用具を精緻化することよりも、現代の緊急な社会問題に対して妥

当であり、意味があることのほうが重要である。

②行動科学には、経験論的保守主義のイデオロギーが内在している。事実の叙述と分析にのみ自己を限定することは、こうした事実を理解するのを妨げることにほかならない。

③行動論的研究は、「現実との接触」を失うにちがいない。行動論的研究の神髄は抽象化と分析であるが、このことは、政治の非情な現実を包み隠してしまうのに役立っている。

④価値に関する研究と価値の建設的な展開とは、政治の研究の不可欠の部分である。

⑤各専門分野に属する学者は、すべて知識人としての責任を社会に負っている。

⑥知るということは、行動する責任を持つことであり、行動することとは社会の再形成に従事することである。科学者としての知識人はその知識を生かす特殊な責務を持っている。

⑦知識人が自分の知識を実践する責務を持っているとしたら、知識人をもって構成する組織——学会——と大学そのものは、その時代の抗争とは無縁の存在ではあり得ない。

　以上のようなイーストンの主張は、もとより、政治学における科学的研究を否定するものではない。イーストンによれば、行動論革命によって、政治を経験的に分析し説明することが可能となるのであり、行動論的な基礎研究の重要性は認められるべきである。しかしながら、そのような基礎研究のみでは、現実の政治的課題に対応できず、また未来に対する有意義な構想を得ることもできないことは確かである。また、逆に、価値問題にのみ関心を払うことによっては、経験的な世界を分析し説明するのに有効な方法を得ることはできない。政治学において、事実と価値の問題のどちらか一方のみに関わることではなく、それらの調和が図られることこそが重要であるといえよう。その意味で、イーストンにとって、脱行動論革命とは、行動論革命の放棄ではなく、行動論革命を持続し、その上に構築されるものであり、新しい方向で行動論革命を展開する一つの道だったのである。

6 政治的価値理論の復権

A ロールズの正義論

　行動論政治学に対する批判の一つは、それが価値問題を回避しているというものであったが、このような流れの中で、政治哲学などの価値理論が「復活」することになった。その嚆矢となったのがロールズ（Rawls, J.）の『正義論』である。

　ロールズは、正義とは何かを示す際、まず「原初状態」なるものを想定する。この「原初状態」において、人々は「無知のヴェール」によって、自分が他人に対してどれだけ有利（不利）な立場にあるかわからない状態にあるとされる。そして、人々がこうした状態におかれたとすれば、彼/彼女らは、次に述べるような「正義の原理」を選択するに違いないとロールズは考える。

　この「正義の原理」は、まず、すべての人々は他の人々の権利を侵害しない限りにおいて自由で平等な存在である（第1原理「平等な自由原理」）というものである。また、社会的・経済的不平等は、それがもっとも恵まれない人々の便益になるように（第2原理（a）「格差原理」）、かつ、誰もが有利な立場に立ちうる機会を平等に与えられるように（第2原理（b）「機会均等の原理」）、編成されるべきであるというものである。こうしたロールズの主張は、自由主義的原則を前提としつつ、そこから生まれる社会的・経済的格差を是正し、社会的弱者の福祉の向上を目指そうとする福祉国家型のリベラリズムのものといえる。

B ノージックの最小国家論

　ノージック（Nozick, R.）は、『アナーキー・国家・ユートピア』においてロールズの正義論に対する批判を行った。その際、ノージックも「自然状態」を想定し、それを「人々が完全に自由であり、自然法に基づいて自らの行為を自らの責任で決定していく状態」であるとした。しかしながら、この「自然状態」においては、人々が互いの権利を侵害する危険性が存在する。そこで、人々は、「相互保護協会」を設立し、個々人の権利を保護しようと

し、さらに「相互保護協会」間に紛争が起こる場合、それを裁定するような共通の制度が必要となり、「支配的保護協会」たる「超最小国家」が生成するという。しかしながら、この国家に加入しない者もいるので、それらの人々にも権利行使を禁じ、その賠償として彼/彼女らにもサービスを提供するようになる。こうして、国家は領域内での実力を独占し、また領域内のすべての人々の権利を保護する機能を担うようになるとノージックはいうのである。

　ノージックが正当だとする国家は、国民の自由と安全の確保のみを役割とする「最小国家」である。ノージックは、ロールズのいうような現代の福祉国家は、富を再分配するという名目のもと、人々の権利を侵害し、人々の自由を奪っているとして、これを批判するのである。このように、個人の自由を最大限に認め、その自由を侵すことになる福祉国家を批判するノージックのような主張は、リバタリアニズム（自由尊重主義）と呼ばれる。

C　コミュニタリアニズム

　リベラリズムやリバタリアニズムの主張を批判するのが、コミュニタリアニズムである。エッツィオーニ（Etzioni, A.）らのようなコミュニタリアンは、リベラリズムやリバタリアニズムが断片化した個人主義の立場に立ち、個人がコミュニティの一員であり、それゆえ、コミュニティの歴史や伝統などの「負荷をおびた個人」であるということを考慮していない点を批判する。そして、コミュニタリアンは、個人的利益のためにのみ権利を行使することは、やがて社会を構成する原理である「共通善」を喪失させ、社会を解体することにつながっていくという。たとえば、「功利主義的個人主義」や「市場経済万能主義」は、社会内における深刻な経済格差や不和を生み出すことになるというのである。こうして、コミュニタリアンは、個人の自由や権利、平等性を否定するわけではないが、それに伴う責任や義務があることを強調し、また、コミュニティの共通の価値である共通善を実現していく政治的な実践が必要であることを強調するのである。

7 国家論・制度論の復権

　行動論政治学は、人間やそれが構成する社会集団の政治における役割を重視し、その行動を科学的に分析することを主眼としており、必ずしも国家や制度というものに注目する見方を拒否するわけではないが、総じてそれらを軽視しがちであった。それに対し、1980年代以降、改めて「国家」や「制度」を見直そうという動きがあらわれてくる。

A　国家論の復権

　1981年、アメリカ政治学会年次大会において掲げられた共通テーマは、「国家論の再建」であった。その牽引者であったローウィ（Lowi, T. J.）らは、アメリカ政治学は、その歴史のほとんどを通じて「国家なき政治学」であったと指摘し、政治学において政治過程や政治行動に注目する見方は拒否されるべきではないが、政治過程や政治行動は国家の制度や市民たちの国家観念の文脈においてこそ最もよく研究されうるとし、国家および公的統制の諸制度が政治学の中心へと復権されるべきだとした。

　また、1980年代半ばにはスコッチポル（Skocpol, T.）らによって『国家を呼び戻せ』が編まれ、この「国家を取り戻せ」という合言葉のもとでの研究が活性化されることになった。この国家論が強調するのは「国家の自律性」である。これは、利益集団の影響力が大きく、ともすれば、政治が諸集団による単なる圧力政治に化す可能性もある、アメリカという「弱い国家」において当然の反応であったのかもしれない。

　国家論が説くように、国家は政治の主要なアクターであるし、政治学において、取り扱われるべき最重要なものの一つであることは確かである。ただし、政治におけるアクターはそれだけではないことも明らかである。国家とその他のアクターの相互作用性を理解する必要があろう。国家を含めた制度という面からアプローチすることで、このことに解答を得ようとする立場が次にみる新制度論であるとも考えられる。

B　制度論の復権

　国家論の復権とともに、政治におけるフォーマルなものが再注目されるようになり、政治制度も見直されるようになる。このように、政治制度に改めて着目する立場は新制度論と呼ばれる。新制度論は、それ自体、制度現象に対する各種各様のアプローチを含んでいるとされるが、以下では、歴史的制度論、経済学的制度論、社会学的制度論の3つについて概観していく。

　歴史的制度論は、何故、ある制度はできたのか、何故、そのような制度が生き残っているのか、に着目する制度研究・分析であり、伝統や文化といった過去からの遺産が、現在の意思決定に影響を与えることを強調するものである。たとえば、ある法律や政策指針は、明らかに時代遅れであるにもかかわらず、そのまま存続し、現在の決定に影響を与えていることがあるが、この理由を、その法律や政策指針の起源にまで歴史をさかのぼって検証するのが、歴史的制度論のとる見方である。

　また、経済学的制度論は、しばしば合理的選択制度論とも呼ばれ、ある目標を合理的に追求するアクターを前提として、そのアクターが自らをとりまく政治構造を利用したり、あるいは制度構造の制約を受けたりしながら、さまざまに行動し、意志決定を行う過程を分析するものである。経済学的制度論は、行動論的政治学と同様に、アクターの行動に着目するが、しかし、それはしばしば制度に影響を与えられるものであることを強調する。つまり、制度に影響を与えられることを前提として、アクターの行動が持つパターンや理由を明らかにしようとするのが経済学的制度論の立場である。

　最後に、社会学的制度論は、法律やルールなどの公式の制度に加えて、規範や慣習といった非公式的な要素を重視する立場である。社会学的制度論によれば、不確実性に満ちた現実世界において、それに直面したアクターは、往々にして、社会的に適切だと考えられている行動、すなわち規範や慣習に従うことによって不確実性を減少させようとする。それゆえ、社会学的制度論は、非公式的な要素を考慮に入れなければ、アクターの行動を正確に理解することはできないとするものであるといえよう。

知識を確認しよう

. . . .

問題 以下の文の中から、適切なものを選びなさい。

(1) ホッブズ（Hobbes, T.）、ロック（Locke, J.）、ルソー（Rousseau, J.-J.）の社会契約の理論の具体的内容はそれぞれに異なるものではあるが、革命という動乱を背景に、「個人」をいかに「社会」へと統合し、彼らの平和と自由ないし権利を保障するかということをテーマとするものであった。

(2) ウォーラス（Wallas, G.）は、政治制度の外面的な特徴についての研究を「死せる政治学」と呼び、現実の政治における集団の存在に着目し、政治をそれらが影響力を与えあう過程として捉える必要性を主張した。

(3) イーストン（Easton, D.）は、アメリカ政治学会会長就任演説「政治学における新しい革命」において、行動論政治学を批判し、政治学における科学的研究は必要ないとした。

(4) ロールズ（Rawls, J.）は、著書『正義論』において、福祉国家は、富を再分配するという名目のもと、人々の権利を侵害しているとして、これを批判した。

解答

(1) ○

(2) × 政治制度の外面的な特徴についての研究を「死せる政治学」と呼び、現実の政治における集団の存在に着目し、政治をそれらが影響力を与えあう過程として捉える必要性を主張したのは、ウォーラスではなく、ベントレー（Bentley, A. F.）である。

(3) × イーストンは、「脱行動論革命」においても、行動論政治学が重視する科学的な基礎研究は必要であるとしている。

(4) × ロールズは、自由主義的原則を前提としつつも、そこから生まれる社会的・経済的格差を是正し、社会的弱者の福祉を向上させる必要があるとして、福祉国家を擁護した。

第 5 章 デモクラシーの理論と諸相

本章のポイント

　デモクラシーは、古代ギリシア以来の長い歴史を有している。その中で、デモクラシーはさまざまな姿を見せてきた。本章では歴史的な流れに沿ってデモクラシーの理論について考えていく。

1. デモクラシーの源流である古代ギリシアの政治について理解する。
2. 社会契約説を中心に近代市民社会のデモクラシーについて考える。
3. 大衆社会とそれに対する批判としてあらわれたエリート主義について理解する。
4. デモクラシーの問題点から生じたナショナリズムと全体主義について考える。
5. 現代デモクラシーのモデルを提示したポリアーキーについて理解する。
6. 討議デモクラシーをはじめとする新たなデモクラシー理論について理解する。
7. デモクラシーとフェミニズムの関係、そしてデモクラシーにおける市民について考える。

1 デモクラシーの源流

A 古代ギリシアのデモクラシー

デモクラシーの原型は、古代ギリシアに求めることができる。

紀元前8世紀頃から、ギリシア世界ではポリス（polis）と呼ばれる都市国家が成立を始める。ポリスの多くは都市部と周辺の農村部によって構成されており、その人口は例外的に大規模なものでも数万人程度であった。都市の中央には、守護神を祭る神殿が建つアクロポリスと呼ばれる丘と人々が集うアゴラという広場があった。

ポリスの政治の第1の特徴は、直接民主制にある。つまり、君主を頂点とする階級制の政治機構や特別な代表者が政治を行うのではなく、政治に参加する資格を有する全市民が平等の立場で議論して、直接的に意志決定を行っていた。この議論の場を民会（ekklēsia）という。軍事指導者を除くほとんどの官職は抽選によって選ばれており、これがポリス内の市民の平等性を保障するものになっていた。最大のポリスであったアテナイ（アテネ）は元々王政であったが、紀元前6世紀末のクレイステネス（Kleisthenēs）による改革以降はデモクラシーが進展し、紀元前5世紀のペリクレス（Periklēs）の時代には直接民主制のシステムが完成したと考えられている。

第2の特徴は、この直接民主制では、上記のような、自由で平等な市民による議論が政治の中核に置かれていたことである。市民の最大の責務は、民会での議論に参加することにあった。彼らはアゴラに集い、政治から哲学に至るまで、さまざまなテーマについて議論を行っていた。そのため、弁論術は、ポリスの市民にとって不可欠な技術であった。

そして、ポリス政治の第3の特徴は、その国防が市民自身によって担われていたことにあった。ポリスには専業の軍人は存在せず、重装歩兵として国防の義務を担うことが全市民に課されていた。ポリスのために戦うことは市民の要件とされており、そのために命を失うことは公共心を表す最高の行為と考えられていた。

要するに、ポリスは、自由で平等な市民が議論と国防義務という協働行為を通して成立する、民衆（dēmos）が支配（kratos）する共同体であった。

同時に、市民には、自らの義務を正しく全うするという倫理的責務が課されることになった。

B　自然と作為

　古代ギリシアの人々は、政治や倫理について考える際、自然（physis）と作為（nomos）を区別した。前者は自ずと生成するものや人間が左右できないものを、後者は人間の行為やそれによってつくり出されたものを指す。

　作為の起源は、人間が生来的に持っている利己心のコントロールに求められる。人間は利己心に流されやすいため、政治や国防といった他者との協働を通して公共心を養う必要がある。つまり、ポリスは単なる政治共同体ではなく、市民の道徳的・倫理的教育の場でもあった。

　このような市民の活動から生まれるのが法（nomos）である。法の権威は、市民の実践（nomos）に由来する。一般に法の権威が伝統や慣習に求められることの多かった古代において、それを人間の作為の産物として認識したことはギリシア政治文化の大きな特徴である。

C　古代のデモクラシーを考える現代的意義

　実際のところ、ポリスには多くの問題があった。市民は成人男性に限られ、女性の政治参加は認められていなかった。また、市民が日々議論に集中することができたのは、生産活動を奴隷が担っていたからに他ならない。公共心にはほど遠い私益の追求や嫉妬もはびこっていた。

　にもかかわらず、私たちがポリスに注目するのは、この政治体制の中にデモクラシーの原型を見いだすことができるからである。古代以来、現代に至るまで、デモクラシーのあり方が問われるたびに、古代のポリスは常に理想的なデモクラシーの姿として想起されてきた。市民が自由に議論を行い、協働を通して共同体の維持を図ることは、今日のデモクラシーにおいても必須である。もちろん、古代の政治体制をそのまま現代に復活させようとしても無意味であり、危険である。そのため、今日では、ポリスは、現実的な政治目標というよりも、デモクラシーを考えるうえでのモデル（範型）として理解されるべきである。

2 市民社会の形成

A 絶対王政の理論的根拠

　ヨーロッパの中世社会を規定していたのは封建制であった。土地支配を特徴としたその制度的影響もあり、中世社会は貴族や都市などによる自治が広く行われた分権的・多元的政治社会であった。貴族などの地方領主は、自身の支配地の行政権や司法権の大半を掌握していた。領主たちが自分たちの統治の根拠として主張したのが、特権（privilege）であった。これは、彼らが領主として代々受け継ぎ、君主たちの承認を得るなどして確実なものにしていった権利のことである。

　これに対して、君主は、中央集権的な国家統一を急いでいた。分権的政治社会は外部からの攻撃に対して弱さを抱えている。そのため、中世の後期から近代の初期にかけて、次第に各国で君主たちが国家統一を目指すようになる。

　その結果として成立した絶対王政は、王権神授説を権威的な根拠とした中央集権的な政治体制であった。

　王権神授説は、地方領主が持つ特権を上回る統治の根拠を、君主たちに提供した。王権神授説では、国王の絶対的な権威と権力は、神に直接的に由来すると考える。国王は、神という超越的な存在を背景として領主の特権を制限し、自身を頂点とする中央集権的な統治機構の確立を試みた。

　さらに、ボダン（Bodin, J.）によって理論化された主権概念が、国王の権力を理論的に強化した。

B 社会契約説の特質

　絶対王政が依拠した王権神授説に対して、商業経済の発達と啓蒙思想に代表される学術の発展を経て人々に浸透していったのが、個人の意志によって政治共同体を形成することを目指す社会契約説であった。

　社会契約説では、市民は理性に基づく思考が可能な存在として認識される。この理論においては、市民は自分の判断で適切に自分をコントロールすることが可能であり、またその権利を自然権として保有していると考え

られた。市民が国家を形成するのは、自分の権利を確実なものにするためである。つまり、ポリスが道徳的・倫理的性格を持った共同体であったのに対して、社会契約説における国家は理性的な市民の権利を保障するための合理的な組織として定義づけることができる。

逆に言えば、もし国家が市民の権利を侵害する存在になれば、市民はその国家を倒すことができる。そのため、革命は反乱ではなく、市民の正当な権利の行使として容認される。国家を市民の上位に置き、それに対する一方的服従を市民に課す絶対権力期以前の統治関係とは反対に、社会契約説の登場によって、国家は市民に奉仕する存在へと質的に大きく転換した。ホッブズ（Hobbes, T.）やロック（Locke, J.）、ルソー（Rousseau, J.-J.）といった社会契約論者の思想は、必ずしも一致しているわけではない。しかし、個人という存在が、自らの意志に基づいて政治共同体を形成するという考え方はどの論者にも共通する特徴となっている。

C　トクヴィルのデモクラシー論

イギリスでは 17 世紀に、フランスでは 18 世紀に市民革命が発生する。その際、革命派の人々を支えたのが社会契約説であった。19 世紀に入ると、デモクラシーの既定事実が進む。そのため、これ以降の政治理論家に要求されたのは、デモクラシーを有効に機能させることにあった。

トクヴィル（Tocqueville, A. de）は、デモクラシーを、政治を含む社会のあらゆる場面における平等状態、つまり「諸条件の平等」（égalité des conditions）と定義した。

平等化は、歴史的必然であり、また人間社会に活力を与えるものでもある。しかし、平等化に伴って発生する社会の原子化と人間の均質化の影響で、人々の関心は次第に自身の周囲のみにとどまるようになり、その結果公共心が失われていくことになる。

市民の主体的な実践によってはじめて可能になるデモクラシーにとって、公共的な事柄に対する市民の関心の低下は致命的である。いわば、デモクラシーが進むほど、デモクラシーが形骸化していくという矛盾する状態が発生することになる。トクヴィルは、そのような状況から新種の専制体制が生まれることを危惧した。

3 大衆社会とデモクラシー

A 大衆社会とは何か

　市民革命によって成立した市民社会の主人公である市民は、自由で理性的な人間のことであった。ただ、ここでいわれている市民は限定的存在であった。19世紀前半のヨーロッパ各国では制限選挙制が一般的であったため、この当時政治上の意志決定に参画できたのは一部の有産階級に限られていた。これに対して、産業化によって生まれた労働者階級は、過酷な経済環境に置かれながらも、政治から排除されていた。そのような労働者階級の声を背景として、19世紀後半には普通選挙制の導入を求める運動が西ヨーロッパ全土に広がっていった。その結果、19世紀末から20世紀前半にかけて、男性普通選挙制を採用する国が相次いでいく（女性の普通選挙が各国で採用されていったのは、さらに後のことであった）。

　しかしながら、普通選挙の導入はデモクラシーに新たな問題ももたらした。選挙制度の改革によって一般民衆の政治参加は容易になったが、彼らは十分な政治教育を受けていたわけではなかったし、生活に追われていた彼らには政治に関する十分な思索や分析を行うような余裕もなかった。また、都市化や産業化の影響で社会の原子化が進み、社会的紐帯も崩壊していた。結果的に、人々は市民としての条件を満たすことができない状態で、政治と向き合うことを余儀なくされ、その時々の政治指導者や政治状況に左右されることになる。政治学では、政治判断に関して非自律的なこのような人々のことを大衆と呼び、そのような人々によるデモクラシーを大衆デモクラシーと評している。

　大衆の政治行動の特徴は、非合理性と同調性である。大衆は、長期的視点に立った大局的な政策よりも、目先の利益や感性的なアピールに魅力を感じやすい。また、自分独自の意志決定に自信を持つことができず、周囲に迎合する。こういった大衆の姿は、デモクラシーが前提としてきた、理性的で自立した市民の対極に位置する人間像である。まさに、トクヴィルが指摘したように、デモクラシーの進展によってそれとは正反対の状況が生まれたことになる。そのため、この時代にはデモクラシーに批判的な政

治理論が構想されることになる。

B エリート主義

　イタリアの経済学者パレート（Pareto, V.）は、そもそも一般の民衆による
デモクラシーなど不可能であると説いた。社会や政治は常に少数のエリー
トによって支配されており、体制がかわってもそれは支配エリートが別の
エリートに交代したに過ぎないと考えた。

　イタリアの政治学者モスカ（Mosca, G.）やドイツの社会学者ミヘルス
（Michels, R.）もパレートと類似したエリート主義的な理論を説いた。この
うち、ミヘルスは、国家だけでなく一定規模以上の組織ではいずれも、官
僚的機構が形成され、少数の指導者による中央集権的な支配が成立するよ
うになるという「寡頭制の鉄則」を提示した。

C シュンペーターのデモクラシー論

　オーストリア出身で、後にアメリカで活躍した経済学者であったシュン
ペーター（Schumpeter, J.）のデモクラシーに対する見解は、一般民衆の能力
的な限界を前提としている。彼は、民衆に可能なのは適切な政治家を選出
することくらいだと考えた。そして、デモクラシーは民衆の政治的実践で
はなく、誰に政治の仕事を任せるのかというテーマを中心に置くべきだと
した。そのため、シュンペーターは選挙での競争を重視することになる。

　デモクラシーを全面的に否定しかねないパレートらに対して、シュンペ
ーターはあくまでもデモクラシーの範囲内でエリート主義理論を展開した。
そのため、彼の考えは後のデモクラシー理論にも影響を与えることになる。

　しかしながら、シュンペーターの見解も、やはりデモクラシーにとって
危険な性格を有している。なぜなら、それは市民社会を重視する古典的な
デモクラシー理論の破綻を示すものだからである。すなわち、彼の理論は、
従来から前提としていた理性的市民という人間像が現実的には存在困難で
あることを暴露し、さらに本来主体的であるべき市民に対して、政治の実
践に対して受動的であることを求めているのである。

4 デモクラシーの失敗

A ネーションという意識の誕生

　「ネーション」（nation）という語には、「民族」「国民」「国家」といった意味がある。19世紀以降の近代国家の特徴は、この一語に集約されているということができる。つまり、19世紀以降見られるようになったのは、生来的特性によって定義される「民族」が、「国民」という名の構成員として、「国家」、より具体的にいえば「民族国家」（nation state）という政治共同体を形成していくという現象であった。そして、ナショナリズムという語は、その方向性を支持する考え方やその動きを意味している。

　現在、ナショナリズムはマイナスの印象を伴って取り上げられることが少なくない。しかし、実はナショナリズムの誕生には、デモクラシーの成立が影響している。デモクラシーは、平等な構成員全体の自発的意志に基づく政治共同体の形成を求める。構成員の意志によるからこそ、共同体の形成にあたっては、彼らに共通する特性が重視されなければならない。そこで注目されたのが「民族」という生来的な要素であった。要するに、デモクラシーは、「民族」の同質性に基づいて、多様な考えや利害を持った人々を一体化する必要があった。

　初期のナショナリズムを代表する論者としては、言語や文化の共通性に基づいて国民意識を喚起したドイツのフィヒテ（Fichte, J. G.）や、「ネーションである」ことは「日々の国民投票」を意味すると主張したフランスのルナン（Renan, E.）が挙げられる。

　フィヒテやルナンに共通するのは、第1に彼らが人々の意識や精神、文化の点から「ネーション」を理解していること、第2に彼らの意見表明のいずれもがそれぞれの所属する共同体の危機や敗北の下で行われていることである。このことは、ナショナリズムがデモクラシー国家のアイデンティティを守るための条件になっていることを示す例といえるだろう。

　これに対して、ゲルナー（Gellner, E.）は、産業化に注目してナショナリズムを考察した。彼は、産業化の進展に対応するために、標準的な教育が国家主導で人々に施されるようになった結果、人々の中に共通的な「ネーシ

ョン」の意識が形成されていったと考えた。

　また、アンダーソン（Anderson, B.）は、言葉とりわけ出版印刷物に目を向けた。彼は、人々が共通するメディアから情報を受け取り、その内面に共通的な意識が形成されることを通して、ナショナリズムが醸成されたと考えた。アンダーソンは、そのような意識から導き出された国家を、「想像の共同体」と呼んだ。

B　全体主義という帰結

　フリードリッヒ（Friedrich, C.）をはじめとして、全体主義についてはさまざまな定義が提示されてきた。だが、強力な単一的政治勢力による支配・統治とそれに対する多数の国民の積極的支持、そしてその協調関係を具体化する手段としての暴力やメディアなどの利用などが特徴として挙げられていることは共通している。

　これらの特徴の中でも注目しなければならないのは、それが国民の積極的な支持の上に成立していることである。これは、古代以来登場した独裁政治の多くが支配者からの一方的支配であったのとは対照的である。

　ナショナリズムと同様に、全体主義もデモクラシーと密接に結び付いている。全体主義の政治指導者の多くは、デモクラシー下での選挙を通して国民の支持を調達した。つまり、国民の中の多数派が支持した体制が、全体主義の支配者となった。

　全体主義の下で、少数派は決して容認されることはない。デモクラシーでは多数派が絶対的な権威を持つため、デモクラシーを通して成立した全体主義体制下では、権力に反対する少数派は社会全体の敵対者と見なされてしまうからである。

　全体主義の登場は、デモクラシーが多元性と一元性の葛藤を内在させていることを暴露した。デモクラシーの成立条件は人々の自由と平等であるため、そこには多元性に対する配慮がなければならない。しかし、その一方で、デモクラシーには、多数派の意志をそのまま国家や社会全体の意志と考える一元的な性格も存在している。これらはいずれもデモクラシーの本質であるため、全体主義によって明らかにされた課題は、現在のデモクラシーにおいても課題であり続けている。

5 ポリアーキー

A 利益集団リベラリズム

　全体主義を経験した第二次世界大戦後の政治学は、多元性を重視する理論が主流となっていく。その流れの中で、ダール（Dahl, R.）は集団に注目した多元主義政治学を構想した。

　ダールは、アメリカの政治や社会の分析を通して、アメリカが一部のエリートによって支配されている社会ではなく、さまざまな利害関係を持つさまざまな集団の競合関係を内部に抱えた社会だと理解した。そして、社会を支配する権力も、特定の支配者によって独占されているのではなく、多様な利益集団によって共有されていると考えた。

　個別的な利害の表出の場として政治社会を把握することは、従来は否定的に考えられていた。しかし、ダールは、利益集団をはじめとする社会内のさまざまな集団の競合を、自由なデモクラシーに不可欠なものだと評価した。彼は、たとえ個別の集団の要求が公共性への配慮を欠いたものであったとしても、デモクラシーの制度的枠組の範囲内におさまるものであれば、それらの要求を行う多様な集団が生み出す摩擦も容認した。

　このことからわかるように、ダールは国家や社会、政治に関する特定の理想を掲げて、その実現を目指したのではなく、自由なデモクラシーが成立可能な社会の条件を重視した。そのため、彼の政治理論は制度のあり方を重視するのではなく、社会全体を分析対象とするものとなった。

B ポリアーキーとは何か

　ダールは、自由なデモクラシーが実現されている状態として、「ポリアーキー」というモデルを提示した。

　ダールは、言論・集会・結社の自由や反体制勢力の活動の自由といった「自由化（公的異議申し立て）」と、どれだけ多くの人々の政治参加が認められているのかという「包括性（参加）」の2つを、デモクラシーの程度を測る基準とした。ダールはこの2基準を組み合わせて、政治体制を4種類に分類した（図5-1）。

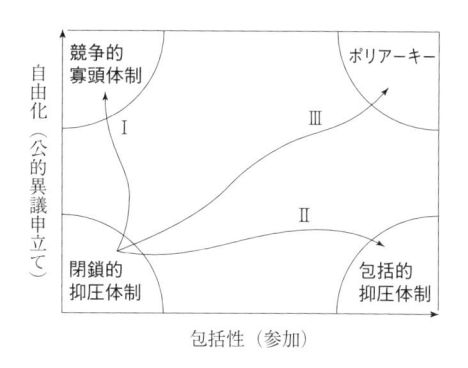

ダール，R. A.『ポリアーキー』高畠通敏他訳，岩波文庫，2014, p. 14 より作成

図 5-1　自由化、包括性、民主化

　まず、公的異議申し立ての自由も政治参加の包括性も低レベルな状態は、閉鎖的抑圧体制と呼ぶ。これは市民革命前の絶対君主国などが該当する。次に、公的な異議申し立ては自由に行うことができるが、政治参加に制限がかかっている状態は、競争的寡頭体制と呼ばれる。制限選挙制が採用されていた頃のイギリスがその代表例である。これに対して、異議申し立ては難しいが、多くの人々の政治参加が許容されている状態を、包括的抑圧体制という。これは、ソ連をはじめとする旧社会主義諸国や全体主義国に見られた体制である。最後に、自由な異議申し立ても、幅広い政治参加も認められている状態を、ポリアーキーという。欧米諸国や日本がこれに該当しているとされた。ポリアーキーの基準を部分的に満たしている、もしくはその達成度合いが不十分な体制は、準ポリアーキーに分類される。

　ダールのポリアーキー概念の源には、シュンペーターのデモクラシー論があった。ダールはシュンペーターの考えからのエリート主義的な性格を取り除くことで、ポリアーキー概念を導き出した。

　ダールによれば、ポリアーキーは最善の政治体制であり、それ以外の体制はポリアーキーへと移行していく過渡的な体制である。いわば、彼は、最終的にはどの政治体制も最良のデモクラシー体制に到達する可能性があると考えていた。ダールは、デモクラシーの失敗と呼ぶべき全体主義体制を目撃しながらも、決してデモクラシーの意義を否定することなく、その特質としての多元性を確保する方策を模索した。

6 新しいデモクラシー論

A ハーバーマスの公共性論

20世紀後半、次々と崩壊していった社会主義体制に対して、自由なデモクラシーは勝利したかに見えた。しかし、同時に、そのデモクラシーの形骸化に警鐘を鳴らす考え方が現れるようになった。これらが共通して訴えているのは、デモクラシーの再生を図るためには市民による議論の活性化が必要だということである。

ハーバーマス（Habermas, J.）は、近代市民社会の形成にあたって、私的空間において行われていた、市民による自由で平等な立場での議論が大きな役割を果たしたという見解を示している。ハーバーマスは平等な人々が自由に自らの考えや意見を表明する場を公共圏と呼び、そこで市民社会形成に必要な公共性が醸成されたと考えた。そのため、ハーバーマスは、自発的結社などでの活動を通した人々の有機的なつながりを今日のデモクラシーにおいて同様の機能を果たす場だとして重視した。ハーバーマスの公共性論は、議論する市民とそれによる公共圏の形成を通して、現代のデモクラシーの再生を図る理論であった。

B 参加型デモクラシー

デモクラシーは、本来民衆（dēmos）が支配（kratos）する政治体制、つまり市民が自ら実践することで成立する政治体制だったはずである。ところが、デモクラシーは代議制デモクラシーとして発展していった。

デモクラシー再生にあたって第1に求められたのは、市民の参加であった。ペイトマン（Pateman, C.）によれば、市民の政治参加はその公共性を養うための教育的効果も合わせ持っている。それを通して市民の政治的資質の向上が可能になり、あわせて政治共同体の質的向上も可能になる。

C 討議と闘技

デモクラシーの再生に必要な第2のものは、議論の活性化である。デモクラシーは進展していくにつれて、多数決による意志決定を過大に重視す

る傾向が強まっていった。また、代表制議会が制度的に整備されるのと反比例するように、実際の討議は形骸化が進行していった。

　このような傾向に対して、討議デモクラシーは、議員をはじめとする一部の政治関係者だけでなく、市民全体による議論の必要性を訴える。ペイトマンがいうように、デモクラシーの本質の一つは市民が自ら自身に関する意志決定に参加することにあり、その意志決定は議論を通して行われる。そのため、議論を議員たちだけに委ねることは、デモクラシーの本質を否定することになりかねない。

　ただ、同時に、討議デモクラシーは、議論において人々が自身の考えに固執することも否定する。議論は市民が自分の考えを好きに主張するだけの場であってはならない。市民は議論に際して、常に自分の意見を変化させることに対して柔軟でなければならず、彼らには理性的に、開かれた議論の場をつくり出すことが求められる。

　注意が必要なのは、討議デモクラシーは代議制デモクラシーを完全に否定しているわけではないということである。社会が流動化し、市民の考えも多様化している今日、代議制では完全に包摂することができない多様な利害や考え、また弱者の要求を取り込んでいくためには、議会とは別のルートが必要になる。討議デモクラシーにはその役割が求められているのであり、このような代議制デモクラシーと討議デモクラシーを併用する政治的意志決定のあり方は「二回路のデモクラシー」と呼ばれることがある。

　これに対して、ムフ（Mouffe, C.）が提唱した闘技デモクラシーは、それぞれのアイデンティティに関係する自らの考えや立場の表明自体を重視するものとなっている。討議デモクラシーが最終的には意志決定を目標としているのに対して、闘技デモクラシーは意見の表出自体を重視する。宗教や民族、人種、思想・信条に関することは、議論における可変性を期待するような性質のものではない。むしろ、そこで意見の一致を目指すことは、多数者に従うことを少数者に強いるものになりかねない。そのため、ムフは、合意よりも差異の表出を重視した。ただ、彼女も代議制デモクラシーを全否定していない。ムフは、意志決定を目指す代議制デモクラシーと、差異の表出を特徴とする闘技デモクラシーが組み合わされることによる、本質的で現実的なデモクラシーの再生を目指した。

7 フェミニズムによる市民像の再検討

A フェミニズムの歴史

　一般に、近代市民社会とデモクラシーは、市民革命を通して形成されていったと考えられている。代表的な市民革命であるフランス革命の際、「人間および市民の権利宣言」（人権宣言）が発表された。実は、ここで「人間」と訳されている語は、homme（英語：man）すなわち「男」であった。要するに、市民として解放の対象となっていたのは男性に限定されていた。この後、正当な法的主体であると同時に、尊厳をもった存在としての女性の解放を主張するフェミニズムという考え方や運動が登場することになる。

　19世紀の半ばから20世紀の半ばにかけて、参政権と財産権を中心に、女性の法的権利を男性同等とするように求めた運動は、第一波フェミニズムと呼ばれている。この運動が法的・権利的な女性差別の解決に大きく貢献したことは間違いない。だが、それは、男性市民をモデルとして、それに到達することを目標とした運動であった。

　これに対して、1960年代以降、第二波フェミニズムと呼ばれる動きが見られるようになる。多くの欧米諸国や日本では、この頃までには女性に対する法的不平等はそれなりに解決されていたはずだった。しかし、実際には、さまざまな社会的・経済的場面で、多くの女性が差別を感じさせられていた。

　第二波フェミニズムは、そのような差別感の根底に、近代政治理論が正しいものだと主張してきた公私二元論があると考えた。法的・政治的平等の実現によって成立した公的領域における主体としての市民は、実際には男性に限定されていた。しかし、男性である市民が政治主体として公的領域で活動できるのは、家庭に代表される私的領域の中に放置されてきた女性が奉仕的に男性に従属させられていたからである。また、国家権力が私的領域である家庭に介入することは、市民の権利の侵害と考えられたことから、私的領域における男性による女性の抑圧はそのまま放置されてしまった。このように考えた第二波フェミニズムは、「個人的なことは政治的である」というスローガンを掲げて、私的領域で不可視的に存在していた

差別・抑圧を暴露していった。

その中で、注目されるようになったのが、ジェンダー（gender）という概念である。ジェンダーの定義は多様だが、ここでは生物・肉体上の性であるセックスに対して、社会的・文化的な影響を通して植えつけられていった性もしくは性別に関する意識と定義しておく。つまり、一般に「男らしい」「女らしい」と思われていることは、本質的なものではなく、社会や国家、宗教によって作為的につくり出されたものに過ぎない。そのため、「男性と比較して弱い存在」「男性に従う存在」という女性理解は退けられることになる。

第一波フェミニズムが可視的で具体的な権利をめぐる動きだったのに対して、第二波フェミニズムは不可視的な差別に対応するものであり、アイデンティティそのものを問うものとなっている。

これらに加えて、クィア理論とよばれる考え方も登場している。これは性に関する意識（セクシュアリティ）や性的少数者に関する研究から発展してきた考え方で、性や性に関する意識や概念の不確実さや不安定さに注目し、それらを本質的に認識することの問題点を指摘している。

B 「市民」とは何か？

デモクラシーに関する議論は、いいかえれば市民に関する議論である。

近代政治理論は、市民が自由で平等、理性的で、経済的にも自立した存在であることを前提としてきた。だからこそ、市民革命は市民の政治的権利を主張することが可能になった。しかし、現実的には、そのような理想的市民はごく少数に過ぎない。そのため、普通選挙制が導入された後に登場したのは、理想的な市民社会のデモクラシーではなく、大衆によるデモクラシーであった。

デモクラシーが、自由で平等な市民による自治であるべきだという考えは、いまでも守られるべき理念である。しかし、この理念が強調されることによって、理想的市民像に合致しない人々、たとえばいわゆる弱者の排除が当然視されてしまう危険があることを認識する必要がある。このことは、今日デモクラシーを考えることが制度の構想や表面的な現象の分析にとどまるものであってはならないことを示しているだろう。

知識を確認しよう

【問題】 デモクラシーの理論に関する下記の記述の中から、適切なものを選びなさい。

(1) 古代ギリシアのポリスであるアテナイでは、直接民主制が採用されており、男女を問わず、すべての市民が民会と呼ばれる集会に参加することによって政治が行われていた。

(2) 一定の財産や収入を持った人々のみに選挙権を認める制限選挙制の採用によって、大衆デモクラシーと呼ばれる状況がもたらされた。

(3) シュンペーター（Schumpeter, J.）は、有権者の政治的能力の限界を認識して、その政治参加のあり方を基本的に選挙のみに限定するように考えた。

(4) 闘技デモクラシーは、市民の合理的な話し合いを通した、社会全体の円滑な意志決定を重視している。

解答

(1) ×　アテナイのデモクラシーは直接民主制だったが、市民として認められていたのは成人男性に限定されていた。

(2) ×　大衆デモクラシーの原因の一つは、財産・経済状況を基準とせず、成人すべてに政治参加を認める普通選挙制にあると考えられている。

(3) ○　シュンペーターは、市民が具体的な政治活動に参加することよりも、政治指導者の選出を重視した。

(4) ×　闘技デモクラシーが重要視していることは、意志決定ではなく、差異を抱えたあらゆる存在が自身の考えを明らかにすることである。

第6章 自由民主主義体制の諸原理と政治制度

本章のポイント

　今日の自由民主主義体制は、さまざまな政治的諸原理を土台として、政治的権力を統制し活用する制度・機構を備えている。これらの政治的原理には、中世以来の伝統を持つものもあれば、近代に入ってから生み出されたものもある。本章では、近代的な自由民主主義体制の諸原理を概説する。

1. 自由主義、権力分立、立憲主義、議会主義がどのような背景で生まれたのか。
2. 自由主義、権力分立、立憲主義、議会主義がそれぞれいかなる意味内容を持ち、そしてどのようなかたちで制度化されているのか。
3. 執政制度の3類型である議院内閣制、大統領制、半大統領制の制度的特徴と作動様式を概説する。
4. 各国の執政制度として、イギリス、アメリカ、フランスの事例を取り上げる。

1 自由主義と民主主義

A 自由主義

　近代以降の政治体制としての民主主義は、しばしば自由民主主義と呼ばれるように、歴史的に異なる経路で発展してきた自由主義と民主主義を重要な理論的支柱としている。

　自由主義はその起源を古代ギリシアのポリスにまで遡ることができるが、近代的な意味での自由主義の端緒は、16世紀から18世紀にかけての絶対王政下のヨーロッパで切り開かれた。ロック（Locke, J.）は、人は生まれながらにして生命、自由、財産を含む「所有権」を保有し、それは誰からも妨害されることはないし、同時に他の者の権利に関与する権限もないと考えた。そして、人は自由な意思に基づいて自らの判断で思想や宗教、生き方を選ぶことができると主張した。ただし、人々の間で所有権の解釈をめぐって争いが生じる可能性は存在する。ロックは、人々から信託を受けた国家が所有権の解釈をめぐる争いを解決する役割を担うことは認めるが、国家が個人の所有権を侵害する場合には、人々は国家に対して抵抗し闘争することが可能であると説いた。

　このような自由主義の思想は、絶対王政の権力に制限を設けようとする動きを理論的に支えることになった。絶対王政は、貴族やギルド（各種の商工業者が結成した職業別組合）といった特権的な中間階層が中世以来保有してきた権力を剥奪し、君主の権力があらゆる権力に優越することを目指していた。こうした絶対王政の支配に対して、貴族たちは、既存の財産や特権を擁護するために、君主の権力に制限を加えようとした。さらに、当時勃興しつつあった産業資本家（ブルジョワジー）も、自由な利益追求を求め、絶対王政の介入を排した自由競争を主張した。ここで留意しなければならないのは、貴族や初期ブルジョワジーはあくまでも社会においては少数の有産階級であり、彼らの要求は貴族主義的な性格を帯びていた点である。すなわち、この時代のヨーロッパでは、特権階級の利益擁護という性格を持つ自由主義と、平等を強く要求する民主主義は、対立する関係に置かれていたのである。

B　自由主義と民主主義の結合

　ヨーロッパでは対立する関係にあった自由主義と民主主義は、19世紀初頭のアメリカではむしろ強く結びついていた。1830年代にアメリカを視察したトクヴィル（Tocqueville, A. de）は、ジャクソニアン・デモクラシーが勃興したアメリカにおいて、自由主義と民主主義が両立していることを見出した。アメリカは、もともと宗教的自由や経済的自由を求めてヨーロッパから移住してきた人々で成り立っており、自由主義が圧倒的に優越した地位を占めていた。このような土壌において地位の平等化が進行していったが、トクヴィルの観察によれば、アメリカで自由と平等の共存が実現できた理由は、広範な政治参加の自由が保障されたうえで、旺盛な自発的結社の活動を通じて少数意見が公的な場で表現される点にあった。

　トクヴィルは、民主主義は近代国家に不可避の傾向であり、ヨーロッパにおいても直面する課題であると考えていた。そして、アメリカでの考察を踏まえて、ヨーロッパにおいても自由を保持し続けるためには、意見表明の多元性を確保したうえで、自由主義と民主主義を積極的に結びつけるべきと主張した。

C　自由主義と多数者の専制

　トクヴィルは、自由主義と民主主義を結びつけることを主張しつつも、両者の間には矛盾が存在することも認めている。平等を強調すれば、決定の方式として多数決が採用され、政治は多数者の意思によって行われることになるが、この場合、少数者の自由は多数者に無視されるか侵害されるかもしれない。トクヴィルはこのような事態を「多数者の専制」と呼んだ。

　トクヴィルの主張に強い影響を受けたミル（Mill, J. S.）は、たとえ世論が支配している政治のもとでも、個人の自由は擁護されなければならないことを主張した。自主性や独自性、多様性といった個性の擁護を幸福と考えるミルにとって、個性なき凡庸な多数者が個性を有する少数者の自由を侵害する危険性は排除されなければならなかったのである。このような主張の背景には、当時のイギリスにおいて、普通選挙権が拡大され、それに伴って凡庸な存在である一般大衆が政治過程に流れ込んでくることへの危機感があった。

2 権力分立

A ロックの権力分立論

　権力分立論もまた、古代ギリシアの議論にまでその起源を遡ることが可能であるが、近代的政治体制における権力分立の考え方の基礎となっているのは、ロックとモンテスキュー（Montesquieu, C. -L. de）の思想である。絶対王政下の君主による専制的な権力を抑制し市民的自由を擁護するための思索から、権力分立という考え方は生み出された。

　前節で見たように、ロックは、国家が個人の所有権を侵害してはならないという立場をとった。ここから、国家権力の制限・分割という主張が導き出される。ロックは、国家権力への不信から、行政権および連合権（外交権）と立法権とを分立させることを主張した。そして、行政権・連合権は君主が有するとしても、立法権は選挙による代表者の合議体である議会に委ねられ、さらに立法権が行政権・連合権に優越するとした。

　ロックは、行政権には警察機能や裁判機能が含まれ、行政権、司法権、連合権は広義の行政権を構成すると考えた。つまり、ロックの権力分立論は、実質的には行政権と立法権の二権分立論であった。

B モンテスキューの権力分立論

　ロックの思想を引き継ぎながら、より明確なかたちで権力分立を定式化したのが、フランスのモンテスキューである。モンテスキューは、1748年に著した『法の精神』において、ヨーロッパからアジアまで多くの国の統治制度や政治体制を比較観察し、その観察をもとに三権分立論を主張した。

　彼の主たる関心は、知識階級の自由を権力の専制からいかに擁護するかという点にあった。およそ権力をもつ者はそれを濫用しがちであり、権力の濫用を防ぐためには、権力が権力を抑制する制度的仕組みが必要であると、モンテスキューは考えていた。

　モンテスキューは、国家権力を「立法権」、「万民法に関する事項の執行権」、「公民法に関する事項の執行権」の3つに区分する。第1の立法権は、法律を定め、また、すでに作られている法律を修正もしくは廃止する。第

2の万民法に関する事項の執行権は、講和または戦争を行い、外交使節を派遣または接受し、安全を確立し、侵略を予防する。第3の公民法に関する事項の執行権は、犯罪を罰し、諸個人間の紛争を裁く。万民法に関する事項の執行権とは行政権、公民法に関する事項の執行権とは司法権にあたる。

モンテスキューは、同じ人間ないし役職者団体の間で立法権と執行権が結合されるとき自由は全く存在しないし、司法権が立法権や行政権と分けられていなければ自由はやはり存在しないと主張する。したがって、これらの三権は、それぞれ異なった機関に帰属させられるべきであり、かつそれぞれの機関は異なった人々によって運営されるべきだとされる。

加えて、モンテスキューは、これらの権力は相互に抑制する機能を果たすべきであり、それにより権力相互間に均衡が保たれるとき、権力の濫用は抑止され、人々の自由は確保されるであろうと論じた。ロックが立法権を優位に置き議会を最高権力と位置づけていたのに対し、モンテスキューは三権には優劣なく相互を監視する役割を与えた。このようなモンテスキューの三権の抑制・均衡という考え方は、権力分立の原則と不可分に結び付けられるようになった。

C　アメリカの三権分立制

モンテスキューが唱えた三権分立論は、アメリカの連邦政府の形成にあたって多大な影響を及ぼした。当時のアメリカでは強力な連邦政府の樹立が急務とされていたが、そのような連邦政府が自由を侵害することへの警戒心を持つ反対派も存在していた。ハミルトン（Hamilton, A.）、マディソン（Madison, Jr. J.）、ジェイ（Jay, J.）は『ザ・フェデラリスト』を著し、立法権、行政権、司法権の間に抑制・均衡をもたらす政治制度を構築することで自由の侵害は生じないと主張した。

『ザ・フェデラリスト』による擁護もあり成立したアメリカ合衆国憲法では、人口比例で選出される下院と各州代表者による上院からなる議会（立法府）、議会から独立した強力な権限とシンボル性を持つ大統領（行政府）、そして立法府の作る法律に対する違憲審査権を持つ裁判所（司法府）の三権の間での抑制・均衡を図る連邦政府機構が採用されたのである。

3 立憲主義

A 立憲主義とその起源

　立憲主義とは、最高法規ないし基本法である憲法、および法律や民主的な政治制度の確立によって、政治権力の恣意的行使を防止・制限・抑制しようとする思想原理である。このことから、立憲主義は、しばしば、「人の支配」を「法の支配」に置き換える原則であるといわれる。

　支配者の権力を法によって制限するという立憲主義の概念は、イギリスの大憲章（マグナ・カルタ）やコモン・ローに起源を持つ。1215年に成立した大憲章は、イギリス国王が、慣習的に認められていた封建領主の権利の保護、国王の徴税権の制限、教会の自由、都市の自由、不当な逮捕の禁止などを認めることを取り決めたものである。

　コモン・ローは、12世紀後半から裁判所で蓄積されてきた判例法の体系のことで、もともとは通常の日常社会生活で成立する慣習や習律などの社会規範との関係が深いものであった。13世紀以降、議会制度が発展するとともに、コモン・ローは王権を制限する性格を帯びるようになる。

　17世紀初めに王権神授説の信奉者であるジェームズ1世が国王に就き専制政治を行うようになると、議会側は対抗理念としてのコモン・ローを掲げるようになった。高等裁判所王座部裁判長で議会の指導的立場にもあったコーク（Sir Coke, E.）は、ジェームズ1世に対して、「国王は何びとの下にも立たないが、神と法の下に立たなければならない」と述べ、法に基づく支配を主張した。その後にコークは、議会の課税同意権と人身の不当拘束の禁止などを内容とする権利の請願を起草し、それは1628年に議会両院および国王によって承認された。

　このような17世紀における近代的な立憲主義の概念は、コモン・ローなど中世の古典的立憲主義から引き出されつつも、実際にはロックの社会契約説、抵抗権に支えられた信託に基づく人民主権論という近代的な思想に支えられていた。近代的立憲主義の考え方は、議会主義や権力分立論とともに、イギリスの権利の章典、アメリカの独立宣言、フランスの人権宣言に引き継がれてゆく。ここに、法に基づく支配により統治者の恣意的な権

力行使を抑制し、個人の権利や自由を擁護する近代立憲主義は確立したといえる。

B　立憲主義の要件

理念としての立憲主義が実際の政治制度として実現するためには、いくつかの要件を満たすことが必要となる。

第1に、政治権力を抑制する法秩序が存在することである。法秩序は、基本法としての憲法を根幹とし、さまざまな法律や慣習、規範、制度から成る。法秩序が存在しないところには立憲主義は存在しない。

第2に、法を擁護・適用する有能な法律実務家層が十分に存在することである。そこには、裁判官や検事、弁護士だけでなく、広く法律行政に携わる人々も含まれる。法に基づく政治を実現するための中心的制度はいうまでもなく司法機関であり、この司法機関が他の政治機関から自律的で、かつ十分な機能を果たすことが重要となる。

第3に、法秩序が広く社会に浸透し尊重され、その正統性についての合意が成立していることである。そのためには、法秩序に社会的・倫理的正統性が備わっていることに加えて、一定の伝統的権威も求められる。

C　立憲主義における憲法

憲法は、国家の基本的構成を規定する最高位の法であり、統治の組織およびその活動方式、統治の対象となる社会の組織の基本を規定する。

憲法にはいくつかの分類方法がある。まず、憲法の形式に注目して、憲法という名を持つ体系的諸規定から成る法典を「形式的憲法」、個々の法律や法習律の集合から成る国家の基礎法全体を「実質的憲法」に分類する方法がある。

他方で、憲法の制定方式を基準にすると、欽定憲法、協定憲法、民定憲法に分類される。欽定憲法は君主によって制定される憲法で、大日本帝国憲法などが例として挙げられる。協定憲法とは、君主と人民の協定によって成立した憲法であり、たとえば、イギリス名誉革命を経て生み出された権利の章典がある。民定憲法は、直接的ないし間接的に人民が制定する憲法である。

4 議会主義と民主主義

A 議会主義の源流

今日では、議会主義は、広く国民の代表者から構成される議会に優越的な地位を与え、議会が国家意思形成の中心的担い手になることを意味している。そこでは、議会主義と民主主義が分かちがたく結びついていることが当然視されている。しかし、議会主義の発展経路を辿ると、もともと議会主義は、絶対王政の支配に対して、貴族やブルジョワジーが自らの財産や特権を擁護していく自由主義の中から生まれてきたものであり、貴族主義的な性格を強く持つものであった。

近代議会の前身は、中世ヨーロッパで発展した身分制議会である。身分制議会は、君主と、貴族・聖職者・都市の大商人などの身分別諸団体との相互利益のために設置されたものであった。身分制議会は、あくまでも君主の諮問機関的性格の強いものであったが、君主による課税への同意権は認められていた。しかし、16世紀に入り絶対王政が確立すると、身分制議会の役割は後退したり、開催されなくなったりした。

17世紀に入り、貴族やブルジョワジーたちは、社会契約説を思想的支柱として、自らの財産と特権を擁護するために君主権力の制限を要求するようになる。ヨーロッパの国々ではそれは一連の市民革命というかたちをとり、君主の権力抑制のための制度的装置として議会の再興が図られた。その中で、君主主権の概念から国民主権の概念が成立し、君主に行政権力を認めるとしても、立法権を委ねられた議会が優位に立ち、君主は議会を無視しては統治しえない議会政治体制が次第に整えられていった。

ここで留意しなければならないのは、国民主権という場合の「国民」の範囲であり、議会主義がかたちを現し始めたときには、それは貴族やブルジョワジーといった財産と教養を持つ少数の有産階級に限定されていた点である。すなわち、政治の担い手となりうるのは、理性的な判断をなしうる人々に限定されるべきと考えられていたのであり、一般大衆は依然として政治の場からは排除されていた。近代的議会主義は、その出自において、貴族主義的な色彩を纏っていたのである。

B　議会主義と民主主義の結合

　議会政治の母国とも呼ばれるイギリスでは、18世紀前半には内閣が実質的な行政権を持つようになり、内閣は議会で多数を占めた政党が掌握するようになった。さらに、内閣が議会に責任を負うという責任内閣制も確立されていった。この議会政治の発展は議院内閣制の原型となるものであったが、当時の選挙権はきわめて限られた人々にしか与えられていなかった。

　18世紀後半に入ると、産業革命の進行とともに資本主義的生産様式が確立し、都市への人口集中が起こり、農業社会から工業社会への移行がはじまった。この時期には、産業資本家と労働階級が強力な社会的勢力として成長し、社会的利害や意見の対立も激化した。貴族やブルジョワジーといった特定階層のみを代表する議会では、もはや「国民」を代表する機関としては機能しえないことが顕になってきた。そのため議会側は、漸進的ではあるが制限選挙制から普通選挙制へと移行し、代表の基礎を国民全体に拡大する方向へと歩み始めた。こうして普通選挙制のもとで選出された代表者が議会を通じて国家意思を形成し、国の政策に国民の利害や意見を反映するという議会制民主主義が名実ともに確立されてゆく。

C　代表性の原理

　議会制民主主義においては、国民から選出された代表者が議会を構成し国家意思を形成するとされるが、そこでの代表性は国民（ナシオン）代表原理に基づくものとされる。この考え方では、議員は個別の国民の代理人ではなく信託に基づく全国民の代表者であり、選出母体の意思に拘束されない存在である。それは国民の側から見れば、ひとたび議員を選出した以上、全国民の利益の判定者である議員の決定に従わねばならず、自己の意思との乖離を理由とした解任はできないことを意味する。

　他方で、人民（プープル）代表原理と呼ばれる概念も存在する。この考え方では、議員は一定の人民からの委託を受けた代理人という立場に置かれ、その委託の範囲内で活動を行い、範囲を逸脱すれば解任される。つまり、選出された議員は、その選出母体の意思を忠実に議会で代弁し主張することが期待される。この考え方に基づくならば、議会における代表者の討論を通じた説得と合意は、困難なものとなるであろう。

5 議院内閣制

A 議院内閣制の制度的特徴

　民主主義国の政治体制は執政制度の面で見ると、議院内閣制、大統領制、半大統領制の3つに分類できる。執政制度は、行政部門の長がどのように選出され、立法府や国民といかなる関係の下に置かれるのかを規定する。

　議院内閣制では、立法権と行政権は、分立しているというよりもむしろ融合していると言う方が適切である。国民を代表し立法権を持つ議会の下院多数派によって、行政権を有する内閣が形成・支持され、あるいは解任される。つまり、議会と内閣は、下院の多数派を媒介として一体化する。

　議院内閣制の制度的特徴としては、以下の点を挙げることができる。第1に、内閣は議会の信任に基づき存立する。第2に、行政府の長である首相は議会によって選出され、首相が大臣を選出して内閣を形成する。大臣のほとんどは議員から選任される。第3に、議会と内閣の間には、議会下院の多数派を媒介として、委任と責任の密接な連関が存在する。内閣は議会に対して連帯して責任を持ち、議会の信任がある限りその地位に留まることができるが、内閣不信任案が可決・成立して議会の信任を失った場合には総辞職する（ただし、その場合でも、内閣は議会を解散し選挙に訴えることができる）。第4に、行政府の責任は合議体としての内閣に帰せられており、内閣の職権に関する事項は閣内の全会一致により決定する。

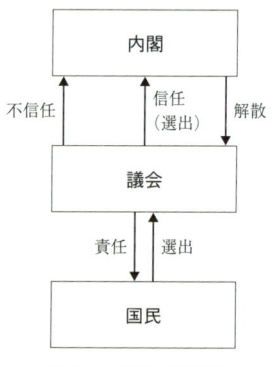

図 6-1　議院内閣制

B　イギリスの議院内閣制

　イギリスの内閣は、議会下院である庶民院の過半数の信任に基づき存立する。通常は庶民院で第一党となった政党の党首が首相に選出される。閣僚の任免は国王の大権事項であるが、実際には首相の提言によって国王がこれを行うかたちとなっている。つまり、首相が庶民院および貴族院の議員の中から閣僚を選定し、国王が任命する。罷免についても、首相の申し出によって国王が罷免を行う。閣僚は閣内大臣と閣外大臣に大別され、閣議に出席する約 20 名の閣内大臣によって内閣が構成される。閣僚の他に、政務次官や政務次官補も置かれるので、議会与党から 100 名以上の議員が行政府にも席を置くことになる。

　首相の選任に関しては、次のような方法が慣習となっている。第 1 に、選挙の結果、与党議員が庶民院の過半数議席を得た場合、与党の党首は引き続き首相を務める。第 2 に、選挙の結果、野党議員が庶民院の過半数議席を得た場合、現行内閣は議会招集を待たずに直ちに総辞職し、野党党首が首相に任命される。第 3 に、選挙の結果、いずれの政党も過半数議席を得られなかった場合、首相は、①直ちに総辞職する、②連立交渉のために政権に暫く留まる、③議会招集後の女王の演説に対する奉答書の採決の結果を待つ、のいずれかの態度を取ることができる。①の場合には野党党首が首相に任命される。②と③の場合は、首相が政権を担当できないと判断した場合、内閣は総辞職し、野党党首が首相に任命される。

　内閣の意思決定に関して、内閣は連帯責任の下に一体となって行動することが原則となっている。したがって、閣議決定に反対である者や自己の責任で行った言動が閣議で承認されない場合には、その閣僚は自ら辞任するか、首相によって国王への罷免の申請がなされることになる。

　内閣は立法について主導権を握っており、立法は議会ではなく内閣の責任においてなされる側面がある。議会は、国民代表機関であり、国民の多数が支持する与党に内閣を作らせ、民意に沿った立法をはじめとする政策の立案を委託し、政策を議論し承認して、その誠実な実行を迫り、国民の負託にこたえる。議会は主として政府提出法案を扱う機関であり、かつ政府提出法案はほとんどが成立することから、イギリス議会は「立法（legislate）せず合法化（legitimize）するのみ」ともいわれる。

6 大統領制

A 大統領制の制度的特徴

　大統領制は厳格な三権分立を特徴とする。議院内閣制とは異なり、立法権と行政権の間に厳格な権力分立が存在し、互いの権力を抑制・均衡する。

　大統領制の制度的特徴として、第1に、執政府である大統領は、立法府である議会から政治責任を問われないという点がある。大統領は、議会に責任を負うことも議会から罷免されることもない一方で、議会を解散することもできない。大統領が議会から罷免されないということは、大統領の在任期間が固定化されたものになることを意味する。

　第2の特徴は、大統領が国民から直接選ばれる点である。大統領は、国民による直接投票で選出されるか、選挙人団を通じた投票によって国民から選出される。それゆえ、大統領が責任を負うべき相手は、大統領に統治を委任した有権者だけである。他方で、議会の議員も国民から直接選出されるため、国民の民意は二元的に政治に代表される（これを二元代表制と呼ぶ）。大統領の所属政党と議会多数派の政党が同一の場合は、大統領と議会との均衡・抑制関係は緩和されるが、異なる場合には「分割政府」となり双方の均衡・抑制関係が顕在化する。分割政府下では、議会が大統領の立法リーダーシップを抑制するのに対して、大統領もまた拒否権を発動して対抗するため、政治運営が手詰まり状態に陥る可能性がある。

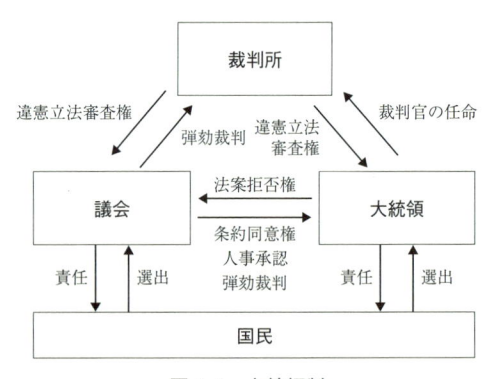

図6-2　大統領制

　第3の特徴は、大統領制では、執政府の責任がただ一人に帰せられているという点である。大統領制下の執政府においては、大統領のみが人々の統治委任を受けており、政治責任も大統領のみが負う。大統領制下の執政府にも大統領により任命され各省庁の政策を担当する閣僚は存在するが、それぞれの閣僚は有権者に対して（権力分立を考慮すれば議会に対しても）責任を負っているわけではない。大統領のみが民主的な委任を個人的に受けているということは、大統領には閣僚の任免を行いうる全面的な権威が付与され、閣僚は直接的には大統領に対して責任を負うことを意味する。このようにして、大統領は行政府全体に対する責任を持つことになる。

B　アメリカの大統領制

　アメリカの国家権力は立法、行政、司法に3分割され、特定機関に権力が集中しないように相互に抑制・均衡機能が働くように配慮されている。

　アメリカの行政権は大統領に属する。大統領の任期は4年で、再選は可能だが、3選は禁止されている。大統領選挙は、まず一般有権者が大統領選挙人に票を投じる「一般投票」が行われ（選挙年の11月の第1月曜日の翌日）、ついで各州で選挙人団が集会し「選挙人投票」が行われ（翌12月の第2水曜日の次の月曜日）、大統領と副大統領が決定される。一般投票では有権者は大統領選挙人を選ぶというかたちになっているが、選挙人は投票先を事前に表明しており、実質的には国民が大統領と副大統領を選んでいると言える。

　大統領は行政府の長として政府を組織し、各省長官らにより内閣が構成される。大統領が有する権限には以下のようなものがある。①教書により議会に立法措置を要求かつ勧告する権限、②法案・決議案に対する拒否権、③非常の際の臨時議会の招集権、④各省長官、連邦最高裁判所判事、大使・公使の任命権（上院の助言と承認が必要）、⑤条約の締結件（上院の助言と承認が必要）、⑥陸、海、空軍および海兵隊の4軍の統帥権。

　大統領の権限の①と②にあるように、アメリカ大統領は議会に対する法案提出権を持たず、教書を議会に送り予算や基本政策について要求・勧告できるだけである。ただし、大統領は、議会が可決成立した法案について、それを支持しない場合は、拒否権を発動して署名を拒否することができる。

7 半大統領制

A 半大統領制の制度的特徴

　半大統領制は、議院内閣制と大統領制の双方の特徴を併せ持つ制度である。半大統領制の制度的特徴の第1は、国家元首である大統領が、直接的ないし間接的に国民一般による選挙によって選出され、行政権力を有する点である。第2の制度的特徴は、議会に責任を負う内閣が存在し、大統領とともに行政権力を担う点である。このことから、半大統領制では執政府が双頭体制になっているということができる。

　半大統領制は、大統領、内閣、議会の関係という点から、「首相−大統領制」と「大統領−議会制」という2つに分類することができる。首相−大統領制においては、大統領は首相の任命権を有しており、原理的には自身に忠実な首相を任命することが可能である。しかし、内閣は議会に対して責任を負っており、議会が内閣不信任案を可決した場合には内閣は辞職しなければならない。このことから、大統領の首相任免権の裁量は大幅に狭められており、実質的には議会多数派の政党（大統領の所属政党と同一とは限らない）から首相が選ばれることになる。さらに、大統領は首相の罷免権を持たないことから、首相は議会の信任を背景に大統領と対等な立場で政治的取引を行うことが可能である。すなわち、首相−大統領制では、大統領と首相との間で政治的な対立が生じる可能性が存在しているのである。このような半大統領制を採る国として、フランスが挙げられる。

　大統領−議会制においては、大統領は首相や閣僚に対する任免権を有しており、内閣は大統領と議会の双方に対して責任を負う。この場合、首相は大統領に従属的な立場となり、大統領と対等な立場で取引を行うことはできない。大統領は、対立的な首相を罷免することが可能だからである。他方で、内閣は議会にも責任を負うため、大統領が任命する首相とその内閣に対して議会が不信任案を提出して辞職させることができる。したがって、大統領−議会制においては、大統領と議会の間で政治的対立が生じ、政治的取引が行われる可能性が存在する。このような半大統領制を採る国として、ロシアが挙げられる。

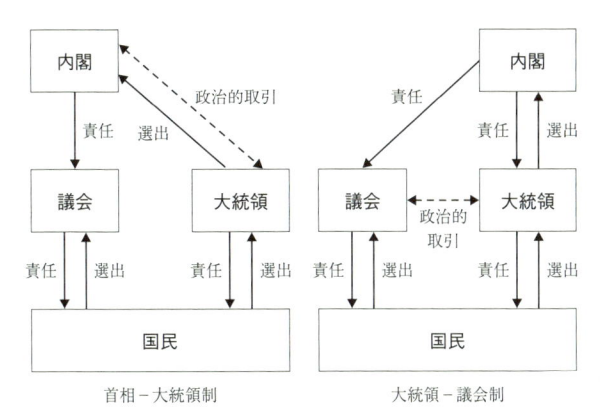

久保慶一他『比較政治学の考え方』有斐閣，2016, p. 113（一部改変）

図 6-3　半大統領制

B　フランスの半大統領制

　フランスの大統領は任期 5 年で、連続した任期は 2 期までに制限される。大統領は国民の直接選挙によって選出されるが、第 1 回目の投票で有効投票の過半数を得た候補者がいなければ、上位 2 名の候補者による第 2 回投票が実施され、より多くの票を獲得した候補者が大統領に選出される。

　大統領が行使できる行政権限の大半は首相との共同権限であり、首相の提案に基づいて行使されるか、あるいは首相の副署を必要とする。首相は、大統領に対して、副署権限や提案などを通じて影響力を発揮することができるが、何より、行政機構との関係および議会との関係においてより優位な立場に立つことができる。行政機構との関係でいえば、個別領域の行政は各大臣や官僚機構の任務であるが、首相は、省庁間の利害対立を調整し、政策決定を主導する立場にある。官僚機構の側から見た場合、執政府のリーダーはあくまでも首相である。議会との関係で見た場合、大統領は、議会に責任を負わず、議会に教書を送付できるとはいえ審議過程に直接関与することはできない。他方で、首相には法案提出権があり、執政府を代表して議会と交渉するのは首相である。首相は議会多数派をまとめ、連立与党内の利害調整を行うなど、議会との関係において指導力を発揮する。

知識を確認しよう

（問題） 議院内閣制と大統領制に関する次の記述のうち、適切なものを選びなさい。

(1) 議院内閣制と大統領制はいずれも三権分立の原理を忠実に採用しており、立法権・行政権・司法権は厳格に分立し相互に抑制・均衡する関係にある。

(2) 議院内閣制において、議会が内閣不信任決議案を可決・成立させた場合には、内閣は退陣したうえで議会を解散しなければならない。

(3) 大統領制において、大統領は、議会に責任を負うことも議会から罷免されることもない一方で、議会を解散する権限は有している。

(4) 大統領制では、大統領の所属政党と議会多数派の政党が異なる分割政府が発生することがあり、その場合、議会は大統領の立法リーダーシップを抑制し、大統領は拒否権を発動して議会に対抗するため、政治運営が手詰まりに陥ってしまう可能性が存在する。

解答

(1) ×　大統領制では三権分立が実質的にも取り入れられて三権が抑制・均衡の関係にあるが、議院内閣制においては、立法権と行政権は実質的には融合する関係にある。

(2) ×　一般に議院内閣制においては、議会が内閣不信任決議案を成立させた場合には、内閣は総辞職するか、あるいは議会を解散するかのどちらかを選ばなければならない。

(3) ×　大統領制では三権分立が厳格に採用されているので、大統領は、議会に責任を負わず議会から罷免されることもないが、議会を解散することもできない。

(4) ○

第 7 章

選挙制度と投票行動

本章のポイント

　本章では、現代民主主義における選挙について、とりわけ、選挙制度と投票行動に焦点を絞りながら、基本的な知識を解説することを目的とする。選挙に関する基本的な知識は、一般にマスコミなどで流れている内容と、政治学の内容とでは異なる場合がある。ここでは、政治学で取り扱われている選挙に関する基本的な知識について解説し、読者の理解を深めることを目的としている。

1. 現代民主主義における選挙の機能と基本原則。
2. 小選挙区制や大選挙区制などの選挙区制の類型。
3. 多数代表制や比例代表制などの代表制の対比。
4. デュベルジェの法則とそれに対する批判や修正。
5. 投票行動研究の系譜。
6. マスメディアと選挙との関わり。
7. 選挙運動のルールと実態。

1　現代民主主義における選挙

A　選挙の機能

　現代の民主主義において、選挙は根幹をなすものである。かつて、シュンペーター (Schumpeter, J. A.) は、その著『資本主義・社会主義・民主主義』(*Capitalism, Socialism, and Democracy*) において、「競合的指導者選出の過程」として現代の民主主義を定義づけた。彼によれば、まず、有権者が選挙を通じて政党や候補者を選び、そこで選ばれた政治的指導者たちが議会で最終的な政治的決定を行うのが現代の民主主義とされた。シュンペーターの民主主義理論は、議会制民主主義のメカニズムを説明したものとして位置づけることができる。彼の議論の特徴は、政治的指導者と大衆との分業を明確にし、両者をつなぐものとして選挙を捉えており、現代民主主義における選挙の重要性を指摘した点にある。

　選挙は、政治家や政党といった政治的指導者に対して、正統性(legitimacy)を付与する。選挙による正統性の付与は、実際のところは、政治的アクターに対してなされるが、換言すれば、政治権力に対する正統性の付与となる。政治権力を行使するアクターに正統性を与えるともいえるが、そこにある政治権力そのものに正統性を与えるのが選挙であり、選挙の最も重要な機能であるといえる。

　それ以外にも、選挙は、有権者の多様な利益や意見を表出する機能、それらの利益や意見を集約する機能、有権者を政治的に社会化する機能、政治的アクターを補充する機能、社会内部の緊張を処理したり、社会を統合したりする機能などを果たしている。

B　選挙の原則

　民主的な選挙の原則として、普通選挙、平等選挙、直接選挙、秘密選挙、自由選挙の5つの原則が挙げられる。

　第1に、すべての成人に対して選挙権が与えられていることを、普通選挙の原則という。普通選挙は、制限選挙の対極に位置づけられる。日本国憲法44条では、選挙人 (つまり、有権者) の資格が、「人種、信条、性別、社

会的身分、門地、教育、財産又は収入」によって差別されないことを明記している。

　第2に、平等選挙の原則は、個々の有権者の一票が不平等なものとならないように、「一人一票一投票価値」という原則を示したものである。一人一票の原則だけでなく、投票価値の平等も含まれている。日本の選挙においては、一票の格差をめぐる問題が平等選挙の原則に関連している。

　第3に、直接選挙の原則は、有権者が自分自身の意思に基づいて直接的に投票を行うことができることをいう。直接選挙に対比するものとしては、間接選挙がある。

　第4に、秘密選挙の原則は、有権者が誰に投票したのかを秘密とすることにより、有権者が自由に意思を表明できることを保障している。したがって、投票に際して、有権者は無記名で投票を行い、投票内容については、匿名性が保たれている。

　第5に、自由選挙の原則は、まず、投票の自由が保障されていることである。選挙において、有権者が自由に意思表明できることが何よりも重要であるが、強制的に投票を課されるような場合には、投票の自由を損なう可能性がある。そのため、棄権も含め、自由な投票が保障される。

　また、自由選挙においては、立候補の自由や選挙運動の自由なども保障されている。有権者も、投票に際して、いかなる候補者や政党を選ぼうと選択の自由が保障されているのであり、自由に選択できる。

　これらの5つの点が民主的な選挙の基本原則とされている。日本の選挙の歴史をふりかえると、1889（明治22）年に衆議院議員の選挙が初めて行われた際には、制限選挙であった。当時の有権者の資格は、直接国税を15円以上収めている満25歳以上の男子に制限されており、被選挙人の資格についても、直接国税15円以上で満30歳以上の男子に制限されていた。1925（大正14）年には、男子についてのみ普通選挙が実現したが、当時は、有権者の資格は満25歳以上の男子、被選挙人の資格は満30歳以上の男子とされていた。男女普通選挙が実現したのは、第二次世界大戦後の1945（昭和20）年のことであった。2015（平成27）年に公職選挙法等の一部を改正する法律が成立したのを受け、2016（平成28）年には、選挙権年齢が「満18歳以上」に引き下げられた。

2 選挙区制

A 小選挙区制と大選挙区制

選挙制度は、選挙区制と代表制という2つの点から説明することができるが、ここでは、選挙区制に注目する。選挙区制は、選挙区を基準にした選挙制度である。選挙区とは、選挙を行う場合に用いられる区域を意味しており、小選挙区や大選挙区などがある。

選挙区制は、小選挙区制と大選挙区制とに大別される。両者の違いは、選挙区の面積などのように、物理的な規模の違いや有権者の数ではなく、一つの選挙区から選出される議員の数の違いに基づくものである。

小選挙区制は、一つの選挙区における議員定数が1名とされる。それに対して、一つの選挙区における議員定数が複数名とされているものは、大選挙区制とされる。

小選挙区制は、一つの選挙区から一人しか当選しないため、次点以下の候補者すべての得票が有効な票とならず、死票となる。小選挙区制が大政党に有利に働くとされるのも、この点に関係している。全国レベルでみると、小選挙区制では、議席率と得票率との間に著しい差が生じるとされており、最も勝利した政党は、得票率以上の議席率を確保することができるが、敗北した政党にとっては、得票率よりも少ない議席率となる場合もあるとされる。

また、小選挙区制では、政権政党が自党や候補者にとって有利な選挙区の区割りを恣意的に行う可能性がある。これをゲリマンダーという。

大選挙区制は、一つの選挙区から複数名が当選するが、かつて日本で採用されていた中選挙区制は、大選挙区制のバリエーションの一つである。日本の中選挙区制は、全国で130の選挙区に分けられていた。選挙区ごとの議員定数は異なり、定数は3人〜5人とされていた。

大選挙区制は、一つの選挙区あたりの議員定数が複数名であることから、理屈の上では、中選挙区制と同じである。しかし、選出される議員の数が少ないことから、日本では大選挙区制ではなく、中選挙区制という独自の表現が使われてきた。

　大選挙区制の場合は、投票の際に、一人の候補者のみを記名するのか、それとも複数名を記名するのか、また、複数名を記名する場合には、何名までを記名するのかなど、細分化している。大選挙区制においては、1 名のみの記名であれば単記制と呼び、複数名を記名するのであれば連記制と呼ぶ。連記制でも、定数と同じ数を連記する場合は、完全連記制と呼び、定数以下の連記の場合は、制限連記制と呼ぶ。

B　日本の小選挙区制

　現在の日本では、衆議院の選挙制度として、小選挙区比例代表並立制が採用されている。1994（平成 6）年に政治改革関連四法が成立したのにともない、それまで採用されていた中選挙区制に代わり、小選挙区比例代表並立制が衆議院の新たな選挙制度として採用された。実際に、新しい選挙制度によって選挙が行われたのは、1996（平成 8）年 10 月 20 日の第 41 回衆議院議員総選挙のときであった。

　衆議院議員の定数は、現在 465 名であるが、そのうち小選挙区で 289 名が選出され、比例代表で 176 名が選出されている。比例代表の部分では、全国を 11 のブロックに分けており、ブロックごとに各政党の獲得票数が集計され、ドント式で議席配分される。

　同制度が導入された当初は、定数 500 名（そのうち小選挙区が 300 名で、比例代表が 200 名）であったが、その後、定数が削減された。しかし、2000（平成 12）年 6 月の第 42 回総選挙の際に、比例代表部分の 20 議席が削減され、総定数が 480 名となった。

　有権者は、小選挙区と比例代表のそれぞれについて一票ずつもっており、小選挙区では候補者名を、比例代表では政党名を記名する。小選挙区比例代表並立制においては、重複立候補制度が認められており、候補者は、小選挙区にも比例代表にも立候補することができる。たとえば、ある候補者が小選挙区に立候補するとともに、ある政党の候補者名簿に記載されて比例代表にも立候補している場合に、小選挙区で落選したとしても、惜敗率が高ければ、比例代表で当選することが可能になる。惜敗率とは、小選挙区での当選者の得票を分母とし、当該の落選者の得票を分子とし、それに 100 をかけたものである。

3 代表制

A 多数代表制と比例代表制

　代表制という点から選挙制度をみると、多数代表制と比例代表制とに大別できる。多数代表制は、ある選挙区における多数派から支持を獲得した候補者や政党を代表として選出する仕組みであり、多数者の代表という意味合いを持つ。

　多数代表制は、さらに、相対多数代表制と絶対多数代表制とに分けられる。相対多数代表制は、複数の候補者のうちから相対的に最も多くの票を集めた者が代表に選出される。絶対多数代表制は、有効投票の過半数を獲得した者が選ばれる。両者の違いは、得票率の違いを重視している点にあるが、多数派の代表のみが選出されるという点では共通している。

　それに対して、比例代表制は、基本的には、政党の得票に応じて、議席を比例配分する仕組みであり、得票率と議席率とが比例した関係になる。理論上、比例代表制は、多数派の代表も選出することができるが、同時に、少数派の代表を選出することができる点に大きな特徴がある。

　比例代表制では、単記移譲式と名簿式の 2 つの方法により、投票や議席配分が行われている。まず、単記移譲式とは、投票用紙に記載された候補者名に対して、有権者が順位をつけて投票する方法のことである。名簿式では、選挙に際して、事前に各政党が独自につくった候補者名簿を提示し、選挙戦を戦い、有権者は、政党の提示した名簿に記載された候補者の順序を認めたうえで、投票するか否かを判断する。有権者は、政党の用意した候補者名簿をすべて受け容れるならば、その政党に投票することになるし、候補者の順序や候補者の顔ぶれに納得がいかなければ、投票しなくなる可能性がある。

　非拘束名簿式の場合は、候補者名簿における候補者の順序がなく、有権者は、政党名、もしくは自分が支持する候補者名のいずれかを投票用紙に記載することができる。開票にあたっては、政党名と候補者名の両者を合わせて、その党が獲得した票として扱われる。候補者名簿が拘束されたものではないため、得票が多い候補者は当選しやすくなり、得票が少ない候

補者は、その党の得票が少なければ、当選の可能性が低くなる。

B 比例代表制における議席配分の方法

　比例代表制では、各党が獲得した票を議席へと換算するための方法がいくつかある。比例代表制は、各党の得票がいかに議席へと比例配分されるのかが重要であり、その点に関して、選挙制度の持つ技術的な特徴が如実に示される部分である。

　名簿式比例代表制では、まず、当選基数が重要になる。当選基数とは、各党の提示した名簿に記載されている候補者が当選するために必要かつ十分な一定票数のことをいうが、開票に際して、各党の当選基数に得票が達するたびに1議席ずつが割り当てられる。具体的な議席配分の方法としては、固定式、ヘアー式、ドループ式、ハーゲンバッハ・ビショップ式などが挙げられる。

　それ以外にも、日本で採用されているものとして、ドント式が挙げられる。ドント式とは、ベルギーの法律学者であるドント（D'Hondt, V.）が考案した方法であるが、各党の得票数を1、2、3……の整数で割り、商の大きい順に議席を配分する。ドント式は、大政党に有利になるとされるが、それに対して、小政党に有利になるとされるのが、サン・ラゲ式である。

C 日本の比例代表制

　現在の日本では、衆議院と参議院のそれぞれの選挙制度において、比例代表制が採用されている。まず、1983（昭和58）年6月の第13回参議院議員通常選挙の際に、全国を一つのブロックとして、拘束名簿式比例代表制が導入され、1996（平成8）年10月の第41回衆議院議員総選挙では、それまでの中選挙区制に代わる新しい選挙制度として導入された小選挙区比例代表並立制において、比例代表の200議席分に用いられた。

　日本の比例代表制は、衆参いずれにおいてもドント式で議席が配分されている。また、参議院では、2001（平成13）年の第19回参議院議員通常選挙より拘束名簿式から非拘束名簿式比例代表制への改正が行われるとともに、比例代表部分の議員定数がそれまでの100議席から96議席へと削減された。

4 デュベルジェの法則

A 選挙制度と政党システム

　かつて、フランスの政治学者デュベルジェ（Duverger, M.）は、1951年に刊行した著書『政党』（*Les Partis Politiques*）において、選挙制度と政党システムとの関係に注目した（以下の引用は、岡野加穂留訳『政党社会学——現代政党の組織と活動』潮出版社、1970）。

　デュベルジェによれば、政党システムは、各国のさまざまに複雑な要因の産物であり、政党システムと選挙制度の2つは、永久に結び合わされており、また、しばしば分析によっては、分離できないところの2つの現実であるという。そこで、彼は、次のような3つの点を指摘したが、これらは、後年、政治学において、「デュベルジェの法則」と呼ばれるようになったものである。

①比例代表制は、多党制的で、強固で、自立的でかつ安定した政党システムを促進する。

②2回投票による多数決制は、多党制的で、柔軟性があり、非自立的でかつ比較的安定した政党システムを促進する。

③単純多数1回投票制は、主要な独立した政党間の権力の交替をもった二党制を助長することになる。

　選挙制度と政党システムとの3つの組み合わせを単純化すると、①は、比例代表制が多党制を促進すること、②は、フランスでみられるような2回投票による多数決制が多党制を促進すること、③は、単純多数1回投票制（すなわち、小選挙区制）が二党制を助長することを説明している。デュベルジェの法則は、選挙制度が政党システムのかたちを二党制もしくは多党制へと導くことを指摘しており、選挙制度が政党システムの「原因」となるという立場を示していた。

　デュベルジェは、いかなる選挙制度も政党システムに影響を及ぼすと考えていたが、実際には、必ずしもデュベルジェの法則を適用することができない事例もあり、後々、さまざまな学者によって、法則の修正や批判がなされるようになった。

B　デュベルジェの法則への修正や批判

　カナダやインドでは、小選挙区制が採用されているにもかかわらず、政党システムは二党制ではない。両国とも二党制というよりは、むしろ多党制である。たとえば、インドでは、一つの政党が長期にわたって政権の座に就くこともあり、一党優位政党制とされてきた。そのため、小選挙区制が二党制をもたらすとはいえない事例が世界には存在するといえる。

　また、ヨーロッパの国々で比例代表制を採用している事例をみると、もともと多党制であった国が比例代表制を導入している事実を無視することはできない。ヨーロッパでは、宗教や言語、民族などによる社会的亀裂（社会的クリーヴィッジ）が存在し、多様な社会構造となっている。政党は社会的亀裂に沿って形成されており、政党システムもさまざまな亀裂を反映し、多党制となる。多党制において示される多様な利益や価値は、比例代表制によって政治の場へと表出されるため、多党制の下では比例代表制が採用されたという経緯がある。比例代表制と政党システムとの関係をみると、選挙制度が政党システムを規定するというよりも、政党システムが選挙制度を規定しているといえる。

　それでは、選挙制度が政党システムに影響を及ぼすのか、それとも政党システムが選挙制度に影響を及ぼすのか、いずれなのだろうか。現実のところは、いずれか一方だとはいえない。

　この点について、サルトーリ（Sartori, G.）は、小選挙区制と二党制との関係については、選挙制度が持つ政党数の削減効果がみられ、比例代表制と多党制との関係については、政党システムが持つ選挙制度の影響に対する阻止効果ないし対抗効果がみられると説明している（岡沢憲芙監訳・工藤裕子訳『比較政治学——構造・動機・結果』早稲田大学出版部、2000）。つまり、小選挙区制は、政党システムに影響を及ぼし、二党制をもたらすのに対し、比例代表制では、政党システムの方が影響力をもっており、選挙制度の影響を阻止したり、あるいは対抗したりするということである。そうだとすれば、選挙制度と政党システムとの関係を、単純に一方的な関係として捉えることはできないのである。

5　投票行動研究の系譜

A　投票行動研究の特徴

　投票行動の研究は、政治学の分野における一つのテーマであるとはいえ、他のテーマと比べると、社会学、社会心理学、経済学など他の分野の学問からの影響を強く受けており、きわめて学際的であるところに大きな特徴がある。投票行動の研究は、政治学においても、とりわけ計量分析の手法による研究成果が数多く蓄積されてきた。これらの研究の蓄積は、大別すると、社会学的アプローチ、社会心理学的アプローチ、経済学的アプローチという3つの立場に分けられる。

　まず、社会学的アプローチは、ラザースフェルド（Lazarsfeld, P. F.）やベレルソン（Berelson, B. R.）をはじめとするコロンビア学派に代表される。彼らによれば、有権者の投票行動に影響を及ぼすのは、有権者の社会的コンテクストや社会的ネットワークであり、有権者の社会経済的地位、宗教、居住地域などの社会的な属性が、彼らの政党や候補者に対する選好と強い相関関係にあるという。コロンビア学派の研究成果は、コロンビア・モデルや社会学的モデルと呼ばれ、その後のソーシャル・ネットワーク研究の理論的な基礎ともなった。コロンビア学派の社会学的アプローチは次第に、ミシガン学派による社会心理学的アプローチの台頭により、陰に隠れるようになったが、その後も重要性は認識され続け、今日に至っている。

　社会心理学的アプローチの代表的なものとしては、ミシガン大学に所属していたキャンベル（Campbell, A.）ら4人の研究者による成果が挙げられる。彼らは、ミシガン・モデルと呼ばれるような、政党帰属意識（party identification）をもとに投票行動を説明するモデルを提示した。ミシガン・モデルは、年齢、学歴、職業、宗教、人種などといった社会学的要因が政党帰属意識という心理的要因を形成し、政党帰属意識が政策争点態度や候補者評価を形成し、投票行動につながるという内容であった。ミシガン・モデルは、米国大統領選挙を取り扱って有権者の投票行動を説明し、モデルを導き出したものであり、米国内での批判や修正はもちろんのこと、他の国々での適用可能性をめぐり、さまざまな議論が展開されてきた。

　第3に挙げることができるのは、経済学的アプローチである。たとえば、経済学的アプローチとしては、業績評価投票や経済投票に関する議論などがあるが、さらに、ダウンズ（Downs, A.）による期待効用モデルも経済学的なモデルという意味で、ここに含まれる。ダウンズは、投票行動を有権者の自己の期待効用の最大化という点から説明した。彼によれば、有権者が投票に参加するか否かを決定する要因としては、有権者自身が民主主義から受ける便益、彼が特定の政党の勝利をどの程度まで望んでいるか、選挙がどれぐらい伯仲すると（彼が）考えているか、他の市民がどれぐらい投票すると彼自身が考えているかという4つの要因がある。

　有権者は、これらに依存する利益の総体を計算し、利益の総体と費用（とりわけ、投票にかかる時間という機会費用）とを比較して、投票するか棄権するかを判断する。有権者は、利益が費用を上回っていれば投票し、仮に特定の政党を強く支持していたとしても、投票することによって得られる利益が投票にかかる費用を下回る場合には棄権するというのである。これこそが合理的選択であり、合理的な市民が自己の期待効用の最大化を図って行動するというモデルの基本的な図式を示したものである。

B　投票行動研究の動向

　投票行動研究は、選挙に関する研究においても、とりわけ精緻化され、細分化されている。もともとは米国の政治学において提起されてきた理論やモデルに依拠して、日本における投票行動の研究が進められてきた。最近では、海外の理論やモデルを日本の事例へ適用することで、そこから新たな知見を導き出すという研究手法から、徐々に日本独自の研究手法が導き出されるようになっている。

　また、従来のような3つのアプローチだけでなく、選挙制度などの制度論的な視点から投票行動を分析しようとする立場や、政治心理学と合理的選択論の総合の可能性、投票行動に関する数理モデルと計量モデルとのギャップを埋めようとする運動など、幅広く展開されつつあるという。投票行動研究は、実際の有権者の投票行動を映したものであり、学問の世界に閉じこもるような、机上の空論に留まるものではないのである。

6 マスメディアと選挙

A 議題設定効果

　今日において、マスメディアが投票行動に及ぼす影響は小さいとはいえないのが現状である。選挙に際して、新聞社やテレビ局などのマスコミ各社は、新聞紙面やテレビ番組を通して、選挙に関する報道を行う。たとえば、選挙で提示されたマニフェストにおいて取り扱われている政策について、各党の違いを紙面上で一覧表にして掲載したり、テレビ番組で見やすく図式化して放映したりすることがある。読者や視聴者の立場からすれば、各党の政策の違いが一目瞭然となり、わかりやすく、親しみやすいものとして、マスメディアからの情報を受け取ることができる。

　ある政策について、各党の違いが明確にみられる場合に、マスメディアを通じて違いが強調されて報道されると、その違いが争点となる可能性が出てくる。ある政策を争点としてマスメディアが強調することにより、情報の受け手である有権者の側でも、その政策争点を重要なものとして認識するようになり、投票行動も影響を受ける可能性が出てくる。本来、有権者は自らの選好にしたがって、自らの立場に最も近い政党や候補者を支持すると考えられてきた。

　しかし、明示的であれ黙示的であれ、マスメディアによって選挙における議題が設定され、有権者の投票行動がマスメディアの報道から影響を受けることもある。その結果として、マスメディアが選挙結果に影響を及ぼすことになる。つまり、マスメディアは、議題設定効果を持つことで、有権者の投票行動に影響を及ぼし、選挙結果を左右することさえできると考えることもできるのである。

B 沈黙の螺旋

　ノエル – ノイマン（Noelle-Neumann, E.）による「沈黙の螺旋」仮説は、「勝ち馬効果」を考えるのに役立つ。世論の形成過程において、人は、自分が少数派の意見の持ち主となるのを避けたいという気持ちを強く抱き、多数派の支持する動向への同調行動をとるようになるため、少数派は沈黙を余

儀なくされ、その沈黙により、多数派の声がさらに大きなものになる。その結果、多数派が大きな勢力であるかのように世間一般は認知するようになり、多数派への同調行動はさらに促進されるというのが、「沈黙の螺旋」と呼ばれる現象である。

　マスメディアの報道により、少数派意見が沈黙するようになり、結果的に、以前よりも多数派の意見に勢いがつくような場合には、そこに沈黙の螺旋がみられる。同様のことは、選挙に際して、優勢が伝えられる政党や候補者に対して支持が集まるような場合にもいえる。

　また、選挙後の政党支持率は、選挙結果が基準となり、選挙後は、勝利した政党の支持率が上昇することも、「勝ち馬効果」として捉えられる。多数派への同調行動こそが「勝ち馬効果」であり、選挙前後の世論形成であれ、選挙での投票行動であれ、さまざまな場面でみられるのである。

C　アナウンスメント効果

　マスメディアの投票行動に及ぼす影響は、「勝ち馬効果」以外にも、「負け犬効果」と呼ばれる現象でもみられる。「負け犬効果」は、「判官びいき効果」とも表現されることがあるが、敗北と報道された政党や候補者に対して同情票が集まる現象のことである。「勝ち馬効果」と「負け犬効果」とでは、「負け犬効果」の方が強いとされている。そのため、選挙運動期間中の候補者は、自らが当選確実とされる報道を嫌う傾向がある。なぜならば、当選確実とされることにより、支持者の気が緩んだり、自分の一票ぐらいは棄権してもいいだろうという気持ちを支持者に抱かせてしまい、棄権につながってしまったり、あるいは、他の候補者へと支持を変更したりする可能性が否定できないからである。

　有権者が当選確実の候補者を支持するよりも、負けるかもしれないとされる候補者を支持しようとすることは、判官びいきの行動であり、マスメディアによってもたらされた「負け犬効果」だといえる。ここで述べたような、マスメディアによる報道が有権者の投票行動に何らかの変化をもたらすことは、アナウンスメント効果といわれる。マスメディアと選挙との関係は多様であるが、今後も無視できないテーマの一つである。

7 選挙運動のルールと実態

A 公職選挙法

　現在の日本では、国政選挙であれ地方選挙であれ、公職者を選ぶ「選挙」であれば、すべて公職選挙法が適用される。公職選挙法は、衆議院議員、参議院議員、地方公共団体における議会の議員および首長の選挙について定めており、これらの選挙はいずれも公職選挙法に則って行われなければならない。

　同法は、1950（昭和25）年に新しく制定された法律であるが、その後、何度も改正が行われてきており、現在に至っている。同法の内容は、第1章の総則に始まり、選挙権および被選挙権の規定、選挙に関する区域、選挙人名簿、在外選挙人名簿、選挙期日、投票、開票、選挙会および選挙分会、公職の候補者、当選人、特別選挙、選挙を同時に行うための特例、選挙運動、選挙運動に関する収入および支出並びに寄附、参議院（選挙区選出）議員の選挙の特例、政党その他の政治団体等の選挙における活動、争訟、罰則などから成っている。

　選挙に際して展開される選挙運動は、すべて公職選挙法に定められたルールに則って行われる。2013（平成25）年には、インターネット選挙運動に係る公職選挙法の一部を改正する法律が成立した。

B 文書図画とインターネット

　公職選挙法142条では、選挙における文書図画の頒布について規定している。そこでは、選挙運動の際に候補者一人あたりが使用できるビラや葉書の枚数制限が定められている。たとえば、「衆議院（小選挙区選出）議員の選挙にあつては、候補者一人について、通常葉書3万5千枚、当該選挙に関する事務を管理する選挙管理委員会に届け出た2種類以内のビラ7万枚」などというように、選挙運動で配布できる葉書やビラ、さらには、パンフレットや書籍についても、数が制限されている。

　同法143条では、文書図画の掲示についても規定されている。たとえば、選挙運動のために、「アドバルーン、ネオン・サイン又は電光による表示、

スライドその他の方法による映写等の類を掲示する行為」は禁止されている。

そのため、以前は、選挙運動のためにインターネットを利用することが禁止されていた。公職選挙法の一部が2013（平成25）年4月に改正されたため、選挙運動期間中に立候補者は自分のホームページを更新したり、ブログの更新やメールマガジンの発行をしたりすることができるようになった。

近年では、選挙運動期間中でもインターネットの利用がみられるようになっている。いろいろな政党や候補者のホームページをみると明らかであるが、選挙のときでも、選挙運動だけでなく、日常的な政治活動の紹介も含め、ホームページは更新されている。そこでは、ニュースとして新しい記事が掲載されたり、政党や候補者の活動が動画で紹介されたりしている。

また、2013年以前のある地方の市長選挙では、選挙の告示前に候補者が自らのブログにおいて、市長選挙に自分が立候補することを書き込み、結果的に、その候補者が当選したことがあった。その選挙運動期間中には、選挙管理委員会が公職選挙法に触れる恐れがあるとして、ブログの更新を注意し、選挙告示後に行われた更新内容についての削除を求めることもあった。

C 選挙運動のインターネット利用

人々の生活において、いまやインターネットは欠かせないものとなっており、政治の場面においても、すでにインターネットの利用が当然のようになってきている。今後は、これまで以上にインターネットと選挙とのかかわりが切り離せないものになることが予想される。

公職選挙法の適用によりインターネット利用が進んでいく一方、他方で、選挙運動においてインターネットが適切に利用されなければならないことも忘れてはならない。この点については、単なる法律の改正という点だけでなく、選挙の意義や機能、選挙制度の特徴などと併せて考えてみる必要があるといえるだろう。

知識を確認しよう

（問題） 下の各小問につき、正誤を述べなさい。

(1) 日本の衆議院では、1994（平成6）年の政治改革関連四法の成立により、小選挙区比例代表並立制が採用され、現在の議員定数は、小選挙区289議席と、全国を一つのブロックとする比例代表176議席とを合わせた計465名となっている。

(2) 小選挙区制や大選挙区制などの選挙区制は、選挙区の面積や有権者の数を基準に分けられており、選挙区の面積が狭く有権者数が少ない場合は小選挙区制、逆に、選挙区の面積が広く有権者数が多い場合は大選挙区制とされる。

(3) ラザースフェルド（Lazarsfeld, P. F.）やベレルソン（Berelson, B. R.）をはじめとするミシガン学派に代表される社会心理学的アプローチは、米国大統領選挙の分析を通じて、政党帰属意識をもとに投票行動を説明するモデルを提示したが、これはミシガン・モデルと呼ばれている。

解答

(1) × 日本の小選挙区比例代表並立制の議員定数は、小選挙区289議席、全国を11ブロックに分けた比例代表176議席であるため、「全国を一つのブロックとする」という部分が誤りのポイントである。

(2) × 小選挙区制と大選挙区制の違いは、選挙区の面積や有権者の数を基準としているのではなく、一つの選挙区から選出される議員数の違いにあり、小選挙区制では1名のみ、大選挙区制では複数名が選出される。

(3) × ラザースフェルドやベレルソンは、コロンビア学派に所属する代表的な研究者であり、ミシガン学派の代表的な研究者は、キャンベル（Campbell, A.）などであるため、誤りである。

本章のポイント

現代政治の主体として最も一般的な「政党」、そして政党政治の形態ともいうべき「政党システム（政党制）」に関する基礎知識をとりあげる。

1. 政党とは何か、その概念をまず明らかにする。
2. 民主政治の中で政党が果たす（あるいは果たすべき）役割・機能について説明する。
3. 政党の発達過程を踏まえたうえで、さらにその類型を示す。
4. 政党システムに関する代表的な分類や理論について紹介する。
5. 日本の政党と政党システムの特質について考える。
6. 主な欧米諸国の政党や政党システムについて、最近の傾向も踏まえて検討する。
7. イギリス流の「オポジション」という視点で、現代民主政治における責任野党のあり方を考察する。

1 政党の概念

A 政党とは何か

　「政党」（political party）という言葉を聞いて、権力闘争や資金集めにあけくれる政治家を連想する人も多いことだろう。また、有権者の政党離れが著しいとか、無党派層の動向が選挙結果を左右するといった報道に触れたことがあるかもしれない。そこで、「政党（パーティー）」という概念を明らかにするためにも、政党と「徒党（ファクション）」との違いについて、まず説明することにしよう。

　政治集団としての徒党ないし派閥は、主として政治家の私的利益実現（政治資金の確保や、権力ポストの獲得など）を目的として結成されるのが一般的である。政党という概念を明確化することによって、徒党との異同が明らかになったのは、18 世紀イギリスの政治家バーク（Burke, E.）の貢献によるところが大きい。バークは、『現代の不満の原因を論ず』（1770 年）の中で、政党を次のように定義づけている。

　　　「政党とは、その連帯した努力により彼ら全員の間で一致しているある特定の原理に基づいて、国家利益の促進のために統合する人間集団のことである」。

　歴史的に有名なこの定義づけから、政党と徒党との違いが明らかになるとともに、政党のあり方も垣間見えてくる。同じ政治集団であっても、徒党と異なり、政党には特定の政治的主義主張がなければならない。さらに政党は、政治家の私利私欲追求以前に、国家的利益もしくは国民的利益ともいえる公的利益実現を目指す存在でなくてはならないこともわかる。

　しかし政党に関するバークの定義づけには、不十分な点があることも否定できない。たとえば、実際の諸政党は競合する政権獲得維持集団である、という事実が明確にされているとはいえないからである。近代以降における議会制民主主義（間接民主制）下の政党は、さまざまな選挙戦を通じて議会の過半数議席確保を目指す存在でもある。つまり、選挙という合法的手段を通じて権力（政治権力）という価値を追求し、それを獲得した政党（与党）はそれをできるだけ長く保持しようとする。また、権力を獲得できなかった政党（野党）は政権批判を行ったり、次の選挙で政権奪取を目指した

りするのが現実だからである。

　そこで、こうした側面も踏まえ本章では、議会制民主主義の主体としても位置づけられる「政党」を、以下のように捉えておくことにしよう。

　　　「政党とは、共通した政治的路線を有する人間が一定の政策下に集合し、主に議会を通じてその政策や国民的利益の実現を目標とし、選挙で候補者を立てて政権の獲得・維持を目指す自発的、持続的かつ公的な政治集団である」。

B　政党の成立要件

　上述したように、議会政治の母国イギリスで「政党」の概念が明確になったのは 18 世紀後半であった。古代ギリシアのポリスに始まる政治学の歴史からすれば、比較的新しい概念といっても過言ではない。

　政党の起源と発達については第 3 節で説明するので、ここでは上記の概念に基づき、政党ないし政党政治が成立するのに不可欠な基盤について 3 つほど指摘しておくことにしよう。

　第 1 に、少なくとも憲法その他によって、言論・集会・結社の自由に代表される「政治的自由」が保障され、実際にそれが機能していなければならない。公的な性格を持つとはいえ、基本的に政党は自発的な結社だからである。

　第 2 に、政治や特定の政策に関する対立軸もしくは争点の存在が挙げられる。これによって政党ごとの政見が生じて選挙で競合することになるし、単なる政治的徒党と政党とを区別することも可能になるからである。

　そして第 3 の基盤として、議会主義（国民の代表機関としての立法部・議会こそ、政治の中心舞台だとする原理）の確立がなくてはならない。

　このように政治集団としての「政党」は、理論上「徒党」とは区別されると同時に、自由主義と民主主義を基調とする政治主体だということがわかる。政党の概念を明らかにすることは、現代政治の諸問題を理解するための出発点なのである。

2 現代政治における政党の機能

A 政党の基本的位置づけ

　政党という概念、とりわけ「パーティー（仲間、集まり、会合）」という言葉とそのニュアンスから、現代政治におけるその位置づけとして、以下の2つの側面を指摘することができる。何よりもまず政党とは、社会における多様な意見や利益の中のある「部分」を代表した存在である。それと同時に、特に選挙で勝利した場合、政権の獲得維持を通じて社会全体の事柄（政策の遂行）に「関与」する役割もあるという点である。それゆえ、いわゆる徒党や派閥とは異なり、政党には国民（有権者）と政府（統治システム）を、あるいは社会と国家を、媒介する役割が期待されるのである。

B 政党の機能

　実際政治において政党が果たすとされている役割・機能に関しては、さまざまな分類が可能となる。そこでここでは、政党に不可欠とされる機能について4つほど指摘しておくことにしたい。ちなみに「政党」の機能について学習するうえでは、特定の経済的・職業的・思想的利益（特殊利益）を追求し、その特殊利益実現を主要目的として、さまざまな方法で政治的影響力を行使する「圧力団体」の機能（第9章を参照）と比較考察することが大切である。

(1) 利益表出機能

　本来これは圧力団体の最重要機能とされることが多い。しかし政党も「部分」と「全体」との媒介として位置づけられている以上、圧力団体ほど露骨ではないかもしれないが、選挙での当選を期待して、地元有権者（地域利益）や各党の伝統的支持基盤の利益（業界団体利益など）を政策面で優先的に反映させようとする。これは、政党の利益表出機能といえる。

(2) 利益集約機能

　通例、政党の最重要機能として位置づけられる。この機能は、社会におけるさまざまな個人や集団から表出された機能を政党ごとに調整したり、優先順位をつけたりして、党の主要政策としてまとめあげる作用である。

こうして集約された利益や意見は、政党ごとの政策文書や綱領、あるいは選挙時のマニフェスト（manifesto：政権公約）として有権者に提示される。そして政権の獲得に成功した政党は、議会内外での討論や修正を経て、それを政策として立法化し、行政を通じてその実現を目指す。

　このように利益表出機能と利益集約機能は、ともに政策形成過程において不可欠な機能となっていることがわかる。そのため両者を統合して「政策形成機能」とすることもできるであろう。

(3) 政治指導者の補充・選出機能

　とりわけ議院内閣制の国々では、首相など国家の指導者をはじめ、内閣のメンバーたる閣僚・国務大臣は政党（与党）のリーダーや幹部議員である場合が多い。これは圧力団体にはない機能、すなわち選挙を通じての「政権獲得維持機能」が政党にあることを意味している。

　また、別の見方をすれば、政党には「政治家（議員）となる人材を発掘し、政治家として育成し登用する機能」も伴うといえる。

(4) 政治的社会化機能

　宣伝や広報活動も含めて選挙戦で支持を訴えたり、議会活動やマス・メディアの報道などを通じて政治情報を提供したりすることで、国民を政治的に教育していく作用が政党にはある。そうすることでわれわれは、政治意識を形成し、世論をつくりだし、そして政治的にも社会化されていくことになるのである。

　なお、政党政治の母国イギリスには、政党の役割を、①利害関係の調整、②政治参加、③政治的補充（リクルートメント）、④民主的統制、⑤政治的選択、⑥政治的代表、⑦政治的コミュニケーション、⑧政治的説明責任（アカウンタビリティ）という8項目に分類している政治学テキストもある。

　日本では政治家の失言やスキャンダルなどを背景として、近年、政党不信や政党離れが指摘されるようになってきた。それゆえ政党の機能をさらに検討していく努力が必要だといえる。しかしその役割は不完全であっても、政党が政治現象の主要形成要因の一つである以上、今日においても「現代政治の生命線」（ノイマン，S.『政党』渡辺一訳）であることにかわりはない。

3 政党の発達と類型

　ひと口に政党といっても、政治学での捉え方や分類法は多種多様といってよい。たとえば政党の特質や支持基盤、主義主張に応じて宗教政党とか、階級政党、あるいは国民政党（階級対立や一定の階級利益のカベを越えて、幅広い国民的団結と一体性を強調する政党）といった具合に分類することもできるであろう。

　しかし政党の発達過程については、学問上、主に政党組織構造のあり方に注目した政党類型論の枠組みで説明されるのが一般的である（図8-1）。

　ウェーバー（Weber, M.）によると、イギリスなどにおける政党は、まず有力貴族の取り巻き集団（貴族政党）から出発し、その後選挙権の拡大（有権者の増大）にあわせて「名望家政党」から近代的な組織政党へと発達していった。制限選挙を前提とする近代市民社会の名望家政党と、大衆社会化した普通選挙（大衆デモクラシー）に基づく組織政党との違いは、政党独自の組織面に見出すことができる。なお、フランスの政治学者デュベルジェ（Duverger, M.）の分類によれば、前者は議員団を中心としており、有権者数が少なく同質的であるため、特に充実した党組織や党員を必要としない「幹部政党」に匹敵する。そして後者は選挙民の増加に対応して、従来以上に（党外）組織化した「大衆政党」にほぼ該当するといってよい。

　こうした古典的ともいえる政党類型論に加え、現代政党の捉え方としては、キルヒハイマー（Kirchheimer, O.）の「包括政党」、パネビアンコ（Panebianco, A.）の「選挙 − プロフェッショナル政党」、そしてメア（Mair, P.）とカッツ（Katz, R.）による「カルテル政党」論が代表的であろう。

　戦後、経済的に豊かになった西欧諸国では、従来にくらべて階級対立やイデオロギーの重要性が薄くなったとされている（イデオロギーの終焉論）。そうした社会的変化を背景に、何より選挙に勝利して政権を獲得することを最優先するため、特定のイデオロギーや階級利益に基づかず、文字通り包括的にあらゆる層に支持を求める政党が包括政党である。また、選挙 − プロフェッショナル政党は、最近の無党派層増大やテレビに代表されるマス・メディアの発達に伴い、選挙に勝つため大衆官僚政党化を通じてプロ

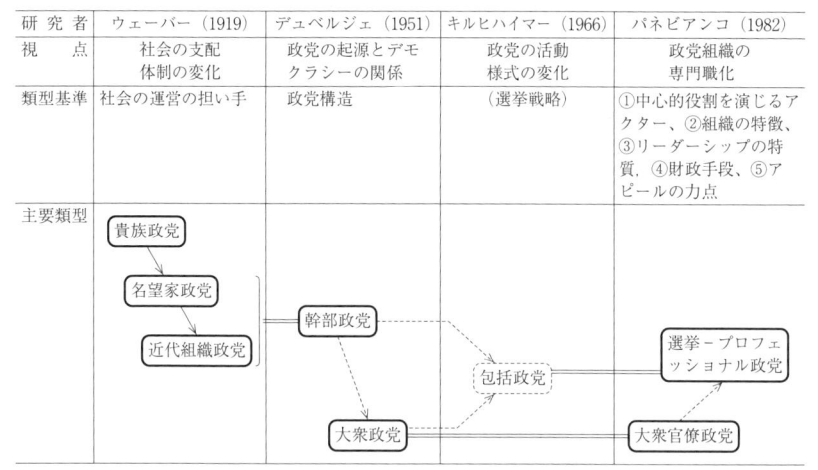

研 究 者	ウェーバー（1919）	デュベルジェ（1951）	キルヒハイマー（1966）	パネビアンコ（1982）
視　　点	社会の支配体制の変化	政党の起源とデモクラシーの関係	政党の活動様式の変化	政党組織の専門職化
類型基準	社会の運営の担い手	政党構造	（選挙戦略）	①中心的役割を演じるアクター、②組織の特徴、③リーダーシップの特質，④財政手段、⑤アピールの力点
主要類型				

注：──→は移行を、┈┈▸は変容（予想）を、══は同一を意味する。
川人貞史ほか『現代の政党と選挙』有斐閣アルマ，2001，p. 41.（一部改変）

図 8-1　政党組織の類型・概念

フェッショナル化した選挙組織や戦略（たとえばスピン・ドクターによるメディア戦略や、党首イメージの重視）を持つという現実的側面に注目した概念といえる。

　これに対し、表面上は競合しているように見える主要政党であっても、大体1970年代以降政権の獲得維持をめぐって、文字通り、少数の有力企業が結ぶカルテルのごとく相互協調したり、国庫からの資金援助を期待したりするなど、あたかも国家に組み込まれ、政府の代理人のごとく活動するようになった諸政党の状況を指摘したのがカルテル政党論である。

　このように政党の捉え方や重点の置き方、あるいは分類法に関しては、さまざまなものがあるといっても過言ではない。いずれにしても、政治状況や社会の変化に伴い変容と発達を遂げてきた「活きた」政治主体こそ「政党」であるという事実を、われわれは理解しなくてはならない。

4 政党システムの分類と理論

　政党システム（政党制）とは、政党政治が展開する基本的枠組みを指す。同時に、政党を単位として、それらの相互作用を通じて政治が動く一つのシステムでもある。

　政党システムの類型については、デュベルジェによって示された二党制あるいは多党制という単純な分類が古くから知られている。しかし政党システムに関する最もポピュラーな類型として——1970年代に発表された内容であり、決して最新かつ完全な理論というわけではないが——イタリアの政治学者サルトーリ (Sartori, G.) によってなされた分類を避けて通ることはできない。サルトーリは、その国の政党数のほか、政党間のイデオロギー距離を主な基準として、政党システムを7つのタイプに分類し概念化した。以下、それぞれの特徴について簡単に説明する。

(1) 一党制（非競合的・単独政権型）…ナチス・ドイツなど

　法律上制度上、一党しか存在が認められていない。その政党のイデオロギー志向の強弱によって、全体主義一党制・権威主義的一党制・プラグマティック一党制に分類することも可能となる。

(2) ヘゲモニー政党制（非競合的・単独政権型）…冷戦期のポーランドなど

　その国のヘゲモニー (hegemony：主導権) を握る一政党に抵抗しない限り、他の政党の存在も認められる。ヘゲモニー政党によるイデオロギー志向の強弱により、イデオロギー志向ヘゲモニー政党制・プラグマティズム志向ヘゲモニー政党制がある。

(3) 一党優位政党制（競合的・単独政権型）…55年体制下の日本など

　複数政党制で政権交代の機会はあるが、民主的に選挙が行われた結果、常に同じ政党が勝利するため、結果として特定政党の長期政権となる。

(4) 二党制（競合的・単独政権型）…アメリカなど

　複数政党のうち、特に2つの主要政党のどちらかで単独政権を担い、二大政党間で定期的に政権交代が見られる。

(5) 限定的/穏健な多党制（競合的・連合政権型）…ドイツなど

　イデオロギー距離の小さい3〜5程度の諸政党が競合するが、単独政権

が成立しにくいため連立政権が形成される。政党間対立も穏健であるとされる。

(6) 分極的/極端な多党制（競合的・連合政権型）…ワイマール・ドイツなど

　イデオロギー距離が大きく政党間対立も激しい多数の諸政党が競合して、必然的に連立政権となる。反体制的政党をも内包する場合が多い。

(7) 原子化政党制（競合的・連合政権型）…発展途上国など

　戦後の政治的混乱期などでも現れやすい。支配的な政党が存在しないため、きわめて多くの政党が乱立している状態である。

　なお、ある国で特定の政党システムが形成され定着する理由の一つとして、当該国で採用される選挙制度とその特質を挙げることができる（デュベルジェの法則：**第7章**も参照）。また、社会学的アプローチから、1960年代における西欧諸国の政党システムを社会勢力の力学と配置の関係で捉えたのが、アメリカの政治社会学者リプセット（Lipset, S. M.）と、ノルウェーの政治学者ロッカン（Rokkan, S.）であった。2人によれば、それは主に1920年代の社会的亀裂構造（たとえば「中央 – 地方」「政府 – 教会」「農村 – 都市」「労働者 – 経営者」）を反映した結果ということになる。この見解は政党システムの「凍結」仮説として知られている。

　このように政党システムも、その国の政権形態や、その国の民主化の度合いに影響を与える政治主体といえる。

　因みに最近では、上述したサルトーリ的類型論が今日的有用性を失っているとして、これを修正すべきという論考も多くなってきた。その中の一つによると、たとえばわが国で今後も自由民主党と公明党の連立政権が続くのであれば、現代日本の政党システムを一党優位政党制の変種、即ち「一連合優位政党制」として捉えることも可能だとされている。

5 日本の政党と政党システム

A 現代日本の政党

　前述した政党類型論に戦後日本の主要政党を照らし合わせてみると、党員を中心に組織化された大衆政党と一応呼べるのは共産党、そして宗教団体を母体とした公明党である。1955（昭和30）年の左右両派の統一によって誕生した（旧）社会党は地方支部など党外組織を備えてはいたが、西欧諸国の社会民主主義政党とは異なり、選挙運動や政治資金を全国労組に依存していた。そうした意味で、社会党は厳密な意味では大衆政党とはいえなかった。

　他方で1955年のいわゆる保守合同で成立した自由民主党は、組織面では幹部政党的側面が強い政党といわざるを得ない。日本の保守政党の特徴として、普通選挙実現以後も戦前の立憲政友会や立憲民政党などのように院内政党から組織化された点や、党外大衆組織より地方の名望家層に依存する傾向が強かった点を指摘することができる。戦後日本政治の大半をリードしてきた自由民主党もそうした伝統を受け継ぎ、党員や地方支部より、候補者・議員個人の私的な地元集票マシーン/人間関係的ネットワーク（いわゆる後援会）を重視する政党であり続けた。

　ちなみに自民党のような幹部政党では、クライエンテリズム（clientelism）という「親分－子分関係（patron-client relationship）」に基づく恩顧主義がきわめて重視されてきた。これは、ある意味で日本的「ムラ社会」の政治文化を反映したものといえるかもしれない。自民党長期政権時代に一般的となり、「鉄の三角形（三角同盟）」とも呼ばれるようになった構図——「地元利益誘導型政治」「特定業界や官僚制との癒着」「派閥談合型の意思決定」「族議員や世襲議員の輩出」など——の定着に、このような自民党的体質が影響してきたことは否定できないからである。

　政党活動のあり方という視点で見てみると、社会党は社会主義の理念をめぐる党内論争や左右対立にあけくれたため、その政権担当能力に疑問符がつけられるようになっていった。結果的に選挙の文脈では常に野党第一党（いわゆる万年野党）に甘んじることとなり、1996（平成8）年には社会民主

党に党名を変更したものの、その活力低下は避けられなかった。

　これに対し、結成当初革新勢力の勢いや、支持基盤の減少などに対する危機感を持っていた自由民主党は、経済成長戦略や福祉政策の充実化などを通じて、1970 年代には前述した包括政党への脱皮に成功したと考えられる。その結果、社会党の包括政党化失敗に伴い、後述するように、ほぼ 30 年以上におよぶ自民党長期政権が可能となった。

B　現代日本の政党システム

　1955（昭和 30）年に、社会党の結成（左右統一）と自由民主党の結成（保守合同）が実現した。それ以降、1960 年代には公明党の結成などに象徴される多党化時代に入った。しかし 1993（平成 5）年の総選挙結果を受けて自由民主党が初めて下野するまでの 38 年間は「自民党政権＝日本政府」であり、国対政治などに象徴される自・社両政党中心の国会運営も続いた。これを「55 年体制」と呼ぶ。

　当初 55 年体制は、選挙の結果次第では自由民主党と社会党が交互に政権を単独で担う二党制になる可能性も残されていた。しかし選挙結果から見た 55 年体制の実態は、自由民主党の一党優位政党制に過ぎなかった。また、自由民主党の院内勢力を「一」とすると、第二党（野党第一党）の社会党でさえ、その勢力は自民党の半分程度でしかなかった。そのため 55 年体制を「一と二分の一（一か二分の一）政党制」とする指摘もある。

　ポスト 55 年体制の今日では連立政権常態化の時代を迎えている。そして再び、自由民主党のいわゆる“一強多弱”時代になっているということもできるであろう。このように政党システムはもちろん、主要政党の体質や歴史、そして組織のあり方も、その国の政治を根本から特徴づけていることがわかる。

6 欧米諸国の政党と政党システム

A アメリカの政党と政党システム

アメリカの共和党と民主党に共通する組織上の特徴は、地方分権的な党組織と、政党規律や議員の党議拘束が比較的ルーズだという点である。そのため議会の採決では、議員の交差投票（クロスボーティング）が生じやすいとされる。また、党員の登録制度も整備されていないため、議院内閣制を採用する国々では一般的な、厳密な意味での党員や党首は存在しない（党員といっても事実上は熱心な党支持者や運動員を指す場合が多く、大統領候補者も党首ではない）。連邦国家のため、主要政党は普段、地方ごとに活動しており、全米規模の利益集団（圧力団体）の方が政治的には大きな影響力を持ちやすいともいえる。ヨーロッパと異なりアメリカでは、本格的な社会民主主義政党が育たない。「レッテルの異なる2つの空ビン」とも呼ばれる共和党と民主党以外にも、政党はもちろん存在する。しかしアメリカの大統領選挙や連邦議会選挙で第三政党が重要な意味を持つことはほとんどない。したがってアメリカの政党システムは、今日でも両政党で政権交代を繰り返す「単独・政権交代型の二党システム」といってよい。

B イギリスの政党と政党システム

アメリカとは異なり、イギリスにおける保守党と労働党の党組織は、基本的には党首を頂点とした中央集権的構造となっている。それゆえ政党規律や議員の党議拘束も比較的強いといえる。イギリス型議院内閣制や首相（党首）の強力なリーダーシップを根底から支える要素の一つが、この中央集権的な党構造ということもできる。もっとも両党の発達過程を比較すると、大きな違いも見られる。18世紀以降保守党が貴族政党、院内政党から徐々に院外へ組織化していったのに対し、労働党は20世紀初頭以来労働組合が中心となり、逆に院内に議員を送り出すことで成長していった政党だからである。

今日イギリスの主要政党は、有権者による政党一体感の相対的弱体化や党員減少を余儀なくされている。また、第三政党の自由民主党（旧・自由党）

や、スコットランド民族党など国内地域に根ざした民族主義政党なども台頭している。その背景として、二大政党中心型政治への不満や不信の高まりを指摘することができるであろう。1970年代以降、保守党と労働党の得票率は低下し、現在の自民党や地域民族主義政党への支持が次第に高まってきた。かつてはイギリスも二党制の代表例とされてきたが、現代イギリスの政党システムは、もはや典型的かつ古典的な二党制とは呼べないであろう。さらにつけ加えれば、2010（平成22）年総選挙では36年ぶりに、そしてまた2017（平成29）年総選挙でも再びハング・パーラメント（hung Parliament：単独過半数議席を獲得した政党が皆無の——文字通り「宙ぶらりんの」——議会）となった。その結果、戦後初となる「保守党＝自由民主党」連立内閣が2010年に成立するなど、イギリスの政党政治は新しい局面を迎えている。

C　ドイツとフランスの政党システム

　ドイツ（旧・西ドイツ時代も含む）もフランス（第5共和制）も、基本的には穏健な多党制に分類される。しかし下院の選挙制度のあり方が影響して、比例代表制を土台とする小選挙区比例代表併用制のドイツでは、主要政党中心の連立内閣が常態化している。それに対し、半大統領制と小選挙区2回投票制を採用しているフランスでは——近年、大統領任期と下院議員任期を5年に統一したことも影響して——大統領所属政党と下院多数党との「ねじれ」が生じにくくなり、同一政党単独政権が一般的となった。

　なお、冷戦の終結や、市場経済のグローバル化に伴い、旧来の価値観が崩壊したり、多様化したりするようになってきた。その結果、とりわけ1990年代以降になると、政党のあり方に関しても世界的に変化が見られるようになった。たとえば欧州諸国における「ミニ新党」の台頭現象がそれである。その代表的な事例として、環境保護や政治改革、フェミニズムといった現代的な一つのテーマの解決を党の目標として掲げる「単一争点政党」の増大と、その連立政権加入などが挙げられる。また、従来とは異なり穏健なアピールを行うことで、既成政党政治に対する有権者の不満や不信の受け皿となって、欧州諸国の地域議会選挙などで躍進する「新型極右政党」の存在もまた、最近では指摘することができる。

7　民主政治における「オポジション」の意義と役割

A　野党とオポジション

　既述のように政党の機能は数多く指摘できるが、選挙を通じて獲得した政権を維持し、その政策実現に向けて努力するのが与党である（政権担当機能）。一方、野党ならではの機能として、政府・与党を民主的に監督したり統制したりする役割（政権監視機能）を挙げることができる。

　しかし、日本の55年体制で見られたように、政府与党への異議申立てのみに終始する野党しか存在しないような状況では、野党そのものが独自の機能を発揮できず、結果として健全な民主政治を支える要素にはなり得ない。

　健全な民主政治を実現するうえで、健全なメディア（世論）と健全な「野党」が必要不可欠という主張に異論はないであろう。そのためにも、政権交代の定着に伴う、政府与党への民主的統制が必要となる。そして何より複数の主要政党は、仮に選挙に敗れて野党となった場合でも、単純に何にでも反対するだけのマイナーな「抵抗政党」に陥ることなく、「責任野党」もしくは「潜在的政権政党」としての心構えと準備を怠ってはならない。

　本章では、野党の立場であれ与党であれ、政権交代の経験を活用できるこうした潜在的政権政党（野党であれば責任野党）を、単なる野党（oppositions）と区別したうえで、野党第一党を意味するイギリス流の呼称を用いて「オポジション（the Opposition)」と呼ぶことにしたい。単独政権か連立政権かを問わず、複数の政党がこうしたオポジションとして成長していくためには、政党側の努力がもちろん大切である。さらに、政権交代を異常な事態と思わず、政党政治活性化の処方箋（ただし万能薬ではない）として見守っていく度量もまた、有権者には必要だと考えられる。

B　オポジション力とは何か

　特にイギリスの野党第一党に象徴されるオポジションには、いわゆる「オポジション力_{りょく}」が必要といえる。オポジション力とは、とりわけイギリスの野党第一党に備わっている、潜在的政権政党としての広範な能力・機能・

パフォーマンスを意味する。イギリスの場合、2つの主要政党のうち総選挙に敗北した側の政党が備えるオポジション力は、「制度上・形式上」の意味と、「実質上・機能上」の意味とに区別される（図 8-2）。ここで重要なのはいうまでもなく後者であり、換言すれば再度有権者から信頼され、次期総選挙に勝って与党になるため努力したり準備したりすることともいえる。

　「実質上・機能上」という意味でのオポジション力の構成要素は、図 8-2 の通りである。政党離れや民意の多様化ゆえ、一種の「政治的消費者」とされる現代有権者のニーズ・意見を十分吸収して政策を形成する（現代的な意味での利益集約機能）には、企業と同じように政治的な「マーケティング力」もある程度必要である。そして総選挙敗北の理由を検討する具体策にもなるが、「党組織・党政策・党首」という党内 3 要素のリフレッシュを実現することで「政権構想力」が次第に整えられ、本来のオポジション力の表れともいうべき「政権奪回力」（イギリス保守党の場合、そのカギは政権意欲と適応性にあったとされる）が生じることになるのである。

　政権与党の"暴走"を防ぐためにも、主要政党におけるオポジション力の育成は、健全な民主政治の育成とほぼ同義といっても過言ではない。

オポジション力 ⇒ 潜在的政権政党としての広範な能力・機能・パフォーマンス。

(A) 「制度上・形式上」…制度上自然にそうなる。「野党第一党としての通常の役目」
　　　　　　　　　　　野党第一党としての指定席に座り、影の内閣を組織して、
　　　　　　　　　　　政府与党と対決する役割。
　　　　　　　　　　　〈対与党：政策チェック力・論争力・交渉力など〉

(B) 「実質上・機能上」…努力しなければならない。「与党になるための準備、機能」

　　①政治的マーケティング力
　　②政権構想力…3要素（党組織・党政策・党首）
　　③政権奪回力…イギリスの場合「連立交渉力」ではなく、「単独で下院の過半数
　　　　　　　　　議席を獲得する力」

　　　（例）イギリス保守党の場合……「政権意欲」
　　　　　　　　　　　　　　　　　　「適応性」（A. Seldon and P. Snowdon, 2005）

※影響する諸要素：「伝統的党内構造」「党の歴史・文化」「党首のリーダーシップとイメージ」
　　　　　　　　　「党外状況の変化」など。

渡辺容一郎『オポジションとヨーロッパ政治』北樹出版, 2010 年, p. 126.（一部改変）

図 8-2　イギリス主要政党のオポジション力とその構図

> [!NOTE]
> ## 知識を確認しよう
> ・・・・・・・・・・・・・・・・・・・・・・・・・・・・

（問題） 以下の各小問につき、正誤を述べなさい。

(1) バーク（Burke, E.）は、国民的利益を重視する観点から、政党は単なる私的利益にしか関心のない派閥や徒党と変わらない存在であるとして、政党を批判した。

(2) アメリカの二大政党の組織は、全国党本部を頂点として中央集権的に整備されており、また、党の規律が確立されているため、議員の行動に対する党議拘束が強い。

(3) 一党優位政党制は、複数政党間で競争が行われているにもかかわらず、特定の一政党が継続して政権を担当し、事実上政権交代が生じない点に特徴がある。したがって、選挙結果によって二党制に変化できる余地はない。

（解答）

(1) ×　バークは、徒党（派閥）と政党を理論上明確に区別したことで知られる。私的利益の追求に終始する徒党に対し、政党に関しては、国家利益（公的利益）を促進する点と、メンバーに共通する特定の原理が存在する点を指摘した。そうした意味で、特に政党を徒党と同じものとして批判したわけではないので、誤り。

(2) ×　連邦国家であるアメリカでは、共和党も民主党も地方分権的な組織構造を持ち、政党規律も緩やかで、議員に対する党議拘束も弱いとされているので、誤り。

(3) ×　一党制ないし、いわゆる一党独裁の国と異なり、自由で民主的な選挙が行われた結果、同じ政党の長期政権が続いているケースが一党優位政党制とされる。つまり一党優位政党制の国では、法律で政権交代が禁止されているわけではなく、責任野党の成長や選挙制度の変革を通じて二党制ないし多党制に移行する可能性もあるので、誤り。

第 9 章

圧力団体・NGO・NPO

本章のポイント

　現代政治は、さまざまな団体が織り成す政治的働きかけに大きな特徴が見られる。そこで本章では圧力団体や NGO などについて取り上げる。

1. 圧力団体の定義、出現背景などを概観する。
2. 利害関係を同じくするメンバーで構成される部門団体について取り上げる。
3. 非営利的活動を展開する促進団体について取り上げる。
4. 圧力団体がどのような政治的機能を果たすかについて取り上げる。
5. 圧力団体の影響力の行使について、団体の資源や活動戦術といった点から説明する。
6. NGO や NPO とは何かを概観する。
7. 圧力団体についての政治学的評価について、肯定、批判の両面から取り上げる。

1 圧力団体とは何か

A はじめに

　現代の政治において、さまざまな団体が日々、政治的な働きかけを行なっている。ある団体は労働者の権利擁護を求め、別の団体は環境保護を訴え、さらに別の団体は財界の要望を政府に伝達する。こうした団体に着目することなくして、現代の政治を理解することはできない。そこで**第9章**では、圧力団体・NGO・NPO といったさまざまな団体について、そしてそれらの団体によって展開される政治現象について取り上げる。

B 圧力団体の定義

　圧力団体とは、自らの利益・理念を守り促進するために、共通の利益・理念を持つ人々によって結成され、政党・政治家・官僚などに働きかけようとする団体のことである。こうした働きかけによって生じる政治現象が圧力政治と呼ばれる。なお圧力団体とは政治学における分析概念であり、圧力団体という名称の団体が存在するわけではない。実際の圧力団体とは、「経団連」のような経済団体や「連合」のような労働組合である。

　圧力団体と似た用語に利益集団があり、ほぼ同義語として使われる。両者を厳密に区別すると、圧力団体という場合は目的達成のために圧力をかける点が強調され、他方で利益集団という場合は利益を集約し追求するという点が強調される。またアメリカでは圧力団体による働きかけをロビー活動、そしてその専門家をロビイストと呼ぶことがある。なお本章では、圧力団体という用語を用いる。

　圧力団体という用語には、政治に無理な圧力をかけ、理不尽な要求をつきつけるといったような否定的な意味合いが含まれることが多い。この点を考慮して政治学者トルーマン（Truman, D. B.）は、「政治的利益集団（political interest group）」という用語を提唱した。圧力団体あるいは利益集団は、その中身が何であるにせよ利益の追求という点で共通性がある。この場合の利益とは、一般的には部分的・私的利益であることが多く、包括的・公的利益の実現を目指す政党とは異なる。ただし圧力団体の中にも公益の追

求を活動目的とする団体も存在する。

　また政党は通常、さまざまな政策に広く関心を持つが、圧力団体は自らの利害が及ぶ政策分野にのみ関心を持ち、影響力を及ぼそうとする。たとえば、農業団体が関心を持つのは農産物自由化の是非といった政策分野であって、日米同盟といったような外交・安全保障政策ではない。

C　圧力団体の出現の背景

　圧力団体はそもそもどのような背景の下で登場したのであろうか。近代の西欧社会は、イギリスを先頭に産業革命の時代に突入した。この経済上の大変化は急速な工業化をもたらした。同時に各国の社会構造は複雑化していき、社会内部の利害関係も複雑化していった。すなわち、一方では近代的資本家（いわゆる近代ブルジョワジー）が登場し、他方では産業革命の担い手として大量の工場労働者が登場したが、両者の利害は鋭く対立するようになった。また産業革命の進行は多様な産業・業種を誕生させ、互いの利害の対立を引き起こすこととなった。こうした中で特定の利害関係を共有する者たちが集まり、いわば自前の団体を組織することで、自らの利益・権利を守ろうとした。たとえば労働者は労働組合を結成し、経営者側に自らの要求を突きつけ、経営者側は経済団体を結成することで利益を保とうとした。しかも、こうした団体は政党や議員などに働きかけ、あるいは特定政党を支持するなどの政治活動を展開することによって自らの利益確保を狙ったのである。政党の勢力拡大と圧力団体の政治活動には密接な関連性が見られるようになり、たとえば20世紀前半のイギリスにおいて労働党が党勢を拡大した背景には、イギリスの労働運動の活発化と、組合による労働党支持の拡大が見られたのである。以上のような変化こそが、さまざまな団体が圧力団体として活動を始めた背景を成していた。

　なお、圧力団体がいわゆる民主国家において出現し、活動を活発化させていったということは偶然ではない。圧力団体にとって何よりも重要なのは、社会の中で結社や言論や思想の自由が認められることである。独裁国家や全体主義国家においては、圧力団体の自由な活動などあり得ないし、そうした団体の結成が政府によって認められない場合が多い。圧力団体の出現と発展は、民主国家の発展と成熟に密接に関連している。

2 圧力団体の類型① 「部門団体」

A 部門団体とは何か

　圧力団体にはどのようなものがあるのか。ここでは3種類に分類して説明していく。圧力団体の第1の類型は部門団体、あるいはセクター団体、職能団体と呼ばれる団体であり、メンバーの利益や要求を達成するために働きかけを行なう。その利益や要望は基本的には部分的・私的であり、また経済的要求であることが多い。この類型には経済団体、業界団体、労働団体、農業団体、専門家団体などが含まれる。

B 経済団体

　経済団体とは財界団体とも呼ばれ、企業を超えて経営側によって結成された団体である。たとえば「経団連」（日本経済団体連合会）はわが国を代表する経済団体であり、頂上団体である。「経団連」はもともと、「旧経団連」（経済団体連合体）と「日経連」（日本経営者団体連盟）が統合されて2002年に発足した。「旧経団連」はわが国の戦後復興と高度経済成長を支えてきた重厚長大産業を中心とした経済団体の頂上団体であって、「日経連」は労働者側との交渉に際して経営側が窓口としてきた団体であった。現在の「経団連」は、わが国の主要企業（たとえば、トヨタ、新日鉄、ソニーなど）の多くを会員として抱えている。また「旧経団連」時代からその会長職は「財界の総理」あるいは「影の総理」とも呼ばれ、政界、とりわけ自民党政権に絶大な影響力を及ぼし、政局すら左右してきたといわれる。この他の経済団体として、「日商」（日本商工会議所）、経済同友会が挙げられる。

C 業界団体

　業界団体とは業種ごと（たとえば建設業や自動車産業など）に結成される団体であり、個別の業種の利益を守るために政党や議員に働きかけることで圧力団体として機能する。わが国の例では、日本鉄鋼連盟、全国銀行協会連合、日本自動車工業会などが挙げられ、いずれも経団連の中核を成す存在でもある。一部の団体は、特定の政党や特定の議員・候補者を支持し、選

挙の際には集票マシーンとなることで、政治的影響力を行使してきた。

D 労働団体

　労働団体とは、労働者側の権利と利益を守る、いわゆる労働組合である。労働組合には業種ごとの産業別労働組合（たとえば全日本自動車産業労働組合総連合会）があり、あるいは企業ごと、工場ごとの組合もある。わが国の代表例の「連合」（日本労働組合総連合会）は、1987 年に約 539 万人の労働者を結集して組織され、当初は「欧米なみの賃金から欧米なみの生活へ」という運動方針が掲げられていた。1988 年、総評（日本労働組合総評議会）の解散によって、「連合」は日本最大の労働団体となった。2017 年時点で組合員約 686 万人を抱える。その組織の巨大さから、民主党や社会民主党の有力支持母体として知られ、大きな政治的影響力をふるってきた。

E 農業団体

　農業団体とは農業・農家の発展・振興を目的とした団体である。わが国の代表例はいわゆる「農協」（農業協同組合）である。「農協」は 1947 年に農業協同組合法によって設立され、全国組織としては「全国農業協同組合中央会」がある。この他、林業団体としては「全国森林組合連合会」、漁業団体としては「全国漁業協同組合連合会」がある。こうした団体は保守系の政党や議員を伝統的に支持することで、保守系政党にとっての大きな票田を提供し、政治的影響力を行使してきたのである。

F 専門家団体

　専門家団体とは、医師、弁護士といった専門能力を持つメンバーによって構成される団体であり、メンバーの利益・権利を守るためだけではなく、専門知識に基づき政治的な働きかけを行なう団体を指す。わが国の代表例として、1948 年に設立された「日本医師会」がある。「日本医師会」には開業医・勤務医ともにメンバーとして含まれる。実際の会員は約 16 万 8,000 人であり、全医師の 6 割程度を組織しているといわれる。医師会の政治活動のために「日本医師連盟」という別組織が結成され、長年、医療政策の分野で大きな影響力を及ぼし続けてきた。

3　圧力団体の類型②　「促進団体」と「潜在的団体」

A　促進団体とは何か

　第1類型の部門団体とは私的利益を追求する団体であるが、第2類型の圧力団体は促進団体、あるいは価値推進団体、大義名分団体と呼ばれ、何らかの主義主張、あるいは理念や理想を主張し追求する点で共通する。こうした圧力団体は利益追求が目的ではなく、あえて言えば「公共の利益」を追求する団体といえる。なお第2類型の促進団体には、環境保護団体、人権団体、開発援助（国際協力）団体、平和運動（あるいは核兵器廃絶運動）団体、その他のさまざまな市民団体が含まれる。

B　環境保護団体

　環境保護団体とは、環境破壊の告発や抗議、あるいは自然保護の活動を行なう団体であり、近年の温暖化問題の深刻化に伴い、質量ともに急増しつつある種類の団体である。組織の規模は大小さまざまであり、団体の性格も多様である。荒廃した山に気長な植林活動を行なう団体がある一方、過激な行動（たとえばシーシェパード事件）で批判を受ける団体も存在する。たとえば環境保護団体の「グリーンピース」（Greenpeace）はもともと過激な核実験反対運動の団体であったが、現在は独自の科学研究部門による研究・調査に基づく環境政策の提言も行なっている。しかし依然として過激な行動のため、しばしば国内法に抵触し、批判を受けることもある。

　より穏健な環境保護団体として、1961年に結成された「世界自然保護基金」（WWF = World Wide Fund for Nature）がある。この団体は自然保護の資金を集めるために設立され、1986年に現在の名称となった。各国に事務局が置かれ、事務局同士が国際的なネットワークを形成している。

C　人権団体

　人権団体とは人権擁護を主張し、あるいは人権侵害の実態を訴える団体である。その例として世界的な人権擁護団体「アムネスティ・インターナショナル」（Amnesty International）が挙げられる。1961年にロンドンで設立

されて、現在 120 カ国に支部を持つ組織となっている。主な活動内容は、さまざまな人権侵害の実態を明らかにし、思想・良心・信教の自由を侵害されている人々、いわゆる「良心の囚人」の恩赦や救済を求めて、関係国政府や国際機関に働きかけていくことである。

D　その他の促進団体

この他の促進団体の例として、消費者問題を扱う「日本消費者連盟」、あるいは反核・平和運動を行なう「原水爆禁止日本協議会」「原水爆禁止日本国民会議」、あるいは福祉団体として、「全国社会福祉協議会」、戦没者の遺族を組織した「日本遺族会」、などが挙げられる。

E　潜在的（圧力）団体

圧力団体の第3類型として潜在的団体がある。潜在的団体はさらに2種類に分けられる。第1の潜在的団体とは、そもそも何らかの常設の団体すら存在しない中で、必要に応じて急遽、圧力団体が結成されて圧力行動が行なわれる場合を指す。たとえば、住宅街の近くにゴミ焼却場の建設案が発表されて、それに反対した地元住民が反対運動のために組織するのが潜在的団体である。しかし、計画が白紙撤回され、メンバーの所期の目的が達成された後、団体は解散される。第2の潜在的団体とは、もともと何らかの団体が存在するが、日常的に圧力活動が行なわれるわけではなく、必要に応じて圧力団体と化す場合を指す。この場合、目的を達成すると、圧力活動とは無関係の元の団体にもどる。

F　圧力団体の類型のまとめ

圧力団体の類型をまとめると、第1類型の部門団体は私的利益を追求し、第2類型の促進団体は公益あるいは理念を追求する点で違いがある。また第1類型と第2類型が常設の組織を持ち、日常的な圧力活動を展開するのに対して、第3類型の潜在的団体は、何らかの常設の団体すら持たない場合、あるいは常設の団体は存在するが、日常的な圧力活動を行なっているわけではなく、必要に応じて一時的に圧力活動が行なわれるという特徴を持つ点で、第1や第2の類型とは区別される。

4 圧力団体の機能

A 利益表出機能

　圧力団体の活動を考える上で、政治過程の中でどのような政治的機能を果たしているかが重要である。圧力団体の第1の機能は「利益表出機能」であり、圧力団体の中心的機能である。圧力団体はまずメンバーがどのような利害関係や要望を政治に対して持っているかについての声や意見を集約し、それらの利益や要望の実現を求めて政党・議員・行政機構に対して働きかけていく。こうして自らの利益を具体的な形で表面化させ、政治的決定に反映させていくのが「利益表出機能」である。ここでの利益や要望は、圧力団体の類型によって異なる。第1類型の部門団体の場合、表出される利益はきわめて部分的である。しかし第2類型の促進団体の場合、表出される利益は部分的というよりは普遍的であり、万人にとって有用である。なぜならば、そもそも何らかの利益や要望を追求し達成するためにこそ、圧力団体は政治的働きかけという活動を行なっているからである。なお政党の「利益集約機能」は「利益表出機能」と似ているが、「利益集約機能」には要望の具体化・政策化が含まれる点で異なる。

B 代表制補完機能

　利益表出機能は、あくまでも圧力団体が自らのために行なう機能であるが、結果的には政党や議員による地域代表原理を補完する働きを行なう。この補完機能が圧力団体の第2機能である「代表制補完機能」である。代表制とは地域代表制とも言われ、国民代表・地域代表たる議員と政党が、国民側のさまざまな声や要望を集めて、国民の代理として政治的決定を下していくことを指す。しかし、現代の複雑化した社会・経済においては、政党や議員だけでは国民の声や要望を集められなくなった。つまり代表制は限界にきているのである。そこで従来の代表制によって取り上げられることのなかった声・要望を、圧力団体が代わりに取り上げ、政治的に働きかけるというのが「代表制補完機能」である。いわば代表制を部分的に圧力団体が代行し、補完するという機能である。こうした機能によって議会

制民主主義が充実し、安定すると評価されることがある。しかし圧力団体の活動は、あくまで自己の利益や目的の追求と実現であって、補完機能は意識的に行なわれているのではない。

C　公共政策の形成と実施の機能

　第3機能は、公共政策の形成と実施の機能である。現代の国家は行政国家と化しており、政府は社会のさまざまな領域に関与し介入を行なう。こうした中で、圧力団体は政府との結びつきの強化を目指すようになっている。政府側も政策の実効性を高めるため、政策の立案や形成の過程において、さまざまな団体の参加と協力を求める。この参加と協力は政策の実施段階においても求められ、圧力団体は政策の形成と実施の両面の機能を果たすことになる。たとえば1970年代以降、いくつかの先進国では、一部の圧力団体が政策決定過程の中に重要メンバーとして参加し始めて、政府と協力しながら自らの利益を実現しようとするようになった。こうした姿はネオ・コーポラティズムと呼ばれ、圧力団体が政策の形成と実施の機能を担うとされる。なおこの機能は、従来は圧力団体の第1類型の部門団体が当てはまった。しかし近年、第2類型の促進団体も政策決定過程への参加を志向するようになってきた。

D　情報提供機能

　第4機能は圧力団体による「情報提供機能」である。圧力団体が自らの利害が関係する政策分野において、政策の立案や決定の際に、政府などに対して自らの持つ専門的知識や情報を提供する機能を指す。こうした情報提供は、現場の実情に即した政策を立案することが可能となるため、情報提供側の圧力団体と政策立案側の双方にとって有益となる。たとえば医療行政の分野では、医師会からの情報提供は行政側にとって有益かつ必要不可欠である。こうした分野では、圧力団体からの情報提供なくして政策の立案は不可能となっている。ただしこの機能では圧力団体側が自らに有利な情報だけ提供する可能性があり、また情報提供を通じて間接的とはいえ圧力団体によって政策の立案が左右される可能性もある。つまり情報提供を通じて圧力団体が政策の立案を操作する危険性がある。

5 圧力団体の影響力

A 影響力行使の3要素

　圧力団体が政治過程においてどのような影響力を行使できるかは、それ
ぞれの団体が持つ資源、行政府との距離関係、さらに圧力団体が駆使する
戦術の3つの要素にかかっている。

B 圧力団体の資源（要素1）

　圧力団体が持つ資源とは、圧力団体の力の源あるいは力の元手とも言え
るものであり、具体的には圧力団体の規模、資金、その団体の地位、圧力
団体間のネットワークの有無である。圧力団体の規模の大きさとは、その
圧力団体の社会的影響力の大きさでもある。団体が大きいほど、その発言
力は一般的には大きいと考えられ、政治過程への影響力も大きくなる。ま
た資源としての資金とは、それぞれの圧力団体が圧力活動の際に使うこと
のできる資金力を指す。圧力活動においては、政党などへの政治献金、あ
るいは広報活動のために資金が必要となり、その点で資金力の大きさは影
響力の大きさへと直結する。団体の地位とは、特定の団体が業界や特定分
野の中で占める位置づけを表す。また圧力団体間のネットワークの有無は、
圧力団体間の協力関係が形成できるか、あるいは情報を集められるかとい
った圧力活動の成否に関わる点である。密接なネットワークの存在は、圧
力活動を効果的に進めるための資源となる。

C 圧力団体の資源の具体例

　たとえば経団連の場合、その巨大な規模から大きな資金力を有し、長年、
自由民主党へ政治資金を提供してきた。また経済団体の頂上団体としての
地位を持ち、その会長は「財界の総理」と呼ばれる存在であった。多くの
業界団体ともネットワークを構築してきた。こうした資源を元手として、
経団連は自民党に代表される保守系政党、あるいは行政府へ影響力を行使
してきた。また連合のような労働団体は、一般には集票力を主な資源とす
ることで、中道左派政党などを支援し、政治的影響力を確保してきた。連

合は労働団体の頂上団体という地位、また多様な労働組合とのネットワークといった点でも大きな資源を手にしている。

D 行政府との距離関係 (要素2)

行政府との距離関係とは、政策の形成過程に直接関わる「インサイダー（内部集団）」なのか、あるいはそうではない「アウトサイダー（外部集団）」なのかという点である。「インサイダー」であれば大きな影響力が行使できるし、「アウトサイダー」であれば影響力の行使はあまり望めない。

E 圧力活動の戦術 (要素3)

圧力団体によってどのような活動の戦術が使われるのかは、影響力行使の成否に関わる。しばしば使われるのが、議会や行政機構への直接的働きかけ、とりわけ議員・官僚個人への働きかけである。政策決定過程の中枢に近い議員・官僚であればあるほど、働きかけは効果的となる。そのような議員・官僚に近づけるかどうかはそれぞれの団体の資源次第となる。なお議会や議員へ働きかけることを立法ロビイング、官僚や行政機構へ働きかけることを行政ロビイングと呼ぶ場合もある。

また代理人やロビイストを使う手法もある。ロビイストは弁護士や元議員など政界と太いパイプを持つ者がなることが多く、法案の作成や政策の決定過程などで絶大な影響力を行使する。たとえば、元国務長官のキッシンジャー（Kissinger, H.）が著名である。

また特定の政党・議員を選挙の際に支持し、政治資金を提供する手法もしばしばとられる。圧力団体の中には、選挙の際に自らの候補者を擁立する場合もある。日本医師会や連合がかつてそうした戦術を用いた。さらに政府の審議会や委員会に加わることも、効果的な手法となる。

この他にも、政策決定者に直接働きかけるのではなく、世論に広く訴えかけて政府を動かす活動が行なわれることがある。これはグラスルーツ・ロビイングと呼ばれることがある。たとえば、マスメディアに情報を提供する方法、あるいは団体が自ら情報を公開する方法、デモ・抗議運動などによって世論の注意喚起を促す方法などである。

6　NGO・NPO

A　はじめに

　現代社会においては NGO・NPO の存在と活動が重要となっている。NGO と NPO は、特定の活動分野で行動するなかで、必要に応じて政党・議員・行政機構へ圧力活動を行なう。その場合、その多くが促進団体として公益性の高い主張と要望を掲げ、政治的な働きかけを行なう。そのため現代政治の理解には、こうした団体の活動も考慮に入れる必要がある。

B　NGO とは何か

　NGO とは非政府組織（non-governmental organization）という意味である。広義の意味では、環境団体や人権団体の他にも、反政府組織やテロ集団も NGO に含まれるが、現在では、民間組織、非営利活動組織、公共目的の組織という意味で使われる。また近年、NGO とほぼ同じ意味で CSO（civil society organization＝市民社会組織）という用語が使われ、国連やヨーロッパ諸国では一般的になりつつある。なお、わが国では NGO はより厳密に「開発途上国において国際協力活動をしているプロフェッショナル団体」と定義されるが（国際協力 NGO センター［JANIC］の定義）、公共目的の非営利性、そして民間団体であることが NGO の要件といえる。

C　NGO の活動

　NGO の活動領域は、国際開発援助、医療援助、軍縮、平和運動、環境問題、人権問題など多岐にわたる。わが国では、国際協力 NGO として「難民を助ける会」「ピースウィンズ・ジャパン」などがあり、2000 年には、これらを支援するために「ジャパン・プラネットフォーム（JPF）」が設立された。JPF は緊急援助活動の支援を目的として、政府・財界の協力の下に設立され、援助に必要な資金・物資・情報を加盟 NGO に提供する。

D　開発 NGO「オックスファム」の事例

　たとえば「オックスファム」（Oxfam）は、1942 年、イギリスで、貧困と

不正を根絶する目的で設立された開発援助 NGO の草分け的存在である。その活動内容は、第1に物資などの緊急援助、第2に途上国などの市民のために仕事を創り出すこと、第3に政府や国際機関に対してさまざまな働きかけを行ない、政策決定に影響を及ぼすことである。

E NPO とは何か

NPO とは非営利組織（non-profit organization）という意味であり、営利を目的としない市民の組織を指す。NPO は NGO とほぼ同義であり、実際には厳密な区別はない。わが国では、1998 年に特定非営利活動促進法（いわゆる NPO 法）が施行され、この法律に基づき都道府県あるいは内閣府によって認証される団体が特定非営利活動法人（NPO 法人）として認められることになった。NPO 法人の活動領域は、医療福祉、環境保護、国際開発協力など多岐にわたり、2009 年の時点で約 3 万 8,000 法人が存在する。また一定の要件を備えると、国税庁長官から認定を受けた認定 NPO となり、税制上の優遇措置を受けられる。

F NGO と NPO の活動

NGO と NPO は、必要に応じて政治的働きかけを行なうことで目的達成を試み、その際には圧力団体と化す。この場合、NGO と NPO は基本的には非営利団体であるから、促進団体として行動する。その多くは中小の規模であり、アムネスティ・インターナショナルやオックスファムのような大規模組織は例外である。しかし NGO と NPO の多くは横のネットワークを張り巡らしており、政治的働きかけを行なう際の貴重な資源となっている。そのため、実際の政治的働きかけにおいては、こうしたネットワークを駆使して議員や議会への働きかけ（立法ロビイング）、行政機構への働きかけ（行政ロビイング）が展開される。しかしそうした活動以上に力が入れられるのが、メディアなどを通して世論に訴えかける活動（グラスルーツ・ロビイング）である。NGO と NPO が世論に直接アピールを行ない、世論自体に注意喚起を促して、議会や政府を動かす原動力とする。NGO と NPO の多くが政治過程の中枢から距離があるだけに、グラスルーツ・ロビイングは両者にとって有用な手法でもあり、また両者によって多用される手法でもある。

7 圧力団体の評価と批判

A 多元的民主主義論による評価

　圧力団体は多元的民主主義論において当初、肯定的に評価されてきた。ベントレー（Bentley, A. F.）は、政治とは共通の利害を持つ団体が互いに利害関係の対立を繰り広げ、そして調整を図る過程と捉えた。この説では、圧力団体による政治的働きかけは政治過程の中心に据えられている。またトルーマンは、さまざまな団体は互いに利害の対立に陥るが、その対立は破滅的なものとはならないと説く。人々はたいていさまざまな団体に加入しており、そうした重層的な加入のために、それぞれの団体が自らの利害を自由に主張しても、利害対立は調整されて一定の均衡が保たれると考えた。

B リースマンの「拒否権行使集団」説

　リースマン（Riesman, D.）は、条件付きながら圧力団体に肯定的な評価を下した。彼は、圧力団体の中でも、特定の政策分野において強力な影響力を及ぼし、その団体が認めない限り政策決定ができないような団体を「拒否権行使集団」と呼んだ。こうした団体は社会に過剰な影響力を持つおそれがあるが、政治権力の構造は分散的かつ多元的なものとなり、その存在は多元的民主主義に役立つと論じた。

C 少数の優位（圧力団体への批判1）

　しかし圧力団体に関して批判もある。第1の批判は、圧力団体による圧力政治は少数の優位に陥るという点である。圧力団体に加入している人々は国民全体の中で少数にすぎない。その中で強力な圧力団体に加わり、自らの目的を果たせる人々はさらに少数となる。圧力団体が一部の人々の目的達成手段と化して、少数の人々が多数の人々を圧倒して自らの利益を守ることになる。これを少数の優位という。この点についてローウィ（Lowi, T. J.）は、実際の政治過程の中では、強力な圧力団体の利益だけが政治に反映される過剰代表の問題が生じると指摘した。こうした状況をローウィは

「利益集団自由主義」として批判した。

D　集団エゴイズム（圧力団体への批判 2）

　第 2 の批判は、圧力団体による集団エゴイズムの問題である。圧力団体は、団体自身あるいはそのメンバーの利益を守るために行動する。その場合、他の団体の利益や要求はあまり考慮されない。この傾向はとりわけ圧力団体の第 1 類型である部門団体に多く見られるが、第 2 類型の促進団体にもしばしば見られる。たとえば一部の環境保護団体は、過激な主張に基づき、過激な手段（しばしば非合法的手段）を用いて活動する。その際、自らに向けられる批判的な言動は無視することがある。

E　圧力団体の権力行使（圧力団体への批判 3）

　第 3 の批判は、圧力団体が権力行使に深く関与している点である。圧力団体はいわば私的団体であるにもかかわらず、さまざまな形で政府と結びつき、国民への責任は負わずに権力の行使に関与するという批判である。一方、圧力団体は自己の利益と目的のためには政府すら動かしかねない存在になりつつある。政界や官界や業界が利害関係を一致させて一体化する、いわゆる「鉄の三角形」の問題である。第 1 類型の部門団体の場合、ほぼ完全な私的利益の追求となり、問題は深刻である。

F　社会エリートの独占（圧力団体への批判 4）

　第 4 の批判は、圧力団体が一部の者に独占されている点である。圧力団体には国民側の政治参加の手段という面があるものの、実際には社会エリートに独占される傾向が強い。社会エリートとは、教育や所得の水準が高く、かつ高い社会的地位にある人々のことである。現実にはこうした社会エリートがしばしば圧力団体の中枢となることが多く、対照的に大多数の国民はそうした活動と無縁であることが多い。こうして圧力団体は一部の人々の独占物になっていると批判されている。

　いずれにせよ、現代社会は何らかの団体なしには成立せず、われわれもまたそうした団体に何らかの形で関わっている。圧力団体による政治的働きかけは、われわれの身の回りの日常的な政治現象でもある。

知識を確認しよう

. . . .

【問題】 圧力団体の機能について述べた以下の文の中から適切なものを一つ選択せよ。

(1) 圧力団体の中で特定の主義主張に基づき、理念や理想を主張しつつも、私的な利益を追求するのが促進団体である。

(2) 圧力団体の活動には政党や議員の活動を補完する機能があり、この機能を代表制補完機能という。現代社会の複雑な利害関係の中で圧力団体が果たしている政治的な機能である。

(3) 一部の圧力団体は近年、政府との関係を緊密にしつつあり、この関係をネオ・コーポラティズムという。ただし政策決定過程の中枢への参加が認められることはない。

(4) 圧力団体の代表制補完機能は、あくまでも圧力団体の利益達成のためであって、議会制民主主義にとって完全に有害である。

(5) 圧力団体は政策が立案され、または法律が制定された後、関係する分野において政府へ情報を提供することがある。これが圧力団体の情報提供機能である。

解答

(1) × 促進団体が追求するのはあくまで公の利益に関わる事柄。

(2) ○

(3) × ネオ・コーポラティズムとは、圧力団体が政策決定過程の中枢に重要メンバーとして参加するようになり、政府と協力して自らの利益を実現しようとすることを指す。

(4) × 政党や議員が拾い上げない声や要望を取り上げられるため、部分的に議会制民主主義の充実と安定に役立つこともあると評価される。

(5) × 情報の提供は、まさに政策の立案中、あるいは法案の作成中から始まる。つまり情報の提供によって、政策と法案の中身を左右することがあり得る。

第10章 インターネットと政治

本章のポイント

　本章ではインターネットと政治の関わりについてさまざまな視点から検討する。具体的には、インターネットがどのように誕生したのか、日本のIT政策はいかに変化してきたのか、インターネット上にあるサイバー空間ではどのような問題が起こっているのか、インターネットを利用した選挙はいかなるものであるのか等について取り扱う。

1. インターネットの誕生経緯や、日本における利用実態を確認する。
2. 日本のIT政策がどのように行われてきたのかを振り返る。
3. 日本のIT政策が近年どのように展開されているのかを整理する。
4. サイバー空間上の安全保障にはどのような問題があるのかを検討する。
5. ソーシャルメディアと政治との関わりについて検討する。
6. インターネット選挙とはどのようなものなのかを概観する。
7. インターネットが政治参加にどのような影響を及ぼすのかを検討する。

1 インターネットと政治の関わり

A インターネットの誕生と発展

インターネットは、1950年代後半から60年代前半の国際情勢の変化を背景として誕生した。当時のアメリカでは、ソ連による核攻撃への懸念から、核戦争に耐えられるネットワークの構築が目指されていた。

インターネットの開発はアメリカ国防総省高等研究計画局（ARPA、現在のDARPA）からの援助によって行われたことから、ARPANET計画と呼ばれた。ARPANETは、アメリカ西海岸のスタンフォード大学、カリフォルニア大学ロサンゼルス校、東海岸のマサチューセッツ工科大学、ハーバード大学が接続されるかたちで開始され、1990年まで運用されていた。インターネットは軍事的理由から開発されたが、その後は全米科学財団（NSF）などの支援を受け、研究者を中心として発展していくことになった。

1980年代以降、特に1995年にマイクロソフト社からウインドウズ95が発売されると、インターネットは急速に普及し、現在では約34億人以上もの人々が利用している。

B インターネットが政治に与える影響

インターネットの普及によって、政治家はホームページ等で情報を一方的に発信するだけでなく、有権者と直接コミュニケーションを取ることも可能になった。これは選挙以外の方法で、有権者の意思を政治家に伝えることが容易になったことを示している。

その他、インターネットは、政府の保有している行政情報あるいは議会の立法情報等を公開することで、国民に対する政治の公開性・透明性を高める手段としても利用されている。国際的な観点では、インターネットをはじめとした情報通信技術（ICT: Information and Communication Technology）を積極的に活用することで、議会の機能や活動の拡充、強化を目的とした電子議会への注目も高まっている。たとえば、ブラジルにおいては電子民主主義ウェブサイトを通じて国民が立法過程に参加できるなど、インターネットは政治を新たな段階へと変化させているといえる。

C 日本におけるインターネット利用の実態

『平成 29 年版情報通信白書』によれば、2016 年末時点でインターネットの人口普及率は 83.5% にのぼる。そのうちパソコンによる利用者は 58.6%、スマートフォンによる利用者は 57.9% となっている。

2016 年の情報通信機器の普及状況をみると、携帯電話・PHS およびパソコンの世帯普及率は、それぞれ 94.7%、73.0% となっている。また携帯電話のうちスマートフォンの世帯保有率は 71.8% にものぼる。年齢別の利用率をみても、6 歳から 64 歳までの各世代でインターネットの利用率が 80% を超えるなど、インターネットは生活に浸透しているといえる。

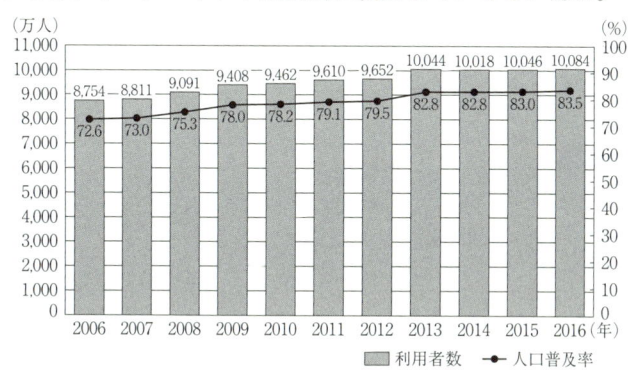

総務省『平成 29 年版情報通信白書』2017, p.282, 図表 6-2-1-3.

図 10-1　インターネット利用者数及び人口普及率の推移

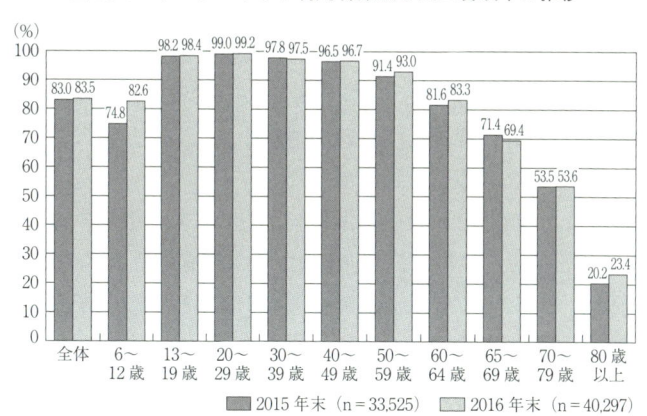

総務省『平成 29 年版情報通信白書』2017, p.283, 図表 6-2-1-5.

図 10-2　年齢階層別インターネット利用率

2 日本のIT政策の歴史

A 情報政策

日本における情報（IT：Information Technology）政策は、通産省と郵政省によって担われてきたといわれる。1957年には電子工業振興臨時措置法が制定され、コンピュータ産業の育成が図られている。一方、通信政策を所管する郵政省においては、1970年代のコンピュータのネットワーク化を受けて、データ通信の需要の増加を背景に、積極的な関与を行っていくようになった。本節と次節では、IT基本法の成立以降に策定された、日本のIT戦略の変容を確認する。

B IT基本法

1994年、諸外国におけるIT政策の重要性の高まりや、情報化の進行を背景とし、日本政府は内閣総理大臣を本部長とする「高度情報通信社会推進本部」を内閣に設置した。翌1995年には、「高度情報通信社会に向けた基本方針」を決定している。

2000年7月には高度情報通信社会推進本部を廃止し、「情報通信技術（IT）戦略本部」と民間の有識者で構成される「IT戦略会議」が設置され、11月に高度情報通信ネットワーク社会形成基本法（IT基本法）が成立している。IT基本法は世界最高水準の高度情報通信ネットワークの形成を目的とし、IT政策の基本方針として、「教育及び学習の振興並びに人材の育成」、「電子商取引等の促進」、「行政の情報化」、「公共分野における情報通信技術の活用」など9項目を掲げていた。

IT基本法によってIT政策の推進体制が定められ、推進組織として内閣総理大臣を本部長とし、すべての国務大臣および有識者を本部員とする「高度情報通信ネットワーク社会推進戦略本部（IT戦略本部）」が設置され、政府が重点的に講ずべき施策等、重点計画を策定することが定められた。

C e-Japan戦略とe-Japan戦略Ⅱ

2001年1月、IT戦略本部によってITに関する国家戦略「e-Japan戦略」

は決定された。e-Japan 戦略は「超高速インターネット網の整備とインターネット常時接続の早期実現、電子商取引ルールの整備、電子政府の実現、新時代に向けた人材育成等を通じて、市場原理に基づき民間が最大限に活力を発揮できる環境を整備し、我が国が 5 年以内に世界最先端の IT 国家となること」を目標とした。2002 年には、高速インターネット、超高速インターネットの普及といった利用可能環境整備の目標が達成されている。しかし、電子行政の推進に関しては、2003 年度末には行政への申請、届け出等の 97% がオンライン化されているものの、「政府の施策が有効に働いたとはいえない」、「個人の生活向上につながっていない」という評価もあり、利活用を軸として再検討が行われていた。

　2003 年 7 月に IT 戦略本部で決定された「e-Japan 戦略Ⅱ」は、「IT の利活用により元気・安心・感動・便利な社会を目指す」ことを基本理念とし、構造改革を行うことで「新たな産業や市場を創り出す新価値創造」が重要視されていた。

　e-Japan 戦略Ⅱでは、すでに構築された IT 基盤を活かして医療、食、生活、中小企業金融、知、就労・労働、行政サービスの 7 分野における取組が提案されている。さらに、情報セキュリティ対策と国際戦略が追加されるなど、新たな IT 社会の基盤づくりにも関心が向けられていた。

表 10-1　e-Japan 戦略と e-Japan 戦略Ⅱの概要

戦略名	e-Japan 戦略	e-Japan 戦略Ⅱ
公表年月	2001 年 1 月	2003 年 7 月
目標年	2005 年	2005 年
目標	5 年以内に世界最先端の IT 国家となること	IT の利用による、「元気・安心・感動・便利」社会の実現を目指して
重点分野	①超高速ネットワークインフラ整備及び競争政策 ②電子商取引と新たな環境整備 ③電子政府の実現 ④人材育成の強化	先導 7 分野 ①医療、②食、③生活、④中小企業金融、⑤知、⑥就労・労働、⑦行政サービス 新しい IT 社会基盤 ①次世代情報通信基盤、②安全、安心な利用環境、③研究開発、④IT 人材学習振興、⑤国際関係

神足祐太郎「日本における情報政策の展開」2015, p. 118, 表 2 をもとに作成

3 日本の IT 政策の現在

A IT 新改革戦略と i-Japan 戦略 2015

e-Japan 戦略および e-Japan 戦略Ⅱで目標期限とされていた 2006 年 1 月、IT 戦略本部は新たに「IT 新改革戦略」を決定した。同戦略は「電子政府・電子自治体」「教育・人材」「医療」の 3 つの分野において人的資源、推進体制、財政等の課題が残されており、国民の喫緊の課題として「安全保障」「環境」「防災」「移動・交通」といった分野でも対応が不十分であったという反省を活かし、ユビキタスネットワークの実現を目標の一つとしていた。内容としては課題解決、基盤整備、国際貢献という 3 つの群と、15 分野にわたる細目が掲げられた。さらに、経済財政諮問会議等との連携や、IT による医療の構造改革や行政の効率化など、当時の小泉首相の方針が反映されていた。

2009 年 7 月には「i-Japan 戦略 2015」が策定された。同戦略は技術革新による IT 環境の変化や、リーマン・ショックをはじめとする経済危機への対応として、ICT に着目した政策が諸外国で検討されていること等を踏まえて、2015 年に向けた中長期的戦略の必要性から策定されたものである。

IT 新改革戦略のフォローアップである i-Japan 戦略 2015 では、三大重点プロジェクトとして「電子政府・電子自治体」、「教育・人材」、「医療」が引き続き挙げられ、「産業・地域の活性化及び新産業」、「あらゆる分野の発展を支えるデジタル基盤の整備」が加えられた。しかし、i-Japan 戦略 2015 決定直後に行われた衆議院総選挙の結果、民主党を中心とした政権が誕生したことで、新たな戦略が策定されることとなった。

B 新たな情報通信技術戦略

民主党政権発足後、経済産業省の「情報経済革新戦略」や民主党議員連盟が作成した「情報通信八策」など IT 関連の戦略は複数存在していた。とりわけ、総務省は 2009 年 12 月に「原口ビジョン」を公表し、2010 年 4 月には改訂版として「新たな成長戦略—原口ビジョンⅡ—」を公表した。

これらを統合するものとして、2010 年 5 月に「新たな情報通信技術戦略」

が決定された。戦略は「国民本位の電子行政の実現」、「地域の絆の再生」、「新市場の創出と国際展開」という 3 つの柱から成り立っていた。

C　世界最先端 IT 国家創造宣言

　2013 年 3 月、IT 戦略本部は IT 総合戦略本部へと呼称が変更された。6 月には、第二次安倍晋三内閣によって「世界最先端 IT 国家創造宣言」が策定されている。従来の IT 政策が IT 総合戦略本部の決定であったのに対し、宣言は閣議決定がなされ、IT 基本法上の重点計画とされている点に特徴がみられる。宣言は世界最高水準の IT 利用社会の実現と、成果の国際展開を目標に、「革新的な新産業・新サービスの創出及び全産業の成長を促進する社会」、「健康で安心して快適に生活できる世界一安全で災害に強い社会」、「公共サービスがワンストップで誰でもどこでもいつでも受けられる社会」、を目指すべき社会像として示した。なお、東京オリンピック・パラリンピックの招致決定を受けて 2014 年 6 月に改訂が行われ、さらに一定の成果をあげたことを受け 2016 年 5 月に再改定が行われている。

表 10-2　e-Japan 戦略以降の日本政府の IT 戦略の概要

戦略名	IT 新改革戦略	i-japn 戦略 2015	新たな情報通信技術戦略	世界最先端 IT 国家創造宣言
公表年月	2010 年 1 月	2009 年 7 月	2010 年 5 月	2013 年 6 月（2014 年 6 月改訂、2016 年 5 月再改訂）
目標年	2010 年	2015 年	全体的な目標期日なし	2020 年
目標	いつでも、どこでも、誰でも IT の恩恵を実感できる社会の実現	国民主役の「デジタル安心・活力社会」の実現を目指して	新たな国民主権の確立	「閉塞を打破し再生する日本へ」「世界最高水準の IT 利用社会の実現」
重点分野	①医療、②環境、③ IT による安全・安心な社会、④ ITS（高度道路交通システム）、⑤電子行政、⑥ IT 経営、⑦豊かな生活（課題解決群）、⑧ユニバーサルデザイン社会、⑨インフラ、⑩安心できる IT 社会、⑪高度 IT 人材、⑫人的基盤づくり、⑬研究開発（ユビキタスネットワーク基盤整備群）、⑭国際競争力、⑮国際貢献（国際貢献群）	3 大重点プロジェクト ①電子政府・電子自治体 ②医療 ③教育・人材 産業・地域の活性化及び新産業、デジタル基盤の整備	①国民本位の電子行政の実現 ②地域の絆の再生 ③新市場の創出と国際展開	①革新的な新産業・新サービスの創出及び全産業の成長を促進する社会 ②健康で安心して快適に生活できる世界一安全で災害に強い社会 ③公共サービスがワンストップで誰でもどこでもいつでも受けられる社会

神足祐太郎「日本における情報政策の展開」2015, p. 118.　表 2 をもとに作成

4 サイバー空間における安全保障

A サイバー空間に関する国際的動向

　情報セキュリティ政策会議によれば、サイバー空間とは「情報通信技術（ICT）を用いて多種多様な情報が流通されるインターネットを初めとした仮想的なグローバル空間」とされる。情報通信技術の発達と普及は、われわれの生活を豊かにする一方で、サイバー攻撃の複雑化等によって、現実社会に対する脅威となりつつある。2007年のエストニアにおける金融機関等へのネットワークに対するサイバー攻撃や、2013年の韓国で発生した大規模なサイバー攻撃等は国際社会へも影響を与えており、サイバー空間を経由した攻撃は、一国内の問題ではなくなりつつある。国境を越えて拡大し続けるサイバー空間に対する脅威に対して、いかに国際的な枠組みで対抗していくのかが課題となっている。

　主要国においては、サイバーセキュリティをめぐる国際連携に関する取組方針について、各々の戦略構想にて公表している。たとえば、2011年には、アメリカ、イギリス、フランス、ドイツ、韓国がサイバーセキュリティに関する戦略文書を公表しており、2013年にはEUも戦略を公表している。

　サイバー空間のガバナンスに関しては、国際連合の「政府専門家会合（GGE）」において議論が行われている。国連以外にも、「世界情報社会サミット（WSIS）」などで議論が行われており、国際社会におけるサイバー空間への関心は高まっているといえる。

　さらに、2011年にはサイバー空間における社会・経済的課題やサイバー犯罪、サイバーセキュリティ等の課題について包括的な議論を行う「サイバー空間に関する国際会議」がイギリスで開催され、2012年にはハンガリー、2013年は韓国、2015年にはオランダにて開催されている。同会議には、各国の政府だけではなく、国際機関やNGOなどの民間組織も参加するなど、多様なアクターが参加していることが特徴である。

B サイバー攻撃の特徴

　防衛省によれば、サイバー攻撃とは「情報通信ネットワークや情報システム等の悪用により、サイバー空間を経由して行われる不正侵入、情報の窃取、改ざんや破壊、情報システムの作動停止や誤作動、不正プログラムの実行や DDoS 攻撃」と定義される。サイバー攻撃は、対象の情報を窃取することを目的とする窃取型、対象のサービスやシステムを一時的に機能停止させることを目的とする妨害型、対象のデータやシステムを破壊することを目的とする破壊型の 3 つに主として分類されている。

　サイバー攻撃には「帰属問題 (attribution problem)」と呼ばれる特徴が存在する。帰属問題とは、誰が攻撃を行ったのかわからない、つまり攻撃の発信源を即座に断定できない、少なくとも困難であること、などと定義され、サイバーテロなどの抑止効果への疑問につながっている。加えて、サイバー攻撃は実行するためのコストが小さいため、実行主体として、組織や個人など多様な主体が想定される点も特徴といえる。

　また、サイバー攻撃はプログラムの脆弱性を狙って行われるため、防御側が常に後手に回ることになる。したがって、攻撃者に優位性が存在することもサイバー攻撃の特徴といえる。

C 日本のサイバー攻撃対策

　情報セキリュティ政策会議は、2013 年「サイバーセキュリティ国際連携取組方針」を策定した。方針では、重点的に取り組む分野について、情報共有体制の強化、サイバー犯罪対策、サイバー安全保障、グローバルな浄化活動体制の構築、啓発活動の推進、研究開発の強化、技術基準の策定、国際的な規範作り等が挙げられている。

　さらに、2014 年、サイバー攻撃に対応するため、防衛省はサイバー防衛隊を新設している。サイバー防衛隊は防衛省、自衛隊のネットワークの監視、サイバー攻撃への対処、サイバー攻撃に関する情報の収集、分析を行うことを任務としている。さらに陸海空の各自衛隊はそれぞれシステム防護隊、保全監査隊、システム監査隊を保有し、情報システムの監視・防護を行っている。

5　ソーシャルメディアと政治

A　ユビキタス社会から IoT 社会へ

　「いつでも、どこでも、何でも、誰でもネットワークにつながる」社会の実現を目指した「ユビキタスネットワーク社会」構想は技術発展により実現化しつつある。現在では、パソコンやスマートフォン、タブレット端末といった ICT 端末だけではなく、ありとあらゆるものがインターネットを介して繋がる「モノのインターネット（IoT：Internet of Things）」社会に向けた動きも加速している。

B　ソーシャルメディアによる政治的コミュニケーション

　パソコンに匹敵する機能を有する携帯端末であるスマートフォンやタブレット端末の普及は、フェイスブック（Facebook）やツイッター（twitter）などのソーシャルメディアに人々がより気軽にアクセスできる環境を作りだしたといえる。

　ソーシャルメディアと政治の関係が注目を浴びたのは 2008 年のアメリカ大統領選挙である。当時のオバマ陣営において、支援者たちの SNS を通じたやり取りは、街頭での支援活動や集会への参加など、現実の政治活動へと繋がっていった。さらに政治献金も気軽に行うことができるようになった結果、若者を中心に小口献金が集まるとともに、彼らを熱心な支持者へと変え、選挙運動への参加を促したと言われている。

C　日本における政治とソーシャルメディアの関係

　日本国内でのソーシャルメディアの政治的利用状況をみてみると、政治家のツイッターのアカウントは、地方議員を含め 1000 以上存在する。

　2011 年 3 月に起こった東日本大震災をきっかけとして、ソーシャルメディアが情報発信手段として評価され、公共機関もソーシャルメディアを積極的に活用しようとしている。たとえば、青森県は地震発生直後からツイッターやフェイスブックを利用して避難所や医療機関、給水拠点などの情報提供を行った。停電によって公式サイトが停止した後もツイッターを通

じて情報提供が行われていたという。

　また、茨城県つくば市はツイッター等の SNS を活用したノウハウをマニュアル化し、他の自治体に配布するなど、行政におけるソーシャルメディアの活用と促進を積極的に行っている。

D　アラブの春

　「アラブの春」とは、2010 年末から 2011 年初頭にかけて中東・北アフリカ地域の各国で本格化した一連の民主化運動を指す。

　チュニジアで発生した反政府デモを起点とし、中東・北アフリカ諸国に拡大したアラブの春は、独裁政権が長期にわたって続いていたチュニジアやエジプトにおいて大統領を退陣させ、リビアでは反体制派との武力衝突を経た政権交代が行われるなど、かつてない大規模な政治変動となった。

　ソーシャルメディアを利用したデモは、「革命 2.0」と呼ばれる。革命 2.0 の特徴としては、組織やリーダーが存在しなくともデモを行うことが可能な点が指摘されている。加えて、エジプトの例では貧困層がデモの中心となったのではなく、非貧困層が貧困層も同じ国民であることを意識し、同期化した点が特徴として指摘されている。非貧困層にとって、デモに加わることはほとんど利益がなかったにもかかわらず、立ち上がったという背景には、ソーシャルメディアの存在が大きいと言われている。

　ソーシャルメディアを利用した政治運動は、中東地域に限ったことではなく、アメリカにおける「ウォール街占拠運動」にも同様のかたちをみることができ、あらゆる民主主義諸国においてこのような運動が起きる可能性を示唆している。

　日本においても、反原発デモや安保法制反対デモなど、従来の組織を中心とした運動とは異なる政治運動が起こっており、ソーシャルメディアを中心とした新しいメディア環境が、政治にどのような影響を与えるのかについて考えていく必要がある。

6 インターネット選挙の解禁

A 欧米におけるネット選挙の普及

　候補者や政党の選挙運動にインターネットを活用しようとする試み、いわゆる「ネット選挙」は、新しい現象のようで、実は長い歴史を有している。アメリカの選挙を例にとると、インターネットが普及し始めた1990年代には、多くの候補者が電子メールやホームページを利用した選挙運動を展開していた。2000年代に入ると、インターネットの選挙運動への利用は、選挙資金の獲得や選挙集会への市民の動員に利用されるなど、より複雑化したものとなった。同様の動きは、アメリカに続くかたちで、イギリス、フランス、ドイツあるいは韓国といった他の民主主義国でも生じた。現在では、大抵の民主主義国でインターネットが選挙運動の主要なツールとして定着している。

　ネット選挙の普及は選挙運動のあり方をどう変化させたのだろうか。アメリカの事例を見ると、インターネットは、たとえばソーシャルメディアで獲得した資金を、戸別訪問や選挙集会などの「地上戦」や、新聞・ラジオ・テレビなどのマスメディアによる「空中戦」に投入するなど、従来の選挙戦術に代替するというよりも、むしろ両者を補完するために用いられている。言い換えれば、インターネット上のオンライン空間は、それ単体で新たな支持者を獲得する以外に、オフライン空間における支持者の結びつきを強固にするために用いられている。

　このインターネットの選挙戦術に対する影響は、何よりもインターネットが、情報の送り手である候補者や政党側と、情報の受け手である有権者とのコミュニケーションを双方向のものへと変貌させたことに起因している。つまり、候補者や政党は、電子メールやブログ、ソーシャルメディアを通じて有権者の生の声や意見を知り、それらを自らの政策に反映させたり、選挙戦術に活かしたりすることができるようになった。ゆえに、ネット選挙は、候補者と有権者との結びつきを強めるという長所を持つといえる。だが日本では、2013年4月までネット選挙が全面的に禁止されていた。

B　日本におけるネット選挙の解禁

　なぜ日本ではネット選挙の解禁が遅れたのか。そもそも 90 年代に登場したネット選挙が、なぜ 1950 年に成立した公職選挙法によって全面的に禁止されてきたのか。この理由は、公職選挙法が、文書図画を利用した選挙運動について、同法が認める運動以外の一切の運動を禁止していることにある（142 条、143 条）。公職選挙法には、文書図画の定義を示す条項はないが、法解釈上は「有権者の目に訴える手段全般」が文書図画に相当するといわれている。そのため、目に訴える手段であるネット選挙も、明文の規定がなくとも公職選挙法による制約を受けるのである。

　2013 年 4 月の公職選挙法改正では、全面的に禁止されてきたネット選挙のうち、電子メールの送信、ホームページ、ブログ、ネット動画の配信、ソーシャルメディアの利用などの方法が解禁されることとなった（詳細については総務省の「インターネット選挙運動の解禁に関する情報」http://www.soumu.go.jp/senkyo_s/naruhodo10.html を参照されたい）。一方で、解禁に至らなかった方法もあり、たとえば電子メールの送信は、候補者や政党に対しては認められたが、有権者に対しては誹謗中傷・なりすましの危険から禁止されている。また、公職選挙法は、選挙期間外の選挙運動を事前運動と呼び、一切禁止している（129 条）。したがって、時期的な観点からいえば、ネット選挙が合法とみなされるのは、衆議院総選挙で 12 日間、参議院選挙で 17 日間しかない選挙期間中に限られる。

　以上のように、日本の選挙運動におけるインターネットの利用には、現状でも数多くの制限がある。それでもなお、ネット選挙の解禁によって、いままで日常の政治活動を名目として脱法的にインターネットを利用していた候補者や政党が、公然とネット選挙を展開するようになったことは事実である。ネット選挙解禁直後に行われた 2013 年 7 月の参議院選挙でも、かなりの数の候補者が、ツイッターやフェイスブックを選挙運動に利用していた。同選挙を対象とした朝日新聞と東京大学谷口研究室の共同調査によれば、候補者の多くは、インターネットを自分の活動や意見を有権者に伝え、逆に有権者の考えを知る双方向型のコミュニケーションをはかるツールとして好意的に評価していた。結論的にいえば、日本でもネット選挙は確実に普及している。

7 インターネットと政治参加

A 有権者の選挙運動に対するインターネットの影響

インターネットの普及は、人々の政治参加のあり方にどのような影響を及ぼしているのだろうか。民主主義国において、もっとも重要な政治参加の方法は、何よりも有権者として投票することである（投票参加）。だが一方で、自らの支持する候補者のために選挙運動を行うなど、投票以外の参加も重要である（投票外参加）。実際問題、2008 年のアメリカ大統領選挙で、ソーシャルメディアを通じて獲得した支持者の熱狂的な活動がオバマ候補の当選を後押ししたように、有権者は、民主主義国において候補者や政党と並ぶ選挙運動の担い手である。

しかし、日本の公職選挙法は、選挙運動を通じた有権者の政治参加を阻むものとなっている。このことは、公職選挙法の代表的な解説書である選挙制度研究会編『実務と研修のためのわかりやすい公職選挙法（第 15 次改訂版）』（ぎょうせい，2014）の中で、有権者（第三者）が行うことのできる選挙運動が、インターネットによるものを除けば「電話による選挙運動などに限定されている」と説明されていることからも窺い知ることができる。

したがって、2013 年 4 月のネット選挙の解禁のもっとも大きな意義は、何よりも有権者がインターネットを通じて主体的に選挙過程に参加できるようになったことにある。ここで、有権者に対して新たに認められた方法を列挙すると、①ホームページやブログの更新、②ツイッターやフェイスブックといったソーシャルメディアの利用、③政策動画の配信、などがある。これらの方法は、選挙期間中であれば、特定の候補者を応援するために自由に利用してよい。また、電子メールは、前述したように、有権者による選挙運動への利用が禁止されている（落選運動は合法）。

ネット選挙の黎明期である現在において、ネットを中心とした有権者の選挙過程への参加が、全体的な選挙結果に影響を及ぼしたとする現象は報告されていない。だが、2016 年の参議院選挙において、ユーチューブ（Youtube）に投稿した動画を有権者が拡散することで、多数の票を獲得した候補者がいたように、その萌芽は確実に存在している。

B　投票参加に対するインターネットの影響

　ネット選挙の解禁は有権者を投票所へと向かわせたのだろうか。ネット選挙の導入により有権者が多様な情報に触れることで、ネットをよく利用する若年層の政治参加が促されたり、投票率が向上したりするということが、ネット選挙解禁の持つ正の効果としてしばしば議論されてきた。しかし、2013 年 4 月にネット選挙が解禁されて以来、すでに 4 回の国政選挙（2013 年参議院選挙、2014 年衆議院総選挙、2016 年参議院選挙、2017 年衆議院総選挙）が行われているにもかかわらず、いずれの選挙においても、ネット選挙が有権者の投票参加を促した事実は確認されてない。

　なぜネット選挙の解禁は、当初の目論見と異なる結果に終わったのだろうか。その理由としては、たとえば、ネット選挙自体が黎明期である以上、解禁の効果が観測されるにはまだ時間がかかるということが考えられる。あるいは、ネット選挙の解禁といっても、公職選挙法上の規制が合法としている運動の範囲や射程がかなり狭いため、解禁が十分な効果を発揮できないということもありうる。

　他方で、インターネットは、人々の選択的情報接触を促すため、有権者の投票参加を阻む要因であると指摘されることもある。選択的情報接触とは、人々が自分に都合のいい情報しか受け入れないために、情報環境に偏りがある状態を意味する。人々が自分にとって好ましい情報のみを受け入れるという態度は、利用者自ら情報を閲覧しにいく「プル型メディア」であるインターネットのもとでは特に形成されやすい。この選択的情報接触が政治そのものに対して生じ、日常的に政治に触れる人が少なくなれば、投票に参加する人も減少することになる。

　以上のように、投票参加に対するインターネットの影響は、現状でも検討の余地を多く残している。ただ、インターネットが投票参加を促すにせよ、妨げるにせよ、投票参加にとって重要なことは有権者が政治に関する情報に多く触れることであるといえる。

知識を確認しよう

・・・・・・・・・・・・・・・・・・・・・・・・・・・・

【問題】 インターネットと政治の関わりに関して説明している以下の文章のうち、適切なものはどれか。

(1) IT 基本法成立以降、日本における IT 政策は「IT 総合戦略本部」を中心に決定されてきたが、「世界最先端 IT 国家創造宣言」については閣議決定が行われている。

(2) 2009 年の衆議院総選挙の結果起きた政権交代後、民主党政権は自民党政権の IT 戦略を引き継ぎ、独自の IT 政策を策定しなかった。

(3) サイバー攻撃は、誰が実行したのかが、すぐに特定されやすい。

(4) 2013 年 4 月、公職選挙法が改正され、有権者は、特定の候補者を応援するために電子メール、ホームページ、ブログ、ソーシャルメディアの利用、あるいは政策動画の配信等を自由に行うことが可能になった。

(5) サイバー空間の安全を守るために、国際連合では「サイバー空間に関する国際会議」が開催され、世界各国の政府関係者によって議論が行われている。

解答

(1) ○ IT 基本法成立以降の日本の IT 政策は、IT 総合戦略本部が決定を行っているものの、「世界最先端 IT 国家創造宣言」は閣議決定がなされている点に特徴がある。

(2) × 民主党政権では、さまざまな IT 戦略が発表されたが、それらをまとめるものとして「新たな情報通信技術戦略」が策定されている。

(3) × サイバー攻撃には帰属問題があるため、攻撃の発信源を容易に特定することは難しい。

(4) × 特定の候補者を応援するために有権者が電子メールを利用することはできない。

(5) × 「サイバー空間に関する国際会議」は国連に関連した国際会議ではなく、政府関係者以外に、国際機関や NGO などの民間組織なども参加している。

第 11 章

主要国の政治の動態

本章のポイント

　本章では、政治システムを比較するための枠組みとして、アーモンドが提起した政治システムモデルを説明する。その上で、世界の主要国の政治システムについて概観する。

1. 政治システムの存続維持に不可欠な基本機能として、プロセス機能、システム機能、政策機能を特定する。
2. それらの基本機能を果たす政治構造には、圧力団体や政党、議会、政府、官僚機構、裁判所などがある点を確認する。
3. 政治システムの基本機能と政治構造との関係に注目することで、政治システムの比較が可能となる点を確認する。
4. アメリカ、イギリス、フランス、ドイツ、イタリア、ロシアの政治システムのプロセス機能において主要な役割を担う政党、議会、政府の最新の状況について概観する。
5. その上で、各国議会における政策決定の具体的なプロセスを説明する。

1 政治動態の分析枠組み

A 政治システムの機能と構造

　アメリカの比較政治学者アーモンド（Almond, G. A.）は、人類学や社会学で発展してきた構造－機能アプローチを摂取して、より精緻な政治システムの一般モデルを考案した。構造－機能アプローチとは、あるシステムの存続維持に不可欠な基本機能を抽出し、それらの基本機能を遂行する構造の相互依存関係を明らかにする手法である。

　アーモンドによれば、政治システムで遂行される基本機能はプロセス機能（利益の表出、利益の集約、政策形成、政策の実施と裁定）、システム機能（政治的社会化、政治的補充、政治的コミュニケーション）、政策機能（調達、規制、配分）の3つに大別される（図11-1）。これらの基本機能を遂行する政治構造として、マスメディア、圧力団体、政党、議会（立法部）、政府（執政部）、官僚機構（行政部）、裁判所（司法部）を挙げることができる。

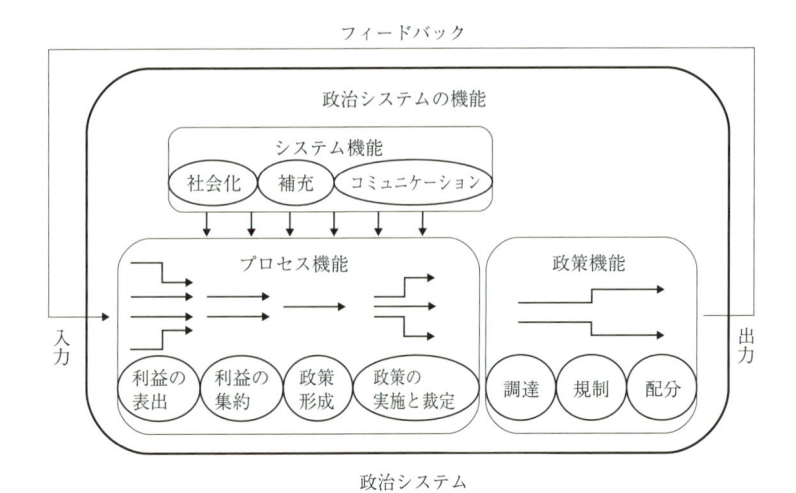

G. A. Almond et al.（eds.）Comparative Politics Today: A World View, 9th eds., Longman, 2010, p. 34.

図11-1　アーモンドの政治システムモデル

　プロセス機能は、政策の形成と実施に直接関係する機能である。まず、圧力団体や政党、マスメディアの活動を通じて、集団や個人の利益の要求が表出される。表出された多種多様な要求は、政党や官僚機構によって少数の政策選択肢に集約され政策形成の場に持ち込まれる。政策選択肢のうちいくつかの政策が議会の採決を通じて公式の政策となり、行政機構により実施される。政策の違憲性や、集団や個人への権利侵害と損害については主に司法部が裁定を行う。

　システム機能は、政策形成や実施に直接はかかわらないが、政治過程全般を支えるもので、政治システムの存続にとって重要な機能である。社会的諸集団（家族や学校など）、政党、行政機構の活動を通じて、人々の間に特定の政治的態度や政治文化を形成、発展、強化させることが必要である。また、政治システム内のさまざまな役割を担う人々を補充し、その役割をいかに遂行するかを教え込むことも大切である。そして社会内および政治システムを構成する諸構造の間で必要かつ十分な情報が流れることも、民主主義国家が維持存続するためには不可欠である。

　政策機能は、政治システムの出力として社会、経済、文化に影響を及ぼす機能であり、主に行政機構によって遂行される。具体的には、課税という形での政治的資源の調達、個人および集団の行動に対する規制、そして資金や行政サービスといった政治的資源の配分が含まれる。

B　政治システムの比較

　以上がアーモンドの政治システムモデルであるが、留意すべきは、第1に、政治システムが異なれば、同一の政治構造であっても異なる政治的機能を遂行することがあるという点と、第2に、一つの政治的機能は必ずしも一つの政治構造によって遂行されているとは限らず、むしろ複数の政治構造によって遂行されているという点である。

　したがって、政治システムの基本機能がいずれの政治構造によって、どの程度の範囲で遂行されているのかを考察することで、それぞれの政治システムの相違点と相似点を浮かび上がらせることができるのである。

2　アメリカの政治システム

A　アメリカの政党、議会、政府

　アメリカの政党システムは、民主党と共和党から成る二党制である。共和党は保守主義的な政党で、経済的には市場原理主義を重視し、社会への国家の介入に否定的である。民主党はリベラルな政党であり、経済・福祉領域への国家の関与については共和党よりも肯定的な立場をとる。ただし、両党はアメリカの基本的理念を共有しており、加えて二党制のメカニズムによってともに中道寄りの政策へと傾斜するため、両党間の政策的相違はあまり大きくない。

　アメリカの連邦議会は上院（Senate）と下院（House of Representatives）から成る二院制である。上院は州の代表という性格を強く持ち、各州2名ずつ計100名の議員から構成される。議員の任期は6年だが3分の1が2年毎に改選され、同じ州の2名の議員は別々の年に改選時期を迎える。選挙制度は州を選挙区とする小選挙区制である。下院は地元利益を反映させる機関という色彩が強い。議員定数は435名で任期は2年である。各州の議席割り当て数は、10年毎の国勢調査に基づく人口に応じて決められる。選挙制度は上院と同じく小選挙区制で、選挙区割については各州が決定する。

　両院の立法に関する権限は対等で、法案審議においてどちらかの院が優越するということはない。ただし、下院に予算案の先議権が認められている一方で、上院は下院がもたない条約批准同意権と大統領指名人事承認権を有している。一般的に上院議員の方が下院議員よりも威信は高いとされ、正副大統領候補も有力州の上院議員や知事から選ばれることが多い。

　大統領制を採用しているアメリカでは厳格な三権分立が実現されており、行政権は大統領が独占する。大統領は国民から選挙で選ばれ、任期は4年で再選は1回のみ認められる。アメリカの政府機構は大統領府、各省（国務、財務、国防など15省）、大統領直属の諸機関（証券取引委員会や航空宇宙局など）の3部門から構成される。大統領府は大統領の政治・行政上の職務について助言を行う機関で、ホワイトハウス事務局とその他の直属機関から成る。ホワイトハウス事務局は大統領顧問、首席補佐官、補佐官、報道官

によって構成され、大統領の側近から登用される。彼らは政治運営の中枢の地位を占め、大きな政治的影響力を持つ。

B　政策決定過程

　連邦議会に法案を提出できるのは議員のみで、大統領は一般教書や予算教書というかたちで自らの方針を議会に勧告するにとどまる。ただ実際には、国民から直接選ばれた大統領の権威は高く、大統領の教書に沿った法案が関係省庁や議員の手で作成され、議員を通じて議会に提出される。そのため、重要法案のほとんどは大統領の意向に沿った内容となっている。

　アメリカ連邦議会は委員会制を採用しており、議会に提出される法案の実質的審議は、議会に設置された専門の委員会で行われる。上院ないし下院に提出された法案は、議長によって関係する委員会に付託される。委員会内には小委員会が設置されており、通常は小委員会での公聴会や法案審議を経て法案に修正が加えられる。小委員会で可決された法案は委員会での審議にかけられ、委員会審議で可決されると本会議での審議に回される。

　委員会審議で可決されなければ法案が本会議の議事日程に載ることはなく、事実上委員会が法案成否の鍵を握る。特に委員長は、法案審議の優先順位や審議方法を決定するなど大きな権限を持つ。そのため圧力団体やロビイストたちは委員会の委員長や有力議員への働きかけを強めることになり、そうした議員と特定業界との癒着が問題視されることもある。

　本会議で可決された法案はもう一方の院に送られ、同様の手続きで審議される。上院も下院も審議過程でそれぞれ修正を加えることが多いため、両院で可決された法案が全く同じにならないこともある。この場合、可決された法案について両院協議会で調整が図られ、妥協案を上下両院が改めて可決すれば法案は議会を通過したことになり、大統領府に送付される。

　議会を通過した法案に大統領が署名すれば、その法案は成立となる。しかし、大統領には法案を議会に戻す「拒否権」や（上下両院がそれぞれの3分の2以上の多数で再可決すれば拒否権を覆すことは可能）、差し戻す時間がないので大統領の一存で法案を廃案とする「保留拒否権」が付与されており、自らの方針に沿わない法案の成立を阻止する一定の権限を持つ。

3　イギリスの政治システム

A　イギリスの政党、議会、政府

　イギリスの政党システムは保守党と労働党による二党制であるといわれるが、議会に議席を有するのは両党だけではなく、自由民主党や地域政党も議席を獲得している。保守党は、1980年代から90年代にかけて、新保守主義的な路線を取って市場経済の発展を重視するようになり、規制緩和や民営化を推し進めた。しかし、長期政権に対する倦怠感や失業問題の深刻化、労働党の現実路線化などにより、90年代後半からは低迷期に陥った。2010年の総選挙では単独過半数には届かなかったものの13年ぶりに第一党の地位に返り咲き、自由民主党との連立政権を形成した。2015年および2017年の総選挙でも保守党が第一党を獲得し、政権を維持している。

　労働党は労働者の生活向上を目指して、社会保障制度の整備や富の公平な配分といった社会福祉政策を主張してきた。1980年代以降長らく停滞していたが、1994年にブレア（Blair, T.）が党首に就任すると、労働組合への依存体質からの脱却を目指すと同時に、自由主義経済と社会福祉政策の両立を目指す「第三の道」を提唱した。ブレア党首の下、労働党は1997年の総選挙で久しぶりに第一党となり政権を奪還した。

　イギリス議会は庶民院（House of Commons）と貴族院（House of Lords）から成る二院制である。庶民院は定数650で、議員の任期は5年、小選挙区制によって国民から直接選出される。貴族院は世襲貴族、一代貴族、聖職貴族から構成され、議員は非公選で任期も定数もない。2017年8月末現在の貴族院議員数は802名である。両院の立場については、1919年の議会法によって庶民院優位となっている。歳出入に関係する「金銭法案」は庶民院で先議され、また政治的に重要な法案の多くも慣例により庶民院先議とされる。金銭法案については、貴族院は修正する権限を持たず、また庶民院を通過し貴族院に送付されてから1カ月が経過すれば、貴族院の承認がなくても成立する。金銭法案以外の法案については、貴族院は修正案を提出する権限は持つが、貴族院で否決したとしても庶民院を2会期連続で通過した場合には、法案上程から1年以上経過していれば法案は成立する。

　議院内閣制を採用しているイギリスでは、通常は庶民院で第一党となった政党の党首が首相に任命される。首相は議員の中から大臣を選出し、内閣を形成する。政府内における首相の権限は大きく、政府の方針決定や省庁の新設・改廃は首相が行う。

B　政策決定過程

　法案の提出権は両院議員および政府に認められているが、提出される法案の9割は政府提出法案である。政府提出法案の作成は官僚機構によって行われる。法案の作成にあたっては、王立委員会や省立委員会の報告書なども勘案され、また各種圧力団体とも公式・非公式の協議が重ねられる。

　イギリス議会は本会議中心主義で、三読会制による法案審議が行われる。実際には、第二読会の後に、委員会審議と委員会から本会議への報告という2つの段階が入るので、5段階の審議過程となっている。

　第一読会は、法案名が読み上げられ、第二読会の日程が決定されるだけで終わる。第一読会から2週間以内に開催される第二読会では、法案提出者から趣旨説明が行われ、それに対して他の政党の議員からその法案に対する見解が表明される。討論が終わると、法案を次の委員会審議の段階に送るか否かが採決される。なお、与野党間で合意がある場合には、第二読会での議論を省いて委員会審議に送付することもできる。

　委員会審議では法案の詳細な審議が行われ、条文の修正について委員会内で採決も行われる。委員会審議の段階を終了すると、本会議への報告が行われる。この本会議への報告段階においては、委員会審議で加えられた修正について改めて議論が行われ、さらなる修正を提案することもできる。本会議への報告段階を終えると、ただちに第三読会に進むことになる。第三読会では短い討論しか行われず、法案の修正も字句の表現を変える程度に限定される。討論が終わると、法案についての最終的な採決が行われる。第三読会で可決されると、法案はもう一方の院に送付される。もう一方の院でも同様の審議過程を経て採決されるが、その際修正が加えられた場合には、最初に審議を行った院に修正法案を戻して改めて承認を得る必要がある。両院で可決された法案は、国王の承認を得て法律となる。

4　フランスの政治システム

A　フランスの政党、議会、政府

　フランスの主要政党は、右派の共和党（2015 年に国民運動連合から改称）、左派の社会党、中道の共和国前進である。共和党は、2002 年に共和国連合やフランス民主連合などの諸政党が結集して形成された政党で、シラク大統領やサルコジ大統領を輩出している。1950 年に結成された社会党は、結成後しばらく低迷していたが、1980 年代から 90 年代前半にかけてミッテラン大統領の指導下で現実主義路線を歩んで好調を維持した。2012 年の大統領選挙でオランド（Hollande, F.）が勝利し、ミッテラン（Mitterrand, F.）以来 17 年ぶりに社会党出身の大統領が誕生した。共和国前進は 2016 年にマクロン（Macron, E.）を中心に結成された政党で、2017 年の大統領選挙でマクロンが勝利して大統領に就任するとともに、同年の国民議会選挙でも 308 議席を獲得し過半数を制する勝利を収めた。

　フランスの議会は、国民議会（Assemblée Nationale）と元老院（Sénat）から成る二院制である。国民議会は定数 577 で、議員は国民の直接選挙（小選挙区二回投票制）により選出され、任期は 5 年である。元老院の定数は 348、議員の任期は 6 年で 3 年毎に半数が改選される。元老院議員の選挙は間接選挙で、国民議会議員と州・県議会・市町村議会議員の代表者から成る選挙人団によって選出される。両院の関係については、国民議会が元老院よりも優越的地位にある。すなわち、国民議会は、①内閣不信任決議権を有する、②予算案および社会保障財政法案の先議権を有する、③両院不一致の場合の最終決定権を有する、④臨時会の開会を要求する権利を有する。

　今日のフランスでは、議会は大統領、政府に次ぐ第 3 の地位にあるとされる。法律で定めることのできる事項は命令事項と法律事項とに二分され、議会が法律によって定めることができるのは後者の法律事項のみとされている（前者は政府の命令によって規定される）など、議会の権限は憲法によって制限されている。フランスの統治形態は「半大統領制」と呼ばれる独特の形態である。行政府の中には、一方で、国民から直接選ばれ、行政府長官として実質的な権力を行使する大統領が存在し、他方で、国民議会の信任

の下に政府の活動を指導する首相が存在する。行政権の二重構造、いわゆる「双頭の執政府」となっているのである。この統治形態においては、大統領の政党と首相の政党（国民議会の多数派）とが同一の政党である限り大きな問題は生じないが、両者が異なる「コアビタシオン（保革共存政権）」の場合には政治運営面で困難に直面することになる。

B　政策決定過程

　フランスでは、両院の議員と政府のどちらも法案を議会に提出することができる。提出件数でみると議員提出法案の方が政府提出法案よりも多くなっているが、上で述べたように政府提出法案の審議が優先的に行われることもあり、成立する法案の8割以上は政府提出法案である。

　法案はどちらかの院に提出される（国民議会に先議権のあるものを除く）。提出された法案は、理事部によっていずれかの委員会に付託される。法案審議は原則として特別委員会で行うとされているが、実際にはほとんどが常任委員会で行われている。政府提出法案の場合、委員会は聴聞会を開くなど法案をさまざまな角度から検討し、賛否ないし修正の結論とすべての修正案が記載された報告書を作成するが、政府原案に手を加えることはできず政府原案がそのまま本会議に送付される。議員提出法案の場合は、否決しないのであれば委員会は修正を加えた成案を作成し本会議に送付する。

　委員会審議を経て報告書が提出されると、法案は本会議の議事日程に載せられる。政府提出法案の審議の場合、まず担当大臣からの法案趣旨説明および審査担当委員会の報告者による説明などの「全体討論」が行われる。次いで、条文ごとに修正案を審議し議決していく「逐条審議」が行われる。

　本会議で可決されると法案はもう一方の院に送付され、同様の手続きで審議が行われる。もう一方の院で修正が加えられずに可決された場合には法案は成立となるが、修正された上で可決された場合は、最初に審議した院に送付されて再度審議が行われ、同一の条文で可決するまで法案は両院間を往復することになる。法案が各院で2回審議された後に、政府は両院協議会の開催を要求することができる。両院協議会で成案が得られなかった場合、あるいは成案が両院の承認を得られなかった場合には、政府は、両院でもう1回ずつ審議を行った後に下院に最終的な議決を要求できる。

5 ドイツの政治システム

A ドイツの政党、議会、政府

　ドイツは「政党国家」と称されるほど、政治過程における政党の地位と存在感が際立っている。政党は基本法（憲法）の中で民主政治の担い手として明確に位置づけられさまざまな公的助成も与えられているが、同時に、その目的や支持者の行動が民主的な基本秩序に反する場合は連邦憲法裁判所により解散を命じられる。現在のドイツ政党システムは、キリスト教民主・社会同盟（CDU/CSU）と社会民主党（SPD）の二大政党と、自由民主党（FDP）、緑の党（正式には同盟 90/緑の党）、左派党の 3 小政党で構成される。

　CDU/CSU はキリスト教的価値観を支持する保守政党で、政策的には中道右派を志向し、幅広い層からの支持を集める「国民政党」である。SPDは、第二次世界大戦後は得票率 30% 前後で停滞していたが、1959 年のゴーデスベルク綱領採択でマルクス主義的な左派階級政党から脱皮し、社会民主主義を標榜する中道左派の国民政党となった。FDP はさまざまなリベラル勢力が結集し誕生した政党で、政策的には党内権力関係によって中道右派と中道左派の間を揺れ動くが、現在は経済的自由主義を強く主張する中道右派政党である。緑の党は、1970 年代後半に各地に登場した環境保護グループが 1980 年に結成した政党で、1983 年の連邦議会選挙で初めて議席を獲得し、1998 年連邦議会選挙では SPD と連立政権を樹立させて政権参加を実現した。左派党は、旧東ドイツの支配政党であった社会主義統一党の流れを汲む民主社会党（PDS）と、SPD を離脱したラフォンテーヌ（Lafontaine, O.）らが立ち上げた左派政党「労働と社会的公正のための選挙オルタナティブ」が 2007 年に統合し誕生した政党である。旧東ドイツ地域の利益を強く主張する一方で、旧西ドイツ地域で SPD の右傾化に反発する有権者の支持も集めており、2009 年連邦議会選挙では初めて 2 桁の得票率（11.9%）を獲得した。

　ドイツの議会は連邦議会（Bundestag）と連邦参議院（Bundesrat）から成る二院制である。連邦議会は定数 598（超過議席の発生により変動する）で、議員は小選挙区比例代表併用制（ドイツでは「小選挙区制を加味した比例代表制」と呼

ばれる）によって国民から直接選出される。議員の任期は 4 年である。連邦参議院は各州の意向を連邦レベルの政治過程に反映させるための機関で、各州政府の代表者 69 名によって構成される。任期は定められていない。

　ドイツは国家元首としての大統領を有するがその権限は限定的で、実質的に議院内閣制である。連邦議会において過半数の支持を得た者が首相に選出され、選出された首相が大臣を選び内閣を形成する。政府内での首相の地位は一段高くなっており、首相が政府の施策方針を決定し、大臣はこの方針の範囲内で管轄職務を遂行する。またドイツでは、倒閣目的の不信任動議の提出を防ぐために「建設的不信任制度」が規定されている。連邦政府に対する不信任動議を提出するためには、あらかじめ後任首相を過半数によって選出しなければならない。野党による政府への不信任案提出に「後任首相の選出」というより重い条件を課すことで、政権の安定性を高める工夫が施されているのである。

B　政策決定過程

　ドイツでは、両院議員と連邦政府のどちらも法案提出の権限を持つ。法案は必ず連邦議会に先に提出され審議される。法案審議は三読会制で行われる。提出された法案は、第一読会で概要の審議が行われた後、関連する委員会に付託される。委員会では審議事項に関して情報を得るために公聴会を開いたり、専門家や利害関係者（圧力団体）から意見を聞いたりして、法案に対する修正案を作成する。委員会での審議を終えると法案は第二読会に送付され、委員会草案についての逐条審議と採決が行われる。第二読会で否決された場合には提出法案は廃案となる。第三読会ですべての修正案の採決が行われた後に最終的な採決に回され、投じられた票の過半数を得れば可決される（基本法改正案を除く）。

　連邦議会を通過した法案は、連邦参議院に送付される。法案は、①連邦参議院の同意が必要な法案と、②連邦参議院は異議を唱えることしかできない法案とに区別される。州の利害に関係する前者の法案については、連邦参議院の過半数の同意が得られない限り成立しない。後者の法案については、連邦参議院が異議を唱えても、連邦議会が再可決すれば成立する。

6 イタリアの政治システム

A イタリアの政党、議会、政府

第二次世界大戦後のイタリアでは、中道右派のキリスト教民主党（DC）と左派のイタリア共産党（PCI）が二大政党として競合を繰り広げていた。一貫して政権を掌握したのは中道右派勢力で、DC は常に政権政党として君臨する優位政党であった。しかし、1994 年の新選挙制度導入後に諸政党の合従連衡が繰り返され、イタリアの政党地図は劇的に流動化した。2000年代半ば以降は中道右派の自由の人民と中道左派の民主党が主要政党の地位にあったが、近年では、反体制政党の五つ星運動が支持を拡大させつつある。民主党は、2007 年に左派諸政党が結集して誕生した政党で、その源流はかつてプローディ政権を誕生させた政党連合「オリーブの木」である。2007 年の政党連合形成を経て 2009 年に政党化された自由の人民は、2008年の議会選挙で勝利（当時は政党連合）したものの、その後、ベルルスコーニ（Berlusconi, S.）の汚職問題を契機に党は分裂した。五つ星運動は、2009 年に結成された政党で、現体制に不満を持つ中流・下流層の不満の受け皿として支持を集めており、2013 年の議会選挙では獲得議席を大きく伸ばした。

イタリア議会は、下院にあたる代議院（Camera dei Deputati）と上院にあたる共和国元老院（Senato della Repubblica）から成る二院制である。共和国元老院は、国民から直接選出される議員と終身議員から構成される。国民から選出される議員は、定数 315 で任期は 5 年、選挙制度は比例代表制である。終身議員には、国の名誉を高めた功労者で大統領に指名された者と元大統領が就く。代議院は定数 630 で議員の任期は 5 年、こちらも比例代表制によって選出される。代議院と連邦元老院は、法案審議に関しては対等の立場にある。

イタリアには国家元首たる大統領が存在しているが、実質的には議院内閣制である。ただし、大統領は単に形式的な役割を果たす存在というのではなく、場合によっては実質的な権限を行使する。たとえば、両院のどちらかが内閣不信任決議を可決した場合、大統領は議会の解散を一時凍結し、新しい連立の枠組みについて諸政党に働きかける。大統領の選出は、各州

議会から 3 名ずつ（ヴァッレ・ダオスタ州のみ 1 名）選出された代表者、代議院議員、連邦元老院議員による合同会議によって行われ、任期は 7 年である。首相は、議会の指名選挙で選出されるのではなく、大統領が任命する。首相は両院の信任を得なければならないので、事実上、両院の多数派勢力から選出される。内閣を形成する各省大臣は、首相の推薦に基づき大統領が任命する。内閣は成立してから 10 日以内に施政方針を議会両院に説明し、両院の信任を得ると正式に発足となる。

　イタリアの首相は、政府の一般政策を指揮し、その責任を負うとされているが、実際には指揮するための権限や制度的保障がないため、他の議院内閣制の国の首相に比べると政治的立場は弱いといえる。

B　政策決定過程

　法案の提出は両院議員、政府、憲法的法律で定める機関・団体に認められる。さらに、5 万人以上の有権者による条文の形で起草された草案についても、法案の提出が認められる。法案はどちらの院に提出してもよい。

　イタリア議会は委員会制を取っており、提出法案の実質的な審議は委員会で行われる。委員会には常任委員会と特別委員会があり、常任委員会は各省に対応する形で設置されている。委員会で審議された法案は、委員会の報告書を付されて本会議に回される。本会議では、提出法案の概要が説明されてから一般討論が行われる。その後、各条文についての逐条審議が行われ、修正案についての採決が行われる。ここを通過すると最終的な採決に回され、可決された法案はもう一方の院に送付される。もう一方の院で修正が加えられずに可決された場合には法案は成立となるが、修正された上で可決された場合は、最初に審議した院に送付されて再度審議が行われ、同一の条文で可決するまで法案は両院間を往復する。両院で可決された法案は、大統領が署名をすると公布される。

　イタリアでは、制定された法律について廃止を求める国民投票制度が存在する。50 万人の有権者ないし 5 つの州議会に、法律の廃止を求める国民投票を提起する権利が憲法で認められている（ただし、租税、予算、国際条約の批准等については認められていない）。国民投票は全有権者の過半数の投票で有効となり、その過半数の賛否で決定される。

7 ロシアの政治システム

A ロシアの政党、議会、政府

　2016 年の国家会議選挙で議席を獲得した政党は、以下の 4 政党である。まず、議席の 7 割以上を占め圧倒的な地位にあるのが中道右派の統一ロシアである。統一ロシアは、有力州の知事らが結成した議員ブロック「統一」とルシコフ・モスクワ市長らが結成した中道左派連合「祖国・全ロシア」が 2001 年に統合して誕生した。左派のロシア連邦共産党は、1993 年に旧ソ連共産党の党員たちが結集し形成した政党で、旧ソ連共産党の組織力を部分的に引き継いだことで全国的な組織を有している。ロシア自由民主党は、ジリノフスキー党首の過激な発言で知られる極右民族主義の政党で、1993 年の下院選挙では市場経済導入による混乱に不満を持つ国民から支持され第一党の地位を得たが、その後は低迷している。公正ロシアは、2006 年にロシア生活党、祖国、ロシア年金党が合流して結成された政党で、中道左派的な色彩が強い。

　ロシア連邦議会は、下院にあたる国家会議（国家ドゥーマ：State Duma）と上院にあたる連邦会議（Federation Council）から成る二院制である。国家会議は定数 450 で議員の任期は 4 年、2007 年からは比例代表制によって選出されていたが（阻止条項は 7%）、2016 年の選挙からは小選挙区と比例代表（阻止条項は 5%）により半数ずつ選出する選挙制度に変更された。連邦会議は定数 170 で、ロシア連邦内の共和国や地方、州、連邦市、自治州、自治管区から各 2 名の議員が選出される。

　ロシアの行政府には、国家元首で実質的な権限を持つ大統領と、大統領が任命し国家会議に承認された首相が共存している。ただし、権限の面でみると、明らかに大統領が優位の体制である。大統領は国民の直接選挙で選出され、任期は 4 年、再選は 1 回のみ認められている。大統領の活動は、国家会議選挙の公示、国家会議の解散、国民投票の公示の他に、議会への法案提出、成立法案への署名・公布、国内情勢および国家の内外政策に関する教書を議会に提出することが憲法で規定されている。

　これらの大統領の職務を支えるのは大統領府である。大統領府の実質的

なトップは大統領府長官で、大統領と立法、行政、司法諸機関との関係調整、大統領府内の人事、情報収集とマスメディア対策などを行う。

　大統領と議会の関係についてみると、大統領が国家会議を解散する権限を持つ一方で、議会は大統領を解任することが事実上できない。大統領の任期途中での解任は、本人が辞任するか重病で職務遂行が困難となる場合以外には、大統領が国家転覆や重大犯罪のかどで国家会議から弾劾され最高裁判所がその弾劾を認めた場合のみである。また、大統領は議会で可決された法案について拒否権を有する。大統領が拒否権を発動した場合、連邦会議と国家会議のそれぞれの議員総数の3分の2以上が法案を再度承認すれば法案は成立するが、承認されなければ廃案となる。

B　政策決定過程

　立法の発議権は、連邦大統領、連邦会議、連邦会議議員、国家会議議員、連邦政府、連邦構成主体の立法（代表）機関に与えられている。また、連邦憲法裁判所、連邦最高裁判所、連邦最高仲裁裁判所も、その管轄する事項について立法発議権を有する。

　提出された法案は国家会議で審議・議決される。国家会議での審議は読会制で行われるが、実質的な法案審議は関連する常任委員会で行われる。本会議の第一読会では法案の概要や必要性が説明され討論が行われる。第二読会では法案原文が審議される。第三読会では細部についての審議が行われる。本会議で議員総数の過半数が賛成すれば、提出法案は可決され連邦会議に送付される。法案によっては、第二読会における採択で国家会議を通過し、連邦会議に送付されることもある。

　国家会議で可決された法案について、連邦会議は承認するか否決するかの判断を下す。連邦会議の議員総数の過半数の賛成がある場合、または14日以内に連邦会議による審議が行われない場合、連邦会議によって承認されたものとみなされる。連邦会議が否決した場合には、両院協議会を設置することができ、国家会議の再審議に付される。連邦会議の決定に国家会議が同意しない場合、再投票で国家会議の議員総数の3分の2以上が賛成したとき、法案は採択されたものとみなされる。国家会議および連邦会議を通過した法案は、大統領が署名し公布される。

知識を確認しよう

・・・・・・・・・・・・・・・・・・・・・・・・・・・・・・

問題 以下の各小問につき、正誤を述べなさい。

(1) アメリカの大統領は、上下両院を通過した法案への署名を拒否して、法案を議会に差し戻すことができる。これは大統領が有する「拒否権」と呼ばれる権限である。ただし、大統領が拒否権を発動したとしても、議会の両院がそれぞれの3分の2以上の多数で再可決すれば法案は成立する。

(2) アメリカの議会は上院と下院から構成される。上院は各州から人口規模に比例して選出される議員から成り、下院は各州から2名ずつ選出される議員から成る。下院は条約批准同意権と大統領指名人事を承認する権限を有している。

(3) イギリスは、世襲貴族、一代貴族、聖職貴族から構成される貴族院と、国民から直接選出される議員から構成される庶民院との二院制を採用している。両院の地位は対等である。

解答

(1) ○ アメリカの大統領には、議会で可決された法案が自らの方針に沿ったものではない場合などに法案への署名を拒否する「拒否権」が付与されている。ただし、議会の両院がそれぞれ3分の2以上の多数で再可決すれば、大統領の拒否権を覆すことができる。

(2) × アメリカの議会は、各州から2名ずつ選出される議員から成る上院と、各州の人口規模に比例して選出される議員から成る下院によって構成される。下院に予算案の先議権が認められている一方で、上院は下院がもたない条約批准同意権と大統領指名人事承認権を有している。

(3) × イギリスでは、貴族院と庶民院の立場については、1919年の議会法によって庶民院の優位が定められている。

本章のポイント

　本章は現代国際政治について、基本的特徴、アクター、パワー、理論、グローバリゼーションといった点から学ぶ。

1. アナーキー性、多様な争点、統合と分離などの国際政治の基本的特徴を取り上げる。
2. 国際政治におけるアクターやパワーとは何か概観する。
3. リアリズムの国際政治理論について、モーゲンソーの学説を中心に取り上げる。
4. ネオリアリズムの理論について、国際構造、相対利得などをキーワードにしつつ説明する。
5. リベラリズムの国際政治理論について、相互依存論、国際レジーム論を中心に取り上げる。
6. 「民主主義の平和論」、コンストラクティヴィズムなどの最新理論を取り上げる。
7. 地球規模の課題を取り上げ、それに取り組むグローバル・ガバナンスを概観する。

1 現代国際政治の基本的特徴

A 国際政治におけるアナーキー性

　国際政治の基本的性格はそのアナーキー性にある。国際政治学において、アナーキーとは中央政府のない状態を指す。国際政治では、国内の中央政府に相当する世界政府は存在しないため、アナーキー性という特徴は疑いようがない。しかし、アナーキーは無秩序や無法状態を意味しない。確かに現代国際政治においては、しばしば無秩序と思われる現象（侵略、虐殺事件、国際テロなど）がなくなったわけではない。しかし完全な無秩序とも言えず、部分的ながらゆっくりとしたルール化が一方では進行中である。そのルールは、条約のような明確な形をとることもあれば、むしろ国際的な暗黙のルールや慣行という形で現れることもある。

　また、現代国際政治では組織化もゆっくり進行しつつある。20 世紀は、国際連盟や国際連合のような包括的な国際機構を生み出した。これらの国際機構は必ずしも十分に機能してこなかったが、国連の場合、その傘下に多くの専門機関を抱え、さまざまな政策分野で少しずつ国際関係の組織化が試みられている。

B 国際政治におけるアクターの多様性

　現代国際政治の原型は 17 世紀のウェストファリア体制の成立にたどることができる。この体制の成立によって、主権国家により構成される国際政治が登場した。現代国際政治においても依然として国家が中心アクター（行為主体）ということができるが、しかし急速にアクターが多様化しつつあるのも事実である。国際経済に大きな影響力を及ぼしている多国籍企業、あるいは宗教面で絶大な力をふるい続けてきたカトリック教会などの巨大宗教組織に加えて、近年はさまざまな規模の NGO などの市民組織、国連やその専門機関などの国際機構、そして EU（ヨーロッパ連合）や ASEAN（東南アジア諸国連合）のような地域国際機構など、多様なアクターが登場して活動することで、国際政治に影響を及ぼしつつある。

C　争点の多様化

　現代国際政治は争点も急速に多様化しつつある。ウェストファリア体制成立後、少なくとも 20 世紀の中ごろまでは、いわゆるハイ・ポリティクス（軍事・戦略などの問題）の争点が重要なテーマと見なされてきたが、その後、ロー・ポリティクス（経済・社会的な問題）の重要性が急速に浮上してきた。現代でもハイ・ポリティクスの重要性が消えたわけではないが、ロー・ポリティクスも場合によってはそれ以上に重要と見なされつつある。

D　相互依存からグローバリゼーションへ

　経済については、1970 年代以降、先進国間では経済的相互依存が進行し、20 世紀末以降、急速なグローバリゼーション（いわゆる経済のグローバル化）が進行した。このグローバル化は、ヒト・モノ・カネ・情報の流れがグローバル・レベルで急増し、経済的に世界が急速に一体化しつつあることを示す。他方で、国際政治の特徴に関わる点であるが、政治は依然として国家が基本単位であり、政治のグローバリゼーションは厳密な意味では生じていない。現代においても、国際政治は国家間政治の側面がまだまだ強い。ただし国家（国内政府）の政策決定が他国や世界の動向を抜きにしては下せない、という意味では伝統的な国際政治とは明らかに異なる。

E　統合と分離

　現代国際政治では、一部の地域で統合という現象が見られ、また地域協力の試みも盛んになりつつある。代表的な例はヨーロッパ統合（具体的にはEU）であるが、その他にも、あえて緩やかな地域協力の枠組みで留めるASEAN の例が挙げられる。またアフリカ大陸における AU（アフリカ連合）、アフリカ各地における地域協力、南アジアでの地域協力の試みなど、多くの地域で地域統合・協力の動きが活発化しつつある。他方、東ティモール独立のように分離独立の動きが幾つか表面化しつつある。また本来、統合を目指していた EU から離脱する動きがあることも注目できる。分離独立は各事例によって特殊な政治的・歴史的背景を抱えているため、早急な一般化は避けるべきであるが、現代国際政治において、統合と分裂という相反する現象が同時に生じていることは注目すべきである。

2 国際政治におけるアクターとパワー

A 国際政治におけるアクター

　アクターとは行為主体と訳され、国際政治において主たる役割を担う集団やグループを指す。国際政治学では伝統的に主たるアクターと見なされてきたのは国家であった。なお国家とは、主権、領土、国民の3要素を備えた存在であり、他国によってその存在を承認される必要がある。

　しかし20世紀以降、国家以外の存在も重要なアクターと見なされるようになった。すなわち国際機構、多国籍企業、NGO（非政府組織）といったアクターである。そしてアクターの多様化の背景には、国際政治の重要争点が国家安全保障のみならず、国際貿易、開発、人権、地球環境など多様化し、コミュニケーション手段が飛躍的に進歩したことが挙げられる。

B ビリヤード・モデルとネットワーク・モデル

　主たるアクターが国家なのか、あるいはそれ以外の存在も含まれるのかといった問題は、単に誰が（あるいは何が）国際政治の主役なのかを認識する点で重要であるばかりではなく、その変化によってどのような国際政治観が描かれるのかが異なるという点でも重要である。すなわち国家のみを主たるアクターと見なす伝統的国際政治観は、国家がビリヤードの球のように互いに衝突し合い、反発し合うことで国際政治が展開されるというビリヤード・ゲーム・モデルの見方を提示する。他方で現在の国際政治観は、さまざまなアクターが多様なコミュニケーションの方法を用いて複雑に結びつきあうネットワーク状のモデルであり、ネットワーク・モデル、あるいは「クモの巣状モデル」と呼ばれる。

C 国際政治におけるパワーとは①――軍事力の場合

　国際政治学では伝統的に軍事力と経済力の2つの要素がパワーになると考えられてきた。このうち古来から国家のパワーとして最も重要視されてきたのが軍事力である。軍事力はたいてい、装備と兵員の質と量で測られることが多い。装備とは具体的には戦車、戦闘機、航空母艦などの兵器や、

兵員が携行するさまざまな器具を意味し、その性能差は軍事力の差と考えられてきた。また、それを使用する兵員が高い教育を受けているか、あるいは十分な訓練を受けているかも軍事力の差に関連づけられる。他にも、軍事的なテクノロジー（たとえばステルス技術など）の進歩の程度、あるいは政治家や上級指揮官たちのリーダーシップ能力・指揮監督能力なども重要な軍事力の要素として考えられる。

D　国際政治におけるパワーとは②──経済力の場合

　軍事力と並んで伝統的に国家の重要なパワーとして考えられてきたのが経済力である。そもそも軍事力はいつの時代であっても巨額の経費を必要とし、その経費を捻出できるかどうかは、その国の経済規模、つまり国の豊かさにかかっている。国家は古来よりいわゆる「富国強兵」に努めてきたのである。現代中国の急速な軍事力の近代化と増強が、経済的な急成長と密接に関連しているのは典型的な例である。このように経済力は軍事力の重要な基盤を成すが、それだけではなく、巨大な経済力は海外援助を潤沢に行なえる点でも外交的にはパワーとなり得る。経済力の要素としては、工業生産力、研究開発力、労働力、資源の埋蔵、金融能力（あるいは資金調達能力）などが考えられる。

E　国際政治におけるパワーとは③──ソフト・パワーの場合

　ここで取り上げた2つの力、軍事力と経済力が重要なのは現代でも変わらないが、さらに近年、ナイ（Nye, J. S.）によってソフト・パワー概念が提唱された。ソフト・パワーとは、文化的な要因がパワーの源となり、国際政治に影響力を及ぼすことを指す。ソフト・パワーは、相手を取り込む力であり、こちら側の魅力によって、こちらにとって望ましい結果を手に入れる力でもある。軍事力と経済力が直接的に相手に影響力を行使するのに対して、ソフト・パワーは間接的に影響力を行使する点に特徴がある。ソフト・パワーの要素となるものは、第1には文化（文学、言語、映画、音楽、宗教。サブカルチャーも含まれる）、第2に政治的な価値観（たとえば民主主義、自由主義）、第3に外交政策（相手国や世界から、正当で敬意を払われるべき政策と見られる場合）が挙げられる。

3 古典的リアリズムの国際政治理論

A リアリズムの台頭

　国際政治学において長らくリアリズムが主流派として君臨してきた。リアリズムの発想自体は特別なものではない。たとえばリアリズムは権力欲を政治の土台と考えるが、この点はマキァヴェリの思想にすでに見られるし、またパワーのバランス（勢力均衡）によって戦争と平和を理解しようとする考え方は古代ギリシアの思想家ツキジデスの手法でもあった。リアリズムはいわば西欧政治思想の膨大な蓄積を基盤とした理論である。

B リアリズムの 3 つの基本仮定

　リアリズムの理論は 3 つの基本仮定に基づく。第 1 の仮定は、国際政治の基本的性格をアナーキー（anarchy）と捉える点である。国際政治学においてアナーキーと言う場合、一般的な用法とは異なり無秩序や混沌を意味せず、中央政府が存在しない状態を指す。この状態では、国家は他国の保護を受けられず、自らを守る「自助（self-help）」が必要となる。

　第 2 の仮定は、国際政治において最も重要なアクターは国家であるという点である。アナーキーの下では、自助を全うして人々に安全を提供できるのは国家のみであり、よってリアリズムでは国家以外のアクターは取るに足らない存在と見なされる。

　第 3 の仮定は、国際政治における最も重要な争点を国家安全保障と見なす点である。アナーキー下では、国家には自助が求められ、安全保障の確保が国際政治における最も重要なテーマとなる。またリアリズムでは経済的・社会的な問題は、安全保障と比べて常に優先度が低いと見なされる。

C モーゲンソーのリアリズム

　初期のリアリズムは古典的リアリズム、あるいはクラシカル・リアリズムと呼ばれ、代表的理論家はモーゲンソー（Morgenthau, H.）、カー（Carr, E. H.）などである。その中でも中心的理論家であるモーゲンソーは、先に挙げた基本仮定に基づきつつ、国際政治の根底にある「権力欲」を指摘した。

すなわち人間の本性には欲望があり、政治的な場面では「権力欲」という形で現れると論じた。さらに国家を擬人化して、国家も同様に「権力欲」を持ち、それが原因で国際政治のさまざまな出来事が引き起こされる因果関係があると考えた。また国家の行動の根底には国益の追及という面があるが、すべての国家に共通する国益の中身とは国家の生存であるとする。国益は国家の生存という点を除き普遍的な中身を持たず、それ以外の具体的な中身はそれぞれの国家の政治的・歴史的背景によって決められる。

D　勢力均衡（バランス・オブ・パワー）の原理

　では古典的リアリズムでは国際政治の秩序はどのように保たれるのか。それは近代ヨーロッパ外交において発達した勢力均衡（バランス・オブ・パワー）である。いくつかの国家が互いに力のバランスをとることによって戦略的安定性を保ち、各国の安全も達成されるとの発想である。

　この考え方によれば、主要な国が3つ以上存在することによって国際政治の不確実性は増すが、しかしこの不確実性は国際政治の安定にとって有益となる。なぜならば、こうした状況下では各国は軍事力の行使に慎重となり、また主要な国がいくつも存在することで同盟の組み換えの自由度が増す。そのことでさまざまな組み合わせで同盟を結成することが可能となり、現状を打破しようとの野望を持つ挑戦国の行動を抑止できる。

　歴史上の事例としては近代ヨーロッパ、とりわけナポレオン戦争後の19世紀「ヨーロッパの協調（Concert of Europe）」の時代が挙げられる。この時代、オーストリアを中心としたヨーロッパ各国は複雑な同盟外交を展開することによって、突出した国家の台頭を防ぎ、ヨーロッパ内部の力のバランスをとることを試みた。こうした試みがヨーロッパ国際政治に長らく安定をもたらしたと言われる。

E　まとめ

　古典的リアリズムは、権力欲、国家、勢力均衡といった点から国際政治を読み解こうとする。他方では、権力欲といった人間性から議論を始めるなど哲学的側面も強く、こうした点は新たなリアリズム理論であるネオリアリズムによって批判されていく。

4 ネオリアリズムの国際政治理論

A ウォルツの国際構造論

　ネオリアリズムは古典的リアリズムから3つの基本仮定を受けつぐが、かなり異質の理論である。代表的理論家はウォルツ（Waltz, K.）であり、その理論は国際構造論あるいは構造主義理論といわれる。この理論は、個々の国家ではなく、国際政治の全体構造に焦点を当て、国際構造が原因となりあらゆる国家の行動が導き出されると仮定する。国際構造論とは国際政治における国家のパワーの分布と配分の状況を指す。その国際構造の性質はアナーキーである。そして国際政治においては、国際構造が原因となって国家の行動という結果をもたす因果関係が存在すると説く。ここで問題となるのは、国家によって行動には違いがあり、その違いがなぜ生じるかという点である。ウォルツによれば、国家の能力には違いがあるが、この違いこそが国家の行動を制約し、異なる行動をとらせる要因となる。たとえばアメリカのような超大国は能力が大きく、行動の自由も大きい。他方、小国はパワーが小さく能力が限られているため、行動の自由も小さい。このように国家の行動パターンを、国際政治のアナーキー性とパワーの分布から説明しようとするのがネオリアリズムの理論的特徴である。

B 「相対利得」の概念

　ネオリアリズムは国家の行動の根底には「相対利得」の追求が潜むと説く。相対利得とは、相手と比べて自国がどれだけ得をしたかという視点である。ウォルツによれば、国家は他国より少しでも多くの相対利得を得ようとする。そのため相手との約束を破って出し抜くことで利益を得ようとさえ試みるため、しばしば国家間の協力は失敗に終わる。ネオリアリズムは、国際政治において国家間協力が困難で、なおかつ対立が絶えない要因は、国際構造に深く根ざすと説く。

C ギルピンの覇権安定論

　1970年代以降、経済的相互依存が急速に進み、国際関係における経済の

比重が増大しつつあった中で、古典的リアリズムは徐々に説明力を失いつつあった。そこで国際経済と国際政治を包括的に捉えようとしたのがギルピン（Gilpin, R.）の提唱した覇権安定論であった。この理論によれば、国際関係（国際政治と国際経済のセットの意味）の秩序を形成して維持するのは覇権国であり、国際秩序は覇権国の存在にかかっている。ギルピンによれば国際関係の構造とは、圧倒的パワーを持つ「覇権国」、相対的に大きなパワーを持つ「大国」、あまり大きなパワーを持たない「準周辺国」、国際的影響力が皆無の「周辺国」といった 4 タイプの国家から成る。

D　覇権安定のサイクル

　覇権国による国際秩序の形成と維持は以下の 4 段階によって構成される。まず覇権国のパワーによって国際秩序が形成される「秩序形成」段階、第 2 に覇権国のパワーとコスト負担によって秩序が保たれる「秩序安定」段階、第 3 に覇権国に挑む国が現れる「挑戦国の登場」段階、最後に覇権国の座をかけた「覇権戦争」段階である。以上の 4 段階によって一つのサイクルが作られ、そのサイクルが繰り返されるというのがギルピンの説である。しかし 4 段階の議論は歴史の過度の抽象化であり、「歴史は繰り返す」との言説の安易な理論化に過ぎないと批判されている。また、覇権国の概念はアメリカの行動の正当化に過ぎないとの批判もある。

E　ネオリアリズムの新展開

　近年、ネオリアリズムは新展開を見せており、国家間の協力について楽観的な見方をとる防御的リアリズムが登場した。この理論によれば、国家は安全さえ保証されれば競い合う必要はなくなる。むしろ協力することで生き残ることが確実となれば、妥協や譲歩をする方が国家の安全は高まると政治リーダーによって考えられるようになると説く。

　他方、この説を批判して登場したのが攻撃的リアリズムである。国家の究極目的は安全の達成ではなく、パワーの極大化にある。よって国家は安全を確保してもパワー増大の追求を止めない。国家の目的が他国よりも大きなパワーを持つことにある以上、国家間の対立は避けられないと説くのが攻撃的リアリズムである。

5 リベラリズムの国際政治理論

A リベラリズムの国際政治理論の基本仮定

リアリズムと並んでリベラリズムの国際政治理論がもう一つの理論潮流となっており、以下の3点を基本仮定としている。第1、国際政治における重要な争点は多様であり、リアリズムとは異なり、安全保障だけが常に最も重要とは考えない。リベラリズムは国際貿易・開発・環境・人権など多様な経済的・社会的争点も安全保障と同様に重要な争点と考える。第2、この理論は、リアリズムとは異なり、国際政治で重要なアクターを国家のみとは考えない。すなわち国家に限らず、国連のような国際機構、EUのような地域機構、NGO、多国籍企業など多様なアクターが重要な役割を占めると仮定する。第3、この理論は国際政治と国内政治を連係させて分析する。リアリズムでは国際政治は国家間関係と捉えられ、分析の際に国内要因は考慮されない。しかしリベラリズムでは、NGOや圧力団体などの働きかけで外交政策が変化したり、世論の動向で国家の方針が左右されたり、さまざまな国内要因が国際政治に影響を及ぼし、また逆に国際政治の動向が国内に影響を及ぼすことがあると捉えられる。

B 相互依存論

リベラリズムの理論の中で、1970年代以降に進行した経済的相互依存に注目したのが相互依存論であり、代表的理論家はナイとコヘイン（Keohane, R. O.）である。相互依存とは、国家間の貿易、投資、技術移転、労働移転などの経済的・社会的交流が拡大し、政治的にも無視できない影響が生じる状況を指す。すなわち国家間で、ヒト・モノ・カネ・情報などの経済的・社会的交流が増えると、政治的な影響が生じて一種の国際秩序が出現すると説く。相互依存では以下の特徴が生じる。第1に、国家間には多元的なチャンネルが形成され、国境を越えた市民・NGO・官僚・政治家の結びつきが出現する。第2に、従来の国際政治とは異なり、経済的・社会的争点が重要となる。第3に、相互依存の下で軍事力の有効性が減少する。この状況下では貿易摩擦などの経済争点などが深刻な外交問題となるが、

こうした問題の解決には軍事力はほとんど無力となる。相互依存の状況下では、軍事的対立や軍事力の行使は経済的・社会的関係に悪影響を及ぼすため、各国によって軍事的対立が自制される可能性がある。

C　国際レジーム論

　経済的相互依存は1970年の時点では一部の先進国のみに当てはまる現象であり、相互依存論の説明力は限られていた。そこで、より広く国際政治現象を説明しようとするのが国際レジーム論であり、代表的理論家はクラズナー（Krasner, S.）とヤング（Young, O.）である。国際レジーム論とは、国際機構や国際ルール・慣行を広く国際制度と捉えて、国際協力や秩序について考えていく理論である。クラズナーの定義では、国際レジームとは「国際関係の特定分野において、原則、規範、規則、政策決定の手続きのセット」である。要するに、国際的なルールのセットが、国家の行動を制約し、国際政治に一定の秩序をもたらすと説く。具体的な事例としては、IMF（国際通貨基金）を中心とした国際金融のレジーム、WTO（世界貿易機関）を中心とした国際自由貿易のレジーム、NPT（核不拡散条約）に基づく核拡散防止の国際レジームなどがある。国際レジームは国際政治における特定分野の秩序、部分的な国際秩序を形成するといえる。

D　レジーム論への批判

　しかし、国際レジーム論はリアリズムから以下の点で批判を受けた。まず国家はそもそもレジームに制約されず、依然として国益の観点からのみ行動している。よって国家はレジームを維持するためには行動せず、レジーム維持に必要なコスト負担もしていない。またレジーム相互の関係や序列が明確にされておらず、そのためレジーム論では国際政治の全体像を把握することはできない。こうした批判には、リベラリズム国際政治理論の新たな学派であるネオリベラル制度論が反論して、レジーム論を修正した。国家は依然として国際政治の主要アクターであり、国益実現のために行動している。しかしレジームは国家によって一方的に左右される存在ではなく、一定の自律性を保っている。またレジームには国家の行動を制約し、国際協調を円滑なものとする機能が備わるとされる。

6 「民主主義による平和論」とその他の理論

A 「民主主義による平和論」とは何か①——理念による制約

　近年、注目されているリベラリズム国際政治理論が、「民主主義による平和論（デモクラティック・ピース論）」であり、代表的な理論家はラセット（Russet, B.）である。この理論によれば、国際平和の決め手は国内政治の体制であり、民主国家である。民主国家は互いに戦わない。なぜならば、民主国家同士は民主主義の理念や制度によって制約がかけられ、戦争には至らないとされるからである。民主主義の理念を共有する国家は、互いに相手国の権利を尊重し、平和的手段によって紛争を解決すべきとの規範が備わっている。危機が発生した場合でも、民主主義では政策決定過程の透明性が高いため、双方で相手の状況を把握しやすく、武力行使ではなく平和的手段によって危機を解決することが可能となる。また相手国もこちら側と同じような態度を取ることが予想できる。近代の政治史も民主国家同士の戦争が皆無であることを示している。

B 「民主主義による平和論」とは何か②——制度による制約

　また民主主義におけるさまざまな制度（たとえば議会、政党、メディア、言論や結社の自由）が民主国家同士の戦争を制約すると論じる。民主国家では独裁国家などと比べて、戦争の決定と遂行には複雑な制度的手続きを必要とする。また議会や世論は戦争を簡単には承認しないし、メディアや野党は政府の決定や行動に監視の目を光らせている。反戦・平和運動の影響も大きい。政府や与党は選挙を考慮するため、人的犠牲や財政的負担を伴う戦争や武力行使は他の政治体制の国家と比べてはるかに決定しにくい。

C 「民主主義による平和論」の課題

　以上の「民主主義による平和論」については、多くの課題が存在する。第1は民主主義概念のあいまいさである。政治学において民主主義はいまだに論争の多い概念であるが、この理論において民主主義や民主国家が具体的に何を指しているか明確ではない。第2に、民主化と戦争の関連性を

どう説明するかという点である。歴史的には民主化段階で戦争・紛争が多発しているが、この理論ではこの点について説明されていない。第3に、民主国家は平和国家といえるのかという点である。この理論が明らかにするのは、民主国家同士が戦わないという点であって、民主国家が戦争しないということではない。

D　リベラル・ピース論

「民主主義による平和論」は現在、リベラル・ピース論へと発展しつつある。リベラル・ピース論とは、民主主義が国内で根付いているかどうか、互いに経済的相互依存が進行しているかどうか、そして国際機構へ積極的に参加しているかどうかの3点を考慮し、この3点が揃う場合、そうした国家間では戦争の可能性が低くなると仮定する議論である。ただし前述の3つの課題はこの理論でも依然として主な課題として残されている。

E　コンストラクティヴィズム

リアリズムやリベラリズムと異なる国際政治理論として近年、注目されつつあるのがコンストラクティヴィズム（構築主義や構成主義と訳される）である。従来の理論は軍事力や経済力といったような物質的要素に注意を払ってきたが、この理論はアイディア、アイデンティティ、規範、倫理といったような客観的にも数量的にも測りにくい要素に着目する。そしてこうした要素が国際政治を左右するような影響を及ぼすと説く。

この理論のキーワードは「間主観性」であり、お互いに共有された主観や認識を意味する。たとえば、ある国家のリーダーが現代の世界秩序では武力行使は許されないと考えていたと仮定する。これはそのリーダーの主観であるが、仮にこうした考え方を他の国家のリーダーたちも持っていたならば、彼らは共有された認識、すなわち「間主観性」を持っていたことになる。この場合、そうした国際秩序の認識は、国際秩序がまるで客観的に存在するかのように各国のリーダーの政策決定や行動を制約する。こうした要素が国際政治を動かしてきたというのが、この理論の主張である。しかし実証研究には向かないとの批判があり、また他の理論もこうした要素を無視したわけではないとの反論もある。

7 グローバル・イシューとグローバル・ガバナンス

A グローバル・イシューとは何か

　最後に現代国際政治が今日的問題として抱える課題を取り上げておく。冷戦期、国際政治の大きな課題は米ソの正面衝突や全面核戦争をいかに阻止するかという点にあった。しかし現代国際政治では課題は多様化している。冷戦期に懸念されたような大戦争の発生の危険性こそ低くなったとはいえ、地域や民族をめぐる紛争は依然として絶えない。またさまざまな地球規模の課題（グローバル・イシューと呼ばれる）、具体的には環境、貧困、開発、人権、貿易など多様な分野の課題が問題とされている。その特徴は、文字通りグローバルな広がりを持つことで、従来の国境が無意味なものとなり、あるいは一見すると自国に関係ないように思われても、結果的には大きな影響を受けてしまう点にある。たとえば環境破壊や温暖化はグローバル・イシューの典型例であり、気候変動や汚染物質の問題は、人間の定めた国境を容易に越えて影響を及ぼす。

B グローバル・ガバナンスの登場

　このためグローバル・イシューに取り組むためには国際的な協力が必要となる。そこで提唱された新たな国際秩序の概念がグローバル・ガバナンスである。ガバナンスとは、個人および公的または私的な制度・機構が、共通の問題を管理する多様な方法の総称として定義される。ガバナンスは国内政治の分野でも注目されつつある概念であり、現代政治学の重要な研究領域ともなっているが、グローバル・ガバナンスはそうしたガバナンスの国際版といえる。もっとも国内政治では政府によって基本的な秩序が確立され保障されているが、国際政治ではそうした基本的秩序さえ明確には確立されておらず、ガバナンスの確立と充実はより切実かつ緊急なグローバル・レベルの課題といえる。

　より具体的には、グローバル・ガバナンスとは、各国政府のみならず、国連やその専門機関などの国際機関、EU のような地域機関、NGO などの市民社会の組織、そして企業あるいは個人といったような多様なアクター

によって何重にもネットワークが張り巡らされて、グローバルな問題の処理と解決が図られ、秩序が保たれていくことを指す。

C　グローバル・ガバナンスの事例（地球環境問題の場合）

　地球環境問題の場合、一部の専門家は環境破壊あるいは地球温暖化について警告してきたが、現実に地球環境が重要な争点として取り上げられるようになったのは 1980 年代以降であった。もっともヨーロッパでは、国際河川の汚染問題や国境を越えた酸性雨の問題が深刻であり、すでに 1970 年代から国際的な環境対策が模索されていた。グローバル・レベルでは、2 つの地球サミット（1992 年と 2002 年）によって環境をめぐる世界規模の会合が設定されて、また京都会議（1997 年）における京都議定書の調印（2005 年発効）によって環境をめぐる国際的な課題と枠組みが設定された。すなわち京都会議において先進国は、CO_2（二酸化炭素）やメタンなどの温室効果ガスの排出量を、2008 年から 2012 年までの間、会議で決められた数値に抑制することに合意した。また温室効果ガスの排出量を国家間で売買し、取引することが可能な「京都メカニズム」の創設にも合意した。このメカニズムは、温室効果ガスの排出を商業化するものだとして環境保護論者から強く批判されたが、メカニズムは始動することとなった。こうした合意やメカニズムは、一種のグローバル・ガバナンスを形成しつつあると考えられ、各国政府はこうしたグローバル・ガバナンスの枠組みに基づいて活動・行動することが求められるようになった。

　また 2 つの地球サミットや京都会議では、多数の NGO が会議自体への参加を認められたり、あるいは会議への働きかけを行なうなどの積極的な役割を担うようになった。また環境 NGO の広範なネットワークが築かれつつあり、環境政策に絶大な影響を与えるようになっている。このように多様なアクターによってネットワークの網が張り巡らされて、グローバルな問題の解決が取り組まれていくというグローバル・ガバナンスが地球環境問題について徐々に形成されているのである。今後の国際政治を考える際には、特に今後の国際秩序を考える上で、ガバナンス、とりわけグローバル・ガバナンスは重要なテーマとなっていくであろう。

知識を確認しよう

・・・・・・・・・・・・・・・・・・・・・・・・・・・・・・・・

問題 以下の国際政治学についての記述の中から適切なものを選択せよ。

(1) ネオリアリズムの国際政治理論は、国内レベルの政治過程に注目して、そうした政治過程の解明こそ国際政治を解く鍵であると説く。

(2) リアリズムの基本仮定によれば、国際政治の主要アクターとは国家であり、国際政治の主要争点とは安全保障、貿易、環境など多岐にわたると説く。

(3) 近代ヨーロッパで発達した伝統的なバランス・オブ・パワー(勢力均衡)の考え方によれば、国際政治の秩序は2つの超大国が互いに力のバランスをとることによって保たれる。

(4) コヘイン(Keohane, R.O.)とナイ(Nye, J.S.)の相互依存論は国家間の経済的結びつきの深まりについて論じたものであるが、経済的相互依存によって政治はほとんど影響を受けることはないと説く。

(5) 「民主主義による平和論」とは、民主国家同士が戦わないという点を主張するが、民主国家が戦争をしないとは説いていない。

解答

(1) ×　ネオリアリズムが注目するのは国内レベルではなく、国際レベルであり、国際構造である。

(2) ×　リアリズムは、主要争点が安全保障であり、その他の争点は二義的にすぎないと説く。

(3) ×　伝統的な勢力均衡の考え方では、2つではなく3つ以上の国家が互いに力のバランスを取り合うことによって国際秩序が保たれるとされる。

(4) ×　相互依存論によれば、経済的な相互依存の進行につれて、政治的なインパクトが生じると説き、それが場合によっては国際的な協調や秩序を導き得るとされる。

(5) ○

本章のポイント

　本章では、戦後70年余りの日本政治の変遷を、政党政治の動向を中心に振り返りながら、かつ主要なトピック（事柄）については掘り下げて概観する。取り上げる主なトピックは以下の通りである。

1. 戦後揺籃期の日本政治。ここでは、「55年体制」が確立する前の時期10年間（1945［昭和20］年から1955［昭和30］年まで）の政治状況を振り返る。
2. 1955（昭和30）年から1993（平成5）年まで続いた自民党一党優位体制を「55年体制」をキーワードに概観する。
3. 自民党一党優位体制を強固に支えてきた「鉄の三角形」とはどのようなものなのかについて説明する。
4. 自民党一党優位体制はまた、利益誘導政治をもたらした。その主要なアクターである「族議員」について説明する。
5. 「55年体制」が崩壊した1993（平成5）年以降、現在までの政治状況を概観する。
6. 日本政治に欠落してきた2つの課題（「女性の政治的過少代表」と「公害・環境問題に対する無関心さ」）について考える。

1　戦後揺籃期の日本政治

　1945（昭和20）年8月15日、第二次世界大戦は終結した。9月2日には、米艦ミズーリ号上で降伏文書に調印がなされ、わが国は1952（昭和27）年4月28日にサンフランシスコ講和条約が発効し、主権を回復するまで7年余り連合国軍の占領下に置かれた。間接統治のかたちを取り、形式的には日本政府が施政を行ったが、実質的にはGHQの意向を強く反映したものであった。対日政策の初期は徹底した民主化と非軍事化に重きが置かれたが、徐々に冷戦下の反共の砦として、また朝鮮戦争などの時代的背景から非軍事化に関しては変更が加えられ、警察予備隊、保安隊と今の自衛隊に連なる組織が整えられていく。

　終戦後3カ月を経た11月から12月にかけて、日本社会党、日本自由党、日本進歩党、日本協同党と、戦後政党の結党ラッシュが見られた。また、日本共産党も10月には合法化されている。戦後政治の揺籃期ともいうべき10年間の特徴は、保守政党の離合集散と日本社会党の右派と左派の対立にあると言ってよい（**表13-1**）。

　当初保守政党は日本自由党、日本進歩党、日本協同党を緒としてそれぞれ活動を始めるが、徐々に収斂されていき1954（昭和29）年までには自由党（日本自由党を源流）と日本民主党（日本進歩党と日本協同党を源流）の二大政党に統合される。この間、公職追放解除後の鳩山一郎派と首相の吉田茂派との激しい対立、加えて占領軍内部の対立が保守勢力の離合集散に強く影響を及ぼした。

　他方、日本社会党は、1951（昭和26）年10月、サンフランシスコ講和条約と日米安保条約の対応をめぐって、両条約に反対の立場をとる左派と安保条約にのみ反対し講和条約には賛成の立場をとる右派とに分裂するに至った。

表 13-1　戦後揺籃期の日本政治（～1955［昭和30］年まで）

年　号	事　項
1945（昭和20）年	
9.2	**降伏文書に調印　連合国軍最高司令官総司令部の占領下に入る**
11.2	日本社会党結成（書記長片山哲）
11.9	日本自由党結成（総裁鳩山一郎）河野一郎、三木武吉ら参加
11.16	日本進歩党結成（幹事長鶴見祐輔、のち総裁町田忠治）
12.17	衆議院議員選挙法改正公布（大選挙区、婦人参政権など）
12.18	日本協同党結成（委員長山本実彦）船田中ら参加　後の改進党
1946（昭和21）年	
4.10	戦後初の衆議院総選挙（自由141、進歩94、社会93、協同14、共産5、他）共産党議会初進出　女性議員39人初当選
5.22	第1次吉田茂内閣成立
5.24	協同民主党結成
1947（昭和22）年	
3.8	国民協同党結成（書記長三木武吉）協同民主党と国民党などの合同
3.31	進歩党を母体に民主党結成（5.18総裁芦田均、名誉総裁幣原喜重郎）
4.20	第1回参院選（社会47、自由39、民主29、国民協同10、共産4、他）
4.25	第23回総選挙（社会143、自由131、民主124、国民協同31、共産4、他）社会党第一党
5.3	**日本国憲法施行**
6.1	片山哲内閣成立（社会・民主・国民協同3党による社会党連立政権）
1948（昭和23）年	
3.10	芦田内閣成立（民主、社会、国民協同の3党連立、国務相西尾末広）
3.15	民主自由党結成（総裁吉田茂）自由党に民主党幣原派が合流
6.23	昭和電工疑獄事件
10.7	芦田内閣総辞職（昭電疑獄が原因）12.7芦田前首相逮捕
10.19	第2次吉田内閣成立
12.24	岸信介らA級戦犯釈放
1949（昭和24）年	
1.23	第24回総選挙（民自264、民主69、社会48、共産35、国民協同14）
2.16	第3次吉田内閣成立
1950（昭和25）年	
1.19	社会党右派、左派に分裂　4.3両派再統一
3.1	民主自由党と民主党連立派で自由党結成（総裁吉田茂）
4.28	国民民主党結成（最高委員苫米地義三）民主党野党派、国民協同党他の合同
6.4	第2回参院選挙（自由52、社会36、緑風9、国民民主9、無所属19）
6.25	朝鮮戦争始まる
8.10	警察予備隊令を施行
1951（昭和26）年	
2.10	社会民主党結成（委員長平野力三）
6.20	第一次追放解除（石橋湛山、三木武吉ら2958人）
8.6	第二次追放解除（鳩山一郎ら1万3904人）
9.8	対日平和条約、日米安全保障条約調印
10.24	社会党臨時大会、右派、左派に分裂
1952（昭和27）年	
2.8	改進党結成（幹事長三木武吉）国民民主党と農民協同党らの合同
4.28	**対日平和条約、日米安全保障条約調印日米安全保障条約発効　主権回復・日本占領終結**
7.31	保安庁法公布（10.15警察予備隊を保安隊に改める。保安庁発足）（逆コースの始まり）
8.28	吉田首相、衆議院抜き打ち解散
10.1	第25回総選挙（自由240、改進85、右社57、左社54、労農4）占領終結後初の選挙
10.30	第4次吉田内閣成立
1953（昭和28）年	
3.14	衆院、野党3派提出の吉田内閣不信任案可決、解散（バカヤロー解散）
3.18	分党派自由党結成（総裁鳩山一郎）
4.19	第26回総選挙（自由199、改進76、左社72、右社66、分党派自由35、労農5、共産1）
4.24	第3回参院選挙（自由46、左社18、緑風16、右社10、改進8、他）
5.21	第5次吉田内閣成立
7.27	朝鮮休戦協定調印
11.29	分党派自由党解体、鳩山一郎ら23人、自由党に復党、三木武吉ら残留派8人、日本自由党を結成）
1954（昭和29）年	
10.20	経済同友会、早期の保守合同を要望
11.24	日本民主党結成（総裁鳩山一郎）自由党新党準備会派・改進党・日本自由党の合同
12.10	第1次鳩山一郎内閣成立
1955（昭和30）年	
2.27	第27回総選挙（民主185、自由112、左社89、右社67、労農4、共産2）革新、改憲阻止に必要な3分の1議席を確保
3.19	第2次鳩山内閣成立（少数党内閣）
10.13	社会党統一大会
11.15	自由民主党結成（総裁鳩山一郎）民主・自由両党による保守合同
11.22	第3次鳩山内閣成立

中村政則編『岩波ブックレット　シリーズ昭和史NO.15年表昭和史』岩波書店，1989．吉川弘文館編集部編『誰でも読める日本現代史年表』吉川弘文館，2008．を基に作成

2 自民党一党優位体制と日本政治 (1)

A 55年体制の成立

　日本政治の現代史において一つの節目となったのは、1955 (昭和30) 年という年である。この年から 1993 (平成5) 年の自民党政権の崩壊まで続いた自民党による一党優位体制のことを「55年体制」と呼ぶ。

　1955 (昭和30) 年は、一つに日本社会党が誕生した年である。1951 (昭和26) 年以来分裂していた左派と右派が、保守政権下の改憲や逆コースなどの顕著な保守反動の動きに抗する目的で 10 月に統一したのである。

　今一つに自由民主党が誕生した年でもある。統一した日本社会党の動きに危機感を持った財界の要請もあり、それに対抗する目的で 11 月には保守政党同士である日本民主党と自由党が合流 (保守合同) し結党した。

　結党直後に行われた 1958 (昭和33) 年の第 28 回衆議院議員総選挙の選挙結果では、この両党で議席数の大半を占めるに至った。それは、あたかも二大政党制が成立したように見えたが、実際はかなり様相が異なった。自由民主党と日本社会党の議席数の比率は、約 2：1 と圧倒的に自由民主党の方が勢力的には強かった。このことからも二大政党が伯仲、拮抗し互いに政権交代にしのぎを削るという状況からは程遠く、その意味では真の二大政党制には足りえなかった。従って、この状況は、「疑似二大政党制」、あるいは議席数の勢力分布から「1と2分の1政党制」などと呼ばれている。

　ただし、この時期の政治状況で興味深い点は、この二大政党間の勢力に開きがありながら、万年野党第一党の日本社会党にも一定の存在意義が認められたという点である。つまり政権奪取には程遠い状況だが、自民党の暴走に対し歯止めとなる機能—例えば、憲法改正の発議に必要な議席数にまでは届かせないことや、防衛費の増強に対する抑制など—を果たしてきたという点である。結果として揺るぎない自民党政権と野党第一党である日本社会党の一定の議席数確保による護憲体制保持は、戦後長期にわたって半ば固定化されていくことになる。また米軍の傘に入ることを政権が是認することによって、今日の日本の経済的繁栄は築かれたと言ってよい。

B　鉄の三角形

「55年体制（＝自民党一党優位体制）」を強固に支えてきた象徴的な権力構造が、「鉄の三角形」と言われるものである。その仕組みは、主なアクターである「政（政治家）」、「官（官僚）」、「業（業界）」が強く結びつくかたちで成り立っている。アクターの一つ「業（業界）」を「財（財界）」と表して説明されることもあるが、その場合は経済界一体と理解して構わない。

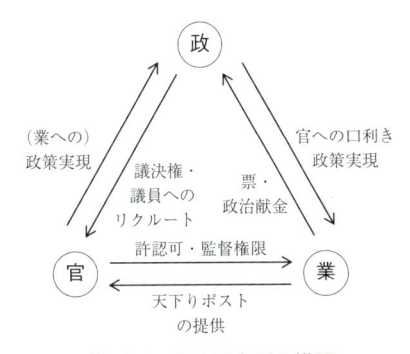

図13-1　鉄の三角形の構図

ここでは「業（業界）」、すなわち財界の下位に属する特定の産業界との結びつきを念頭に具体的に説明を行っておく。

　まず政治家は官僚に対し、自らの支持団体である業界に有利な政策実現（公共事業の受注や既得権益の確保など）を図るよう口利きを行う。官僚はそれに対し、許認可権限や監督権限の差配というかたちで応える。その見返りに業界は政治家に票と金（政治献金）を提供し、官僚へは天下りポストの提供や接待などで借りを返す。また、政治家は口利きの見返りに官僚の望む法案に議決権行使や議員へのリクルートで応える。このようなお互いの持ちつ持たれつ（Win-Win＝ウィンウィン）の関係の維持そして強化こそが、自民党一党優位体制の原動力になってきたのである。

　しかし、それは特定の方向に利益を誘導するもの（＝利益誘導政治）であって、国益を損なうものに他ならず、国民一般からみれば決して許されることではない。時に世論を揺るがす大きな事件として（一例として、ゼネコン汚職事件、ロッキード事件、リクルート事件など）露見するものもあったが、それはあくまでも氷山の一角であった。

　このような政・官・業の癒着構造自体は、55年体制が終焉して久しい今日なお続く、悪しき権力構造の一端である。

3　自民党一党優位体制と日本政治 (2)

A　族議員

　「鉄の三角形」の形成を主導する「政（政治家）」とは、具体的には政権与党の政治家、つまりは長年政権を担当してきた自民党の国会議員のことである。議院内閣制の特徴である議会の多数派が政権を担当する仕組み（＝立法権と行政権の融合。「政府自民党」というマスコミ報道でお馴染みのフレーズにそれは端的に表れている）こそが、与党政治家に政策形成および決定という面で大きな「力（＝影響力）」を与えてきたのである。その意味からは、野党議員が鉄の三角形の蚊帳の外に置かれてきたのは、至極当然といえば当然のことと言える。

　このような「力」を自民党の国会議員は、次のように身につけていく。彼（彼女）らは当選すると自らの関心に基づき、党の政務調査会の下部組織である部会に所属する。部会は省庁別あるいは省庁の対応分野別に構成され（たとえば、建設部会、農林部会、文教部会など）、そこで特定の分野の専門知識を深めていくことになる。

　自民党内の政策決定過程はいくつかのプロセスを経るが、その中で最も重要なものがこの部会における決定である。部会での決定を経ることなしには次のステップには進めないし、それは政府提出法案として国会に上程されることのない「お蔵入り」を意味する。ゆえに官僚は自らの省庁が作成した法案などの了承を部会で取り付けるべく、議員に対し陰に陽にレクチャーや根回しを行う。ここに与党政治家が「力」を持ちえる要因がある。ただその関係は、先にも触れた通り一方的に「政」が上回るわけではなく、「官」との相乗的な利益を考慮した関係でもある。このようにして、「族議員」と称される特定の省庁に強い影響力を発揮する議員は生み出されていくのである（「族」は政務調査会の各部会ごとに形成される）。

　族議員にしてもそれを取り巻く官僚にしても、その行動はあくまでも個々の利益に基づく癒着の関係であって、国民に対し納得のいく説明ができる代物ではない。しかし、この二者に「業」を加えた三者による鉄の三角形が、自民党長期政権を支えてきたのは紛れもない事実なのである。

B 「55年体制（＝自民党一党優位体制）」の時代

　38年間に及ぶ55年体制の時代を振り返っておくと、初期の最も大きな政治争点は、憲法改正と外交・安全保障であった。主要「二大政党」たる自民党と社会党は、大枠はすわなち改憲か護憲か、日米安保条約の是非、より広くは、体制選択、保守と革新のイデオロギーを対立軸としていた。しかし、両党ともに所属議員の思想的幅はきわめて広く、一概にこのように括れるものでもなかった。

　岸信介内閣における日米安保条約改定（1960［昭和35］年）時の騒乱（＝初期の対立の頂点）を経て、池田勇人内閣以降は、このようなイデオロギー的問題を意識的に抑え込み、経済政策を政治課題の中心に据えた。これが功を奏し、日本は高度経済成長の道を歩み始める。与野党間の対立軸も、大きくは経済成長の配分を巡る問題（たとえば労使の賃金闘争）に移る。

　高度経済成長への道程は、他面、政・官・業の「鉄の三角形」を強固に育むプロセスでもあった。ロッキード事件然り、リクルート事件然り、政治と金を巡るスキャンダルは、自民党長期政権で尽きない負の問題となる。

　他方野党に目を向けると、社会党は、左派と右派が日米安保条約改定問題での対立の末、1960（昭和35）年西尾末広ら右派が中間派を一部取り込み、西欧型社会民主主義を目指す民主社会党を結党した（後の民社党）。また1978（昭和53）年には、江田五月らが社会民主連合を結成した。この間社会党の衆議院における議席数は、1958（昭和33）年の第28回総選挙で有した166議席が最大で、その後は一時的に党勢を回復する時期もあったが、1969（昭和44）年の第32回総選挙時には90議席、1986（昭和61）年の第38回総選挙時には85議席、そして、1993（平成5年）の第40回総選挙には70議席と、全体的には長期低落傾向を示した。

　また、1962（昭和37）年には、新宗教団体の創価学会が公明政治連盟を結成し参議院に進出した。1964（昭和39）年には公明党となり、以降国会において一定の議席を確保するようになる。

　野党の多党化と中道政党の登場は、経済政策を政治争点とする時代と軌を一にし、それはまた社会党の現実適応力のなさを物語るものでもあった。

4　ポスト55年体制の日本政治

A　55年体制の崩壊

　55年体制に明確な陰りが見えたのは、1989（平成元）年の第15回参議院選挙であった。リクルート事件の発覚、消費税導入、農産物輸入自由化などの問題が自民党にとって逆風となり、55年体制発足後初の過半数割れを起こし、与野党は逆転した（自民党109議席、野党ほか143議席）。

　その後も政治と金をめぐるスキャンダル（「東京佐川急便事件」）で政治不信が続く中、1992（平成4）年自民党の最大派閥竹下派から小沢一郎、羽田孜らが政治改革を求めて離脱し別派閥を結成、翌年6月には自民党を離党した。7月の衆議院総選挙では、自民党は過半数を大きく割り込みついに長期政権の座を明け渡した。この選挙ではまた、社会党も議席数を半数近く減らし、両党の国会に占める議席の比率からも55年体制は終焉した。

B　政権交代期の政治

　1993（平成5）年8月9日、新生党（小沢、羽田ら）、新党さきがけ（武村正義ら）、日本新党（細川護熙ら）を中心に「非自民、非共産」でこれまでの野党が結集し、細川護熙を首班に連立政権が発足した。懸案であった政治改革関連法案（小選挙区比例代表並立制の導入、政党交付金の導入など）を成立させるも、細川は不安定な連立政権の運営を強いられる中、自らの東京佐川急便からの献金疑惑も出て8カ月足らずで辞任した。

　その後羽田政権を経て、1994（平成6）年自民党は、連立を解消した社会党と新党さきがけと組み、村山富市（社会党）を首班に「自社さ連立政権」を誕生させ政権に復帰した。村山退陣後自民党の橋本龍太郎が内閣総理大臣を務め、以後の連立政権下で自民党は総理大臣を再び出すようになる。

　他方、長年対立してきた自民党と組んだ社会党は、その現実路線化（日米安保条約肯定、自衛隊合憲など）でさらなる支持者離れを引き起こした。1996（平成8）年1月には社会民主党（社民党）に党名を変更したが、その後も多くの議員が民主党に合流するなどして規模を縮小させ、以後小政党としての地位に甘んじることになる。

　55年体制崩壊後の政権運営の特徴は、非自民、自民中心問わず連立政権を組んでいることである。自民党の場合は衆議院で単独過半数の議席を得ていても参議院で過半数に届かないこともあり、安定した政権運営を確保する観点から連立を組むことを強いられてきた。

　55年体制を終わらせたという点では戦後政治史に大きなインパクトを残した非自民による連立政権だったが、期間的には細川、羽田両政権による僅か1年にも満たないものであった。以降自民党は連立政権というかたちをとりながらも政権復帰し、直後の村山政権を除き、2009（平成21）年9月の政権交代まで7人の総理大臣を輩出している。

C　民主党政権の誕生

　55年体制の崩壊後しばらくは政党の離合集散が繰り返される中で、民主党が徐々に党勢を拡大させていく。民主党は1996（平成8）年9月、菅直人、鳩山由紀夫ら新党さきがけや社民党の議員を中心に結成された政党である。1998（平成10）年4月には複数の政党が合流し新たな民主党として発足し、この時点で野党第一党になった。さらに2003（平成15）年には自由党（小沢一郎党首）が合流し、いよいよ名実ともに自民党と民主党の二大政党制の時代に入った。

　そして、安倍晋三、福田康夫、麻生太郎と自民党政権内部の不祥事など不手際、弱体化が続く中で、民主党は2007（平成19）年の参議院選挙、2009（平成21）年の衆議院総選挙でも議席数を増やし、ついに社民党、国民新党とともに鳩山由紀夫を首班とする連立政権を誕生させた。

D　選挙制度改革——衆議院小選挙区比例代表並立制の導入

　懸案であった政治改革の一つの成果が、細川政権時の公職選挙法の改正すなわち衆議院における小選挙区比例代表並立制の導入であった。特に小選挙区制の導入に関しては、これまでの中選挙区制による自民党候補同士の同士討ちの弊害（＝派閥政治、金権政治の温床）などへの批判に応えたもので、政策論争を中心とした政権交代可能な二大政党による選挙を企図して制度設計された。この時期、非自民の多くが民主党に合流していくのも、当然それを踏まえた結果として理解できる。

5 日本政治の現段階

A 東日本大震災と日本政治

　2011（平成 23）年 3 月 11 日、宮城県沖を震源とする東日本大震災が起こり、観測史上最大級の地震、津波により東北沿岸部は甚大な被害を被った。また、その影響で東京電力福島第一原子力発電所はメルトダウン（炉心溶融）を起こし、福島県を中心に広く東北、関東地方にかけてきわめて深刻なレベルの放射性物質が放出された。戦争とも異なるこれら未曽有の被害は、周知の通りわが国の政治、経済、社会全般に大きな影響を及ぼした。

　地震、津波の被害からは徐々に回復しつつあるものの、いまだ原子炉内部がどのような状態かも判然とせず、原発事故収束の目途は一向に立っていない。なお住み慣れた土地を追われたままの避難民はかなりの数に上る。

　このような現実を前にして、われわれは科学技術信奉の危うさを痛いほど思い知らされることになった。テレビの向こうであれほど喧伝されてきた「原子力安全神話」とは一体何だったのか。「神話」は一瞬にして崩れる。その時初めてわれわれは自らの過剰なモノの消費を悔い、同時に鵜呑みにしてきた「政治」なるものの本質に気づかされることになったのである。

　今回の原発事故で改めて露見したのは、奇しくもこれまで取り上げてきた「鉄の三角形」の構図である。自民党を中心とする原発を推進してきた政党、経済産業省を始めとする中央省庁、立地自治体そして電力会社、原発メーカー等。加えて今回の場合には、原発推進派の御用学者、マスコミが大きくクローズアップされることになった。「鉄の三角形」とそれを取り巻くアクター等（＝原子力ムラ）によって、われわれ国民は「原発しかない」とうまく刷り込まれてきたと言えるかもしれない。この文脈において考える限り、今回起きた原発事故は、間違いなく政治的問題であった。

B 原発事故の教訓

　民主党政権下では、原発事故の翌年 2012（平成 24）年には自然再生エネルギーの固定価格買い取り制度を開始させるなど、曲がりなりにも脱原発社会に向けた積極的な取り組みを見ることができた。しかし、その後政権

が自民党に戻り、2014（平成26）年に閣議決定したエネルギー基本計画では、原発は「重要なベースロード電源」として位置づけられ、一時停止していた他所の原発も再稼働し始めるに至った。また近時の経産省のエネルギー基本計画に関わる審議会では、新規原発建設に色気を見せる産業界の声も見られた。民主党政権で一旦脱原発に切りかけた舵が、自民党政権では再び原発回帰に戻りつつある。原発事故から得る教訓はなかったのだろうか。

C　民主党政権の終焉と第二次安倍自公連立政権

　2009（平成21）年9月に誕生した民主党政権は、鳩山由紀夫、菅直人、野田佳彦と首相交代を経るも、2012（平成24）年12月に3年余りで幕を閉じた。鳩山政権時代の米軍普天間基地建設移設問題の失態、小沢一郎幹事長の政治と金をめぐる問題（陸山会事件）、菅、野田政権時代の東日本大震災と原発事故対応の不味さ、ままならない景気回復、消費税増税案そして何より与党内部の対立・混乱が政権交代を支持した国民の離反につながった。

　その結果が2012（平成24）年12月の衆議院総選挙に表れ、自民党は過半数を超える議席を獲得し、3年ぶりに政権復帰を果たした。再び安倍晋三が首相を務め、第二次安倍自公連立政権が発足した。安倍政権はデフレ脱却・景気回復に力を注ぎ、アベノミクスと称して積極的な経済政策に打って出た。株価は政権復帰後一気に上昇し、それが自民党への追い風となり、その後の参議院選挙、衆議院選挙でも勝利を収めるに至っている。一方、民主党は、2016（平成28）年3月には維新の党が合流し党名を民進党に変更し、その後も2017（平成29）年には参院民進党、立憲民主党、希望の党に分裂した。非自民は小党に分裂し、自民党に対応できる状況にはない。

D　選挙権年齢の引き下げ──18歳選挙権

　この時期、70年ぶりにわが国の選挙制度に大きな変更が加えられた。それは選挙権年齢をこれまでの「20歳以上」から「18歳以上」に引き下げるもので、2015（平成27）年6月の国会で成立した（＝公職選挙法の改正）。国政レベルでは2016（平成28）年夏の参議院選挙から実施され、18、19歳の政治的運動も限定的に可能になった。選挙権が拡大したのは、1945（昭和20）年の婦人参政権以来のことであった。

6 「鈍感」な日本政治 (1) ——女性の政治的過少代表

A 女性議員数の現状

戦後婦人参政権が認められて70年を経るが、なお女性の政治進出はきわめて少ない状況にある（＝「女性の政治的過少代表」）。それは日本政治の「鈍感」さを象徴する最大の課題と言っても過言ではないだろう。

まず、わが国の女性の政治的過少代表の現状を概観しておく。女性国会議員数の国際比較をみると、日本は衆院（下院）に占めるその割合は9.3%で、193カ国中163位ときわめて低い（**表13-2**）。これはトップ20に入らない主要先進国と比べても——たとえば、ドイツ37.0%（23位）、イタリア31.0%（43位）、イギリス30.0%（47位）、カナダ26.3%（62位）、フランス25.8%（63位）、アメリカ合衆国19.1%（104位）など——非常に低い水準にある。

次に地方議会に占める女性議員の割合（全国平均）をみると、都道府県レベルでは9.8%、市町村レベルでは12.8%である。因みに二元代表制のもう

表13-2　国会議員数の国際比較（2017［平成29］年1月現在）

順位（下院）	国名	下院又は一院制			（参考）上院		
		議院数（人）	女性（人）	女性割合（%）	議院数（人）	女性（人）	女性割合（%）
1	ルワンダ	80	49	61.3	26	10	38.5
2	ボリビア	130	69	53.1	36	17	47.2
3	キューバ	612	299	48.9	…	…	…
4	アイスランド	63	30	47.6	…	…	…
5	ニカラグア	92	42	45.7	…	…	…
6	スウェーデン	349	152	43.6	…	…	…
7	セネガル	150	64	42.7	…	…	…
8	メキシコ	500	213	42.6	128	47	36.7
9	フィンランド	200	84	42.0	…	…	…
9	南アフリカ共和国	398	167	42.0	54	19	35.2
11	エクアドル	137	57	41.6	…	…	…
12	ナミビア	104	43	41.3	42	10	23.8
13	モザンビーク	250	99	39.6	…	…	…
13	ノルウェー	169	67	39.6	…	…	…
15	スペイン	350	137	39.1	266	101	38.0
16	アルゼンチン	257	100	38.9	72	30	41.7
17	エチオピア	547	212	38.8	153	49	32.0
18	東ティモール	65	25	38.5	…	…	…
19	アンゴラ	220	84	38.2	…	…	…
20	ベルギー	150	57	38.0	60	30	50.0
20	オランダ	150	57	38.0	75	26	34.7
163	日本	475	44	9.3	242	50	20.7
世界平均				23.4			22.9

内閣府男女共同参画局「女性の政治参加マップ2017」を基に作成（http://www.gender.go.jp/policy/mieruka/pdf/map_josei_2017.pdf）

一方である女性首長は、女性知事が 47 人中 3 人 (6.4%)、政令指定都市市長が 20 名中 2 名 (10%)、市区町村長が 1,721 人中 23 名 (1.3%) と、地方議員同様こちらもきわめて低い水準にある (原資料の明記は紙幅の関係上省略。いずれも出所は内閣府男女共同参画局、2017)。

　国政、地方を問わず女性政治家の占める割合は、1 割前後と非常に低いのが現状である。これまで一時的に女性議員が増加することはあったが、戦後から現在に至るまで一貫して女性の政治的過少代表は続いている。

B　政治的過少代表の要因

　女性の政治的過少代表の最大要因には、戦前からの性的役割分業意識 (「男は外、女は家庭」) がいまなお色濃く残っていることに求められよう。男女雇用機会均等法が 1999 (平成 11) 年に施行され、女性の社会進出が各方面で推進され一定の効果を上げてはきているものの、こと議会への進出の面に関しては法制定前とそれほど大きな変化は見られない。

　女性の政治進出を阻む要因には、このような「女性は政治には向かない」といった悪しき慣行とともに、選挙制度も強く影響を及ぼしている。小選挙区制の場合だと、そもそも政党の候補者を目指す時点で多数の男性候補者予備軍と戦うことを強いられるし、また運よく候補者に指名されたとしても女性は多くの場合少数候補者として選挙を戦うことになる。議員になるまでの道は男性に比してきわめて難しいものがある (御巫、2010)。

C　政治的過少代表の解消

　このような女性の政治的過少代表を生み出す構造を解消していくためには、社会の意識変革はもとより意図的な制度改革も重要である。たとえば法律を改正し一定の議席を女性に割り当てるクオータ制や、フランスのように選挙の候補者を男女同数に定めるパリテ法を採用するなどである。

　ただ、保守政権の長いわが国でこれらを受け入れる土壌はきわめて薄いと言わざるを得ない。比較的容易な代替的方法として、各政党が候補者選びの段階でこの手法を採用する手がある。既成政党の党組織も男性社会ではあるにしても、女性候補の増加が支持率の上昇につながることが実感できれば、各政党は女性候補者の増加に異論を挟む余地はないだろう。

7 「鈍感」な日本政治 (2) ——公害・環境問題への消極的対応

A 公害・環境問題と日本政治

いま一つ日本政治の「鈍感」さを示す象徴的な課題には、公害・環境問題に対する消極的な（冷淡な）対応がある。高度経済成長期には深刻な公害体験を経たわが国だが、総じてこれまでの公害・環境政策は、場当たり的で「微温」的な政策対応に終始してきた。それは連綿といまも続いている。

従って、これまでの公害・環境政策史において目立った政策対応というのは数少ない。その中でいくつか主だったものを挙げておくと、一つは、1967（昭和42）年の公害対策基本法の成立がある。高度経済成長期の負の側面である深刻な環境破壊が激化する中で、漸く制定されたわが国初の公害対策の基本方針を示す基本法であった。しかし、いわゆる「経済との調和条項」（＝経済活動に配慮する文言）が挿入されるなど、公害対策としては、根本的な欠陥を出発当初から抱えている代物であった。

2つめは、1970（昭和45）年の「公害国会」とその成果がある。公害問題が一番激しくまた国民の最大の関心事であったこの時期、例外的に正面から公害対策に取り組んだのが、いわゆるこの「公害国会」であった。そこでは、14の公害関係法の改正強化と新法の制定、また各条文中の悪しき「経済との調和条項」が削除されるなど一定の成果を上げた。

3つめは、1971（昭和46）年の環境庁の設置である。念願の公害・環境問題を専門に扱う官庁が誕生した。しかし、後発官庁故に人員、予算、権限いずれも微々たるものに止まり、巨大開発官庁の前にはなす術がなかった。

公害・環境政策史的には1960年代後半から1970年代初頭にかけてが、日本政治が最も公害問題に積極的に向き合った時期であった。以降は二度のオイルショック等による経済活動の鈍化もあり、たとえば、1974（昭和49）年の二酸化窒素の環境基準の緩和に象徴されるように、公害政策の揺り戻しや後退が起こる。1980年代は、環境政策の「冬の時代」と言われた。

1990年代に入ると地球環境問題の深刻化と国内外の高い関心を受け、国内の政策的対応もやや風向きが変わってくる。その一つが4つめとして挙げる1993（平成5）年の環境基本法の制定である。これまでの公害対策基本

法と自然環境保全法を部分的に取り込みながらも、地球環境問題をその範疇に収める内容を一新した新しい基本法として誕生した。確かに現世の人類のみならず将来世代に対しても目を配るなどの目新しい点を含んではいたが、同法制定の契機になった前年開催の地球サミットの諸成果を十分取り込めずに終わっている。

5つめは、1997（平成9）年の環境影響評価法の制定である。政府・自民党、産業界の反対により挫折を繰り返してきた同法が、環境基本法で環境影響評価の推進が謳われたこともあり、この時期漸く法制化された。しかし、戦略的アセスメントが導入されないなど内容的には実効性の薄いものとなった（2011［平成23］年法改正で、「配慮書」手続きとして導入された）。

6つめは、2001（平成13）年の環境省の設置である。中央省庁再編で他の省庁が大括り化（特に庁の整理統廃合）される中で、環境庁は例外的に環境省へ格上げされた。見方を変えれば、地球環境問題を始めあらゆる公害・環境問題に対し解決の糸口が見えないことの一つの政策対応と言えた。

他方、悲願である所掌権限の拡大に関しては、目立ったものは産業廃棄物の権限が厚生省から移管されたくらいに過ぎなかった。

B　実効的な政策対応を阻む要因

これまで日本政治が実効的な公害・環境政策をとらなかった最大の要因が、戦後長らく政権を担ってきた自民党の基本的立場（＝経済成長至上主義）にあるのは明白であろう。アベノミクス（三本の矢）にも表れているように経済成長至上主義の立場にあっては、公害・環境政策の強化は、経済成長を鈍化させる懸念材料に他ならず、それはまた自民党の強力な支持基盤である産業界にとっても決して看過できるものではなかった。

多面既存の野党勢力も大なり小なり経済成長を是としてきたことには違いなく（支持基盤である労働組合との関係もあり）、そこでの政策論争は主として経済成長の利益の分配に向けられるに過ぎなかったとも言えよう。

また、予算と権限では巨大開発官庁の足元にも及ばない環境庁（省）の立場も見逃せない。自民党一党優位体制の中で、巨大官庁が族議員、業界団体と「鉄の三角形」を強固にする中にあっては、環境庁は、度重なる政策案の後退、撤退を余儀なくされるしかなかった。

知識を確認しよう

問題 以下の文章について、正誤を述べなさい。

(1) 連合国軍による占領が終了し、わが国が主権を回復したのは、1952（昭和27）年4月28日に日米安全保障条約が締結したことによる。

(2) 55年体制下において自民党と社会党は、真の二大政党制とは言えなかった。その議席数の差からは「1と2分の1政党制」と呼ばれた。

(3) 鉄の三角形の癒着構造は、「政（政治家）」、「官（官僚）」、「業（業界）」から成る。この場合「業（業界）」は、政治家が官庁へ口利きする見返りに議員を接待するなどして応える。

(4) 族議員とは、内閣に対して強い影響力を及ぼす議員のことをいう。

(5) 2014（平成26）年に閣議決定されたエネルギー基本計画では、再生可能エネルギーを「重要なベースロード電源」として位置づけた。

解答

(1) ×　正しくは、サンフランシスコ講和条約の発効によるものである。

(2) ○

(3) ×　業界は政治家への見返りとして組織票や政治献金というかたちで応える。

(4) ×　族議員は特定の省庁に強い影響力を発揮する議員のことをいう。

(5) ×　震災後の自民党政権下では、原子力発電を「重要なベースロード電源」と位置づけた。

本章のポイント

　日本の行（財）政改革の歴史や特徴等を、明治維新から現在までの概観を通じて分析し、総合的に考える。

1. 明治維新期の行政制度確立と改革がどのような歴史で行われてきたのかを考える。
2. 明治六年の政変までの政府内部の対立と、繰り返されてきた行政制度改革を考える。
3. 大日本帝国憲法制定に向けた行政機構の近代化策の目的や内容等を考える。
4. 日本の近代公務員制度確立の歴史や内容、行政組織改革の目的や方向性等を考える。
5. 行政改革の必要性を前提に、日本国憲法下の行政機構改革の内容や方向性等を考える。
6. 戦後日本の長期政権と行政改革の内容を、佐藤内閣・中曽根内閣・小泉改革を例に考える。
7. 内閣総理大臣のリーダーシップ確立に向けた橋本改革の内容と実態を前の制度と比較して考える。

1 明治維新と官制

A 明治維新と官制の混乱

　1867（慶応3）年10月の大政奉還の後、1868年1月3日（日本暦：慶応3年12月9日）の「王政復古宣言」を受けて、幕府制度や摂政や関白等の官職が廃止され、復古的色彩の強い「三職制」が新政府組織となった。三職は、総裁が有栖川宮熾仁親王、議定は皇族2名と公卿3名と諸候（薩摩、土佐、尾張、越前、安芸）5名の計10名、参与は公卿5名と雄藩（諸候）各3名の計20名で構成された（注：明治天皇の即位は慶応3年1月9日で、明治時代は1868［慶応4］年9月8日からはじまる。本章では王政復古宣言以降を明治とした）。

　三職制は1868年1月（明治元年）の太政官職制で太政官の総裁の下に神祇、内国、外国、海陸軍、会計、刑法、制度の七課を置く「三職七課制」に改正された。総裁が唯一の天皇輔弼の職とされ、議定は各課を分督、参与は各課を分務するものとされた。2月には総裁局が追加され「三職八局制」となり、総裁局に権限を集中させた。顧問には木戸孝允、小松清廉、後藤象二郎、大久保利通、副島種臣の薩長土肥出身者が配置された。

　4月に「政体書」が公布され、三職制は廃止された。政体書の「天下ノ権力総テ之ヲ太政官ニ帰ス」「太政官ノ権力ヲ分チ立法行政司法ノ三権トス」との規定は、総裁職を廃止し天皇親裁を制度化した中で、太政官（内閣に相当）を権力の中枢とし形式的には三権分立制の採用を示している。太政官の下に議政、行政、神祇、会計、軍務、外国、刑法の七官が設置された。

B 職員令

　木戸孝允が「自由主義的な政体書の制定と、その反動ともいうべき職員令の交代を経験した」と述べたように、1869（明治2）年4月の民部官（府県担当）設置と6月の版籍奉還を経て、7月には「政体書」体制の全面改正を目的とした二官六省からなる「職員令」が公布された。これは公議政体を標榜する三権分立形態を払拭し律令官制への復帰を目指したものであった。

　神祇官と太政官の二官では、大宝律令の伝統を受けて神祇官が上位機関とされた。太政官の下に民部・大蔵・兵部・刑部・宮内・外務の六省が、

他に待詔院、集議院、大学校、弾正台もおかれた。太政官には左右大臣・大納言・参議がおかれた。太政大臣が廃止され左右大臣が天皇を輔佐する政府の中枢とされた。その後、工部省や司法省や文部省が設置され、民部省が大蔵省に合併された。

C　太政官制

　1871（明治4）年7月の廃藩置県の後に太政官職制が発布され、太政官に正院・左院・右院が設置された。正院は太政大臣、納言（のちの左右大臣）、参議で構成され、太政大臣は「天皇ヲ輔翼シ庶政ヲ総判」する最高決定者とされ、天皇を輔弼するものとされた。参議は太政大臣の補佐機関とされた。参議には西郷（薩摩）、木戸（長州）、板垣（土佐）、大隈（肥前）が就任し、藩閥政治はより堅固なものになった。左院は立法審議機関で議員と書記をおいた。右院は行政連絡機関で、各省の卿（長官）と大輔（次官）で構成された。その後兵部省の陸軍省と海軍省への分離、神祇省の文部省への吸収、内務省創設、元老院の設置と左院・右院の廃止等が実施された。

　太政官制は1873（明治6）年に骨格が完成し、内閣制度創設（1885［明治18］年）まで続いた。その中で問題となったものが参議の卿兼任の問題である。当初参議は省務とは直接の関係を持たず、卿は省務に独立した責任を持つが、正院の構成員ではなかった。正院の省務統御の不十分が問題となり、参議の卿兼職の是非が課題となった。兼職禁止のときは、各省と類似する六部が正院におかれ参議が複数の部に配され二重行政による混乱が生じた。1881（明治14）年に六部編成が廃止され、参議の卿兼任が是認された。

表 14-1　官制の歴史

年　月	制　度	特　色
1867（慶応3）年12月	三職制	総裁（有栖川宮熾仁）議定（10名）参与（20名）
1868（明治元）年1月	太政官職制	神祇、内国、外国、海陸軍、会計、刑法、制度＋総裁局
1868（明治元）年4月	政体書	議政・行政・神祇・会計・軍務・外国・刑法
1869（明治2）年7月	職員令	神祇官・太政官、民部・大蔵・兵部・刑部・宮内・外務
1870（明治3）年8月〜		工部省・司法省・文部省の設置、民部省廃止
1871（明治4）年7月	太政官制	正院：太政大臣・納言（左右大臣）・参議
1872（明治5）年4月〜		陸軍省・海軍省・教部省・農商務省・内務省の設置
1875（明治8）年4月		教部省を文部省に併合、元老院・大審院設置
1885（明治18）年12月	内閣官制	太政官制廃止→内閣制度確立

2 統一国家の確立と行政機構

A 明治初期の混乱と行政機構の整備

　明治新政府の主要課題の一つである不平等条約改正には、近代的統一国家の形成が必要であった。戊辰戦争の後に政府は旧幕府と列藩から接収した直轄地に府と県を設置し、地方制度を府藩県三治制（政体書）とした。この府県制の担当部局として会計官に民政司がおかれた。1869（明治2）年6月に版籍奉還の奉請が勅許され、奉還した274藩の藩主を知藩事に任じ、政府が全国の土地と人民の所有者であることを認識させた。

　戊辰戦争は政府のみならず藩財政も疲弊させた。政府の庇護による藩政改革も模索され、封建制派と郡県制派の対立が解消されないまま版籍奉還が実施された。財政窮迫の中、政府は不換紙幣である金札（太政官札）を、藩は藩札を発行した。職員令で会計官は大蔵省と民部省となり、財政再建と地方問題は別々の役所で担当することになった。

　財政再建を担当した大蔵省大輔大隈重信が、民部省大輔を兼務することで大蔵省と民部省が合併され、急進的な改革が集権・統一的に推進されることになった。ただし政府の直轄地は約860万石で全国の4分の1強に過ぎず、小さな財政基盤で全国政権の機能を求められる弱体政権であった。

B 廃藩置県以後の行政機構改革

　天皇中心の中央集権国家の第一歩は、1871（明治4）年4月の戸籍法の制定である。全国的統一戸籍編成は、国家と地域（区・戸長と副戸長）と家庭（戸・戸主）を結びつけた。7月には司法省の設置、廃藩置県の実施、文部省設置、太政官制の公布が続いた。統一的集権国家誕生の原動力は廃藩置県であったが、統一的な制度改革は太政官制を中心に事後的に行われた。1873（明治6）年の地租改正も全国一律税制を確立したものである。

　初代文部大輔の江藤新平は、20日足らずの在任中に文部省の基礎を固め、国家が進んで全国に学校を設置して全国民の教育を行う方針を立てた。左院副議長となった江藤は、法治主義確立に必要な左院の立法権の独立に努めた。1872（明治5）年4月に初代司法卿に転身した江藤は、「司法省は全国

法憲を司り、各裁判所を統括」するという近代国家の司法権の確立にも尽力した。参議となった江藤は、正院の指導力と統制力の強化にも努めた。

C 明治6年の行政機構改革

1872（明治5）年に強大な権限を有する大蔵省への批判が高まり、内務省新設が議論された。1873（明治6）年には、社会の急激な発展が各省の事務を増加させ、各省間の権限拡張争いに対応する行政機構改革が求められ、太政大臣の権限強化を含む太政官制改正が実施された。1875（明治8）年には左右両院が廃止され、元老院と大審院が設置された。ただし太政官制は1885（明治18）年の内閣制度の創設まで継続された。

1873年10月には、朝鮮使節派遣問題で西郷、板垣、江藤、後藤、副島が参議を辞任した。岩倉使節団一行は国力増強必要性の観点から派遣に反対した。岩倉使節団の一員として欧米諸国の内務行政・殖産興業行政を考察していた大久保は、内務省の設置に積極的であった。大久保は政府内の統一強化を計るために参議と諸省の卿の兼任制を採用し、11月には初代内務卿となり、大蔵省と内務省の問題は一応の解決を見た。

近代国家に設置しなければならない最少の行政機関は、外務、陸海軍、財務、治安（法務）、内務の5つの省庁とされる。内務省は、他の4つの省庁以外の仕事をすべて引き受けるための役所である。持論である内治優先論の実践の場である内務省を手中に収めたことで、大久保は他のいかなる政治勢力も圧倒し得る実力を備えるにいたった。これも個人の政治信条が明治初期の省庁設立に大きな影響を与えた証拠といえる。

表14-2 統一国家に関連する政策等

年　代	政　策　等
1868（明治元）年1月	王政復古の号令（慶応4年）、府藩県の三治制
1869（明治2）年	版籍奉還
1871（明治4）年4月	戸籍法（壬申戸籍）：区と戸長・副戸長を設置
1871（明治4）年7月	廃藩置県、府県官制、岩倉使節団出発
1872（明治5）年9月	学制：大学区（8）・中学区（32）・小学区（210）
1872（明治5）年10月	大区・小区制：大区・郡単位・区長　小区・戸長
1873（明治6）年	征韓論争（明治六年の政変）、内務省設置
1873（明治6）年7月	地租改正法：農民の土地所有を認定・地租：地価の3%

3　近代的統一国家と行政機構

A　近代国家化と地方制度改革

　統一国家の確立に向けて、明治政府は 1872 (明治 5) 年に新しい地方制度として、戸籍法施行に対応した大区・小区制を導入した。この人工的な地域区画 (行政村) は定着せず、1878 (明治 11) 年の郡区町村編制法と府県会規則と地方税規則のいわゆる三新法によって、明治維新期の地域区画を前提とする地方制度の復活により一応の安定を見た。郡区町村編制法によって府県内は区と郡・町村に区分された。三新法と区町村会法は、行政事務の中の地方公共事務を地方議会の決定に従わせること等で自治権を拡充した。この結果、自由民権運動は国会開設に向かうことになった。

　条約改正に向けた近代的地方制度は、1888 (明治 21) 年の市制・町村制と 1890 (明治 23) 年の府県制・郡制によって整備された。府県と郡は国の行政機関と自治機関の二面性を持つものとされ、県と都市、郡と町村の上下関係が明示された。こうした一連の改革は国会開設以前に行われており、政府が上からの改革を急いだことがわかる。なお、1925 (大正 15) 年には郡が廃止され、1943 (昭和 18) 年には東京府と東京市に都制が導入された。

B　内閣制度の創設

　1873 (明治 6) 年に太政官正院の参議議判機関として登場した内閣は、1875 (明治 8) 年の大阪会議の後、太政大臣・左右大臣・「木戸・大久保ら元勲」の参議による構成となり、1877 年の木戸の死去と 1878 年の大久保暗殺の混乱の中で、参議と卿の分離制が導入された。明治一四年の政変で大隈参議を追放し、薩長藩閥政権を確立した伊藤博文は、参議と卿の兼職制度を復活させ、憲法制定と国会開設の調査のためヨーロッパに向かった。

　1885 (明治 18) 年 12 月の太政官達 69 号によって太政官制は廃止された。内閣総理大臣と宮内・外務・内務・大蔵・陸軍・海軍・司法・文部・農商務・逓信の諸大臣がおかれ、宮内大臣以外の大臣で内閣を構成した。憲法制定他の課題への対応もあり、内閣総理大臣に強権を与える大宰相制 (大宰相主義) が導入され、初代内閣総理大臣には伊藤博文が就任した。

C 大日本帝国憲法と内閣制度

　内閣制度の創設は 1890（明治 23）年の国会開設に対応する統治機構の整備を目指したものであった。1888（明治 21）年には憲法草案審議のための枢密院が設置され、天皇親政と内閣制度の調和がはかられた。大日本帝国憲法に内閣の規定はなく、天皇に統治権と文武官任免権と統帥権を認め、55 条「国務各大臣ハ天皇ヲ輔弼シ其ノ責ニ任ス」で大臣単独輔弼制を確立し、56 条で枢密院と枢密顧問の存在と役割を規定した。

　国務大臣ごとの天皇輔弼制度は、内閣総理大臣を同輩中の首席としたことで、内閣一体性を喪失させた。国務大臣に各省大臣としての個別行動を認めた結果、省庁のセクショナリズムが強化された。また枢密院や貴族院や軍などの権力機構は内閣の権力を抑圧した。超然内閣は官僚に天皇の官吏という意識を醸成し、省庁の政党政治からの独立性や官僚主導の伝統を生み、それらは戦後の政治や行政にも影響を及ぼした。

　大正デモクラシーの下で確立された政党内閣は 1930 年代以降の世界的な混乱期に変質した。軍や省庁間の対立調整を目的の一つに、1935（昭和 10）年に内閣審議会と内閣調査局が、1937（昭和 12）年に企画庁と資源局を統合した企画院がスタッフ機構として設置されたが混乱は解消できなかった。

　内閣の統合的機能確保が政治課題となり、1938（昭和 13）年には国家総動員法が制定され、昭和 15 年の第二次近衛内閣は大政翼賛会を発足させたが十分には機能しなかった。1943（昭和 18）年に東条内閣が戦時行政職権特例を制定し、大宰相制を復活させて戦争遂行にあたった。しかし終戦により戦前の内閣制度は崩壊した。

表 14-3　明治の内閣制度等の変遷

年　代	政　策　等
1875（明治 8）年	大阪会議：内閣構成員＝太政大臣・左右大臣・元勲の参議
1878（明治 11）年	三新法（郡区町村編制法・府県会規則・地方税規則）
1880（明治 13）年	区町村会法
1881（明治 14）年	明治一四年の政変、国会開設（明治 23 年）の詔勅発布
1882（明治 15）年	憲法調査：伊藤博文訪欧・プロイセンでシュタインに学ぶ
1885（明治 18）年	内閣制度創設（太政官達）、内閣職権：大宰相主義
1888（明治 21）年	市制・町村制公布・翌年施行　明治の大合併
1889（明治 22）年	大日本帝国憲法発布　内閣官制：大臣単独輔弼制（閣僚平等）
1890（明治 23）年	府県制・郡制　府県と郡：国の行政機関兼自治団体

4 公務員（官吏・吏員）制度の変遷

A 公務員の任用

　身分制社会では世襲であった公務員（官吏：国家公務員、吏員：地方公務員）は、近代国家では公務員試験による資格任用制となった。アメリカでは1829年に就任したジャクソン大統領が導入した政治任用（官職交代制：rotation in office）が猟官制（spoils system）となり、1883年の連邦公務員（ペンドルトン）法で資格任用制（merit system）を導入し連邦人事委員会を創設した。

　公務員の政治任用は情実任用になりやすく、多様な人材の登用には資格任用のほうが適しているといえる。ただし一定の技能や経験が重視される職種には、能力を判断して任用する政治任用が必要な場合もある。日本では大日本帝国憲法の下で自由任用（政治任用）と資格任用が併存した。現在でも資格任用の一般職公務員と、選挙や任命による特別職公務員がいる。

B 戦前の公務員制度

　明治維新期の日本の太政官制では、政治任用による皇族と公家と藩閥の代表者たちが政治と行政の中心を占めた。三職七課制では各藩が任命した貢士が議事所の議員となり、各藩の推挙で抜擢された徴士が参与として行政を担当した。政治任用の下で形式的ではあるが権力分立制が確立されていた。官吏は高等官と判任官に大別された。高等官は勅任官と奏任官に分けられ、勅任官は親任官とその他の勅任官に区分された。

　伊藤博文はプロイセンにならい、1886（明治19）年に公務員養成を目的の一つとして東京帝国大学法学部を設立し、翌年には卒業生の任用を目的に文官試験試補及見習規則と文官試験委員官制を公布した。試験は高等試験と普通試験に分けられ、高等試験は奏任官の任用を、普通試験は判任官任用を目的とした試験制度とされた。1893（明治26）年の文官任用令と文官試験規則は、勅任官を自由任用、奏任官を文官高等試験での任用、判任官を文官普通試験での任用とした。自由任用で藩閥政治を保障し、資格試験で情実人事を制限し、政治的なバランスを保とうとした。

　最初の政党内閣を確立した大隈重信は自由任用枠拡大を企図し、山県有

朋は制限策を導入した。1913（大正2）年の山本権兵衛内閣は拡大策を、翌年大隈は制限策を、1920（大正9）年の原敬内閣は拡大策を導入した。官吏任用が政治と深く関わっていたことがわかる。戦時等の混乱期には、首相への権限集中と自由任用の拡大策が実施された。

C　戦後の公務員制度

日本国憲法と内閣法、国家行政組織法、国家公務員法（公務員法）等の制定は、内閣総理大臣の権限強化や国家組織や公務員制度等を整備し、公務員法附則で設置された臨時人事委員会は人事院となった。公務員法が求めた職階制は、1950（昭和25）年に「国家公務員の職階制に関する法律（職階制法）」で導入が強調された。しかし2007（平成19）年の公務員法改正と、翌年の国家公務員制度改革基本法制定により職階制の導入は放棄された。また、2014（平成26）年の「国家公務員法等の一部を改正する法律」の制定を受けて、内閣官房に「内閣人事局」が設置され、国家公務員の人事行政、国の行政組織、幹部職員人事の一元管理の権限が付与された。

政治と行政からの独立性が保障された行政（独立規制）委員会の活用も強化された。1880（明治13）年に大隈重信によって設置された会計検査院は日本国憲法90条で内閣からの高い独立性を確保し、国家公務員法による人事院は国家公務員行政の中心機関となった。

幅広い国民の声の政策や行政への反映を目的に、国家行政組織法8条「審議会等」は、国の行政機関に法律の定める所掌事務の範囲内で、法令の規定により重要事項に関する調査審議や不服審査等の事務を掌る合議制機関の設置を認めている。臨時行政調査会や行政改革審議会等がその代表例であり、ネオ・コーポラティズム（協調主義）の手段の一つでもある。

表14-4　官吏（公務員）任用制度の変遷

年　代	制　度	内　容
1868（明治元）年	徴士・貢士制度	徴士：「公議」の撰挙で人材を抜擢（人材確保・一回のみ）
1886（明治19）年	帝国大学令	東京帝国大学法学部創立（公務員養成目的）
1887（明治20）年	文官任用令公布	東京帝国大学法学部卒業生任用手続整備
1893（明治26）年	文官任用令制定	奏任官：文官高等試験、判任官：文官普通試験
1899（明治32）年	文官任用令改正	政党の猟官防止（自由任用制の制限：山県内閣）
1913（大正2）年〜	自由任用枠問題	山本内閣：枠拡大→大隈内閣：制限→原内閣：拡大

5 国家の変質と行政組織

A 行政組織の実態

　パーキンソン（Parkinson, C. N.）は、「役人の数は為すべき仕事の軽重、時には有無にかかわらず、一定の割合で増加する」（第 1 法則）、「カネは入っただけ出る」（第 2 法則）、「拡大は複雑を意味し、複雑は腐敗を意味する」（第 3 法則）といった法則を提示し、継続した行政改革の必要性を論じた。行政需要の拡大は行政組織を拡大させる傾向がある。立法国家から行政国家への変質は、行政需要の拡大とともに国家の役割や性格を激変させ、行政組織を肥大化させ、公務員数や予算規模も拡大させた。

　議院内閣制と大統領制を対比した場合、与党との信頼に立脚した内閣総理大臣のほうが、議会から独立した大統領より強いリーダーシップを有していると言われる。ただし日本では内閣総理大臣のリーダーシップが必ずしも強いとはいえず、官僚の影響が強まりやすく、有効な行（財）政改革が実施されにくいといった批判もみられる。

B 国家の変質と行政組織の改編

　日本の行政組織改革は独自の発想で実施されたものは少ない。大宝律令（701 年）は唐の太政官制の移入であった。明治の内閣官制はプロイセンの制度継受であり、第二次世界大戦後の諸改革は英米の制度を模したものが多かった。近代化や改革は、当時の先進国がモデルとなった。

　1946（昭和 21）年の大日本帝国憲法最後の中央官庁は、各省大臣が中心となった制度であり、内閣総理大臣も官庁としての役割を担っていた。そこでは、天皇の下に枢密院、宮内省、内閣、内閣総理大臣、外務省、内務省、大蔵省、第一復員省（旧陸軍省）、第二復員省（旧海軍省）、司法省、文部省、農林省、商工省、運輸省、厚生省、会計検査院、行政裁判所等が置かれていた。内閣総理大臣の下には、内閣官房、内閣恩給局、内閣統計局、法制局、勲章局、逓信院等が配置されていた。

　日本国憲法は内閣総理大臣を内閣の首長と定め、中央省庁の整備と若干の改革を実施した。1998（平成 10）年の中央省庁等改革基本法に基づく

2001（平成 13）年の中央省庁再編前の内閣は、スタッフの内閣官房や内閣法制局等や、ラインの総理府と法務・外務・大蔵・文部・厚生・農水・通産・運輸・郵政・労働・建設・自治の 12 省で構成されていた。総理府には公正取引・国家公安・公害等調整の各委員会と宮内・総務・北海道開発・防衛・経済企画・科学技術・環境・沖縄開発・国土・防衛施設の 10 の庁がおかれ、1 府 21 省庁制ともいわれた。国務大臣は 20 名以内とされていた。

C　中央省庁再編と行政組織

　中央省庁再編で内閣は、内閣府と総務・法務・外務・財務・文科・厚労・農水・経産・国交・環境の 10 省となり、防衛省の設置で 11 省となった。国務大臣が長となる国家公安委員会と合わせて 1 府 12 省庁制ともいわれる。国務大臣は原則 14 名で 3 名まで増員できる。内閣府には経済財政諮問会議、科学技術会議、中央防災会議、男女共同参画会議等がおかれ、それらを担当する複数の特命担当大臣がいる。2009（平成 21）年からは、経済財政諮問会議は民主党政権下では国家戦略室となっていた。

　内閣府は、経済財政、総合科学技術、防衛、男女共同参画等の分野で企画立案、総合調整を担当し、内閣総理大臣を補佐しており、内閣総理大臣スタッフ機関といえる。内閣府への予算編成機能の付加と、内閣官房の補佐官の 5 名への増員は、アメリカでの予算局の大統領府移管と補佐官の活用が大統領の強いリーダーシップを保障していることにならった改革ともいえる。日本では議院内閣制に大統領制的システムを加味することで、内閣総理大臣のリーダーシップの確保をはかったともいえる。

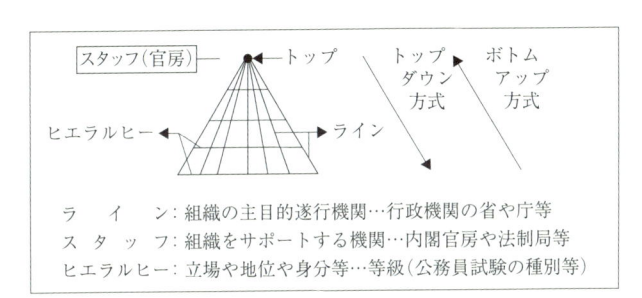

図 14-1　官僚制組織

6　行政改革の歴史と手法

A　行政改革の理論と手法

　行政改革は、改革目標を定め、複数の達成手段を列挙し、予測結果を比較し、合致する手段や方法を選択し実施する。できる限り多くの選択肢を分析し、最適な結論を出すのが合理モデルである。有力な少数の選択肢を探索して、ある程度の水準で決断するのが満足モデルである。

　理論的には合理モデルが優れたものといえるが、急進的あるいは現状から飛躍した改革案の場合、総論賛成・各論反対等により改革そのものが停滞することがある。一歩一歩改革を漸進させ、最終的に目標を達成することが必要となる。これがインクリメンタリズム（漸進主義・漸増主義）である。複雑な人間社会ではこうした解決も時としては必要となる。

　行政改革は、審議会を設置して答申を受け、改革案を作成し実施に移行することも多い。アメリカでは「行政管理に関する大統領委員会」の報告書に基づきニューディール政策に関する機構整備等が実施された。第二次世界大戦後は、二度の「フーバー委員会」の報告を通じて改革が実施された。イギリスの福祉政策は、「ベヴァリッジ委員会」による「ベヴァリッジ・レポート」に沿って実施された。こうした手法がネオ・コーポラティズム（協調主義）である。またトップダウン型で改革を実施する場合もある。

B　佐藤内閣と中曽根内閣

　1955（昭和30）年から約20年間続いた高度経済成長期の日本では、時代に応じた行政改革を目的に、1962（昭和37）年に「臨時行政調査会」が設置された。調査会答申の内容の実現率は低かったが、その理念はその後の改革に大きな影響を与えた。

　1956（昭和31）年の12の府と省、29の委員会と庁の合計41機関は、1967（昭和42）年も13の府と省、29の委員会と庁の合計42機関と微増にとどまっていた。しかし内部部局は94から131に、公務員数も60万人台から約90万人に増加していた。佐藤内閣は、1967（昭和42）年に「各省庁の一局削減について」を閣議決定し、1969年（昭和44）年の「行政機関の職員の定員

に関する法律（総定員法）」を制定し、機構削減と定員の抑制を行った。内部部局は114まで削減され、公務員数は総量規制で抑制された。この総量規制方式はスクラップ・アンド・ビルト型の一種ともいえる。

　1973（昭和48）年の第四次中東戦争とオイルショックは日本の高度成長を終焉させた。時代の変化に対応した行政改革の必要性が認識され、政府は、1981（昭和56）年に「第二次臨時行政調査会（土光委員会）」を設置した。調査会答申の柱が「増税なき財政再建」であり、新自由主義や新保守主義を理念とした、サッチャーやレーガンの改革に類似したものであった。中曽根内閣は、答申に沿って国鉄の民営化やNTT民営化、ゼロ・シーリングや人事院勧告凍結等を実施した。国家公務員数は微減にとどまった。

C　小泉内閣

　2001（平成13）年発足の小泉内閣は、郵政民営化を「行政改革の本丸」とする構造改革や財政再建策に着手した。1875（明治8）年創設の預金（明治20年以降は郵便貯金）は、1878（明治11）年から大蔵省（預金部、昭和26年以降は資金運用部）が財政投融資資金として運用してきた。小泉内閣は、この資金が地方公共団体や特殊法人等の過度な公共事業や、特殊法人等の非効率な経営の源泉とみなし、経済財政諮問会議を通じて郵政民営化に着手した。

　2005（平成17）年4月に閣議決定され国会に提出された郵政民営化法案は、衆議院は通過したが参議院で否決され廃案となった。小泉内閣は、「郵政選挙」と位置づけた衆議院解散総選挙で圧勝し郵政民営化を実現した。また「道路公団民営化」も実現した。トップダウン型改革の実践例といえる。独立行政法人の設置を含む改革の結果、国家公務員数は33万人台まで激減した。

表14-5　行政改革に関する各種会議と内閣

年代	名　称	総理大臣	特　徴
1962	第一次臨時行政調査会	池田勇人	臨調設置法（1961年）・総理府に設置
1981	第二次臨時行政調査会	鈴木善幸	臨調設置法（1980年）・総理府に設置
1983	第一次臨時行政改革推進審議会	中曽根康弘	内閣総理大臣の私的諮問機関、NTT発足
1987	第二次臨時行政改革推進審議会	中曽根康弘	JR発足，（竹下内閣で消費税導入）
1996	行政改革会議	橋本竜太郎	1998年中央省庁改革基本法成立
2000	行政改革大綱閣議決定	森　喜朗	省庁再編推進法・地方分権一括法

7　行政機構改革と内閣府

A　行政改革と統治機構

　第二次世界大戦後 70 年間の、日本の内閣総理大臣の平均在職年数は約 2 年である。その一因は与党党首の任期にある。長期政権は、連続 7 年超の佐藤内閣、合計 7 年超の吉田茂内閣、2017（平成 29）年 8 月末に合計 5 年超となった安倍内閣、連続 5 年超の小泉内閣、5 年弱の中曽根内閣の順であり、5 人を除くと 1 年半が平均在職年数となる。吉田内閣の戦後復興改革以来、大きな行政改革は長期政権時代になされている。

　議院内閣制の総理大臣は、国家元首によって議員（通常は多数党の党首）から任命され、内閣は総理大臣が閣僚を選任して確立される。それゆえ議院内閣制は一元代表制となり、立法府の信任を背景にした内閣総理大臣には強いリーダーシップがあるといわれている。ただし、一般職公務員がすべて資格任用制で採用される日本の公務員制度の下では、専門性を有し、行政経験の多い公務員を政治家が頼りにするケースも多く見られる。

　日本では、与党党首の内閣総理大臣と与党幹事長の権力が曖昧なことも多く、内閣総理大臣の権限強化が課題とされてきた。2001（平成 13）年の省庁再編時の内閣府の設置や、小泉内閣の内閣官房への 5 人の補佐官の配置は、内閣総理大臣の権限強化も目的の一つであった。

B　中央省庁再編と内閣府

　省庁単位の行政の執行に内在するセクショナリズム抑制策の一つに、総合調整機能を有する組織の配置がある。2001（平成 13）年の中央省庁再編以前の総理府にも、経済企画庁や総務庁等による総合調整機能が求められていた。また中立的な行政遂行等を目的として公正取引委員会、国家公安委員会、公害等調整委員会等の行政委員会も設置された。しかし大蔵省の予算編成権を通じた縦割り行政の中で、12 省庁の縦割り意識が温存され、総理府の総合調整機能は有効には機能しなかった。

　内閣府は、縦割り行政の弊害除去を目的の一つとして設置された。内閣府には重要政策に関する会議として経済財政諮問会議、総合科学技術会議、

中央防災会議、男女共同参画会議が、外局として公正取引委員会、国家公安委員会、金融庁、消費者庁が、特別の機関として北方対策本部、少子化社会対策会議、高齢社会対策会議等が置かれ、所管事項への対応を前提に複数の特命担当大臣が配置されている。総合調整力の担保を目的の一つとして、経済財政諮問会議に予算編成機能が付与されている。

C 経済財政諮問会議

　小泉内閣は、2001（平成13）年6月に「今後の経済財政運営及経済社会の構造改革に関する基本方針」を「骨太の方針」として公表し、それを予算編成基本方針とした。その後は毎年6月に「経済財政運営と構造改革に関する基本方針○○年」（骨太の方針○○）を公表し、当該年度の予算編成指針とした。そこには国債発行30兆円以下、不良債権処理の抜本的解決、郵政民営化、三位一体の改革、2010（平成22）年の基礎的財政収支（プライマリーバランス）の黒字化、社会保障制度見直し、市場化テストの本格的導入等がみられた。

　小選挙区制を前提とする多数決型民主政治では、政権交代に伴う政策と予算編成方針の変更を担保する必要がある。政府の政治理念や方針に応じた予算編成や執行計画の確立機能を担当するものが、内閣府の総合調整機能であり、行政は方針を示す法律と予算を前提に活動する義務がある。そこでは、政治主導を担保する制度と、政治（政府）と行政（行政機構等）による協力関係の整備が必要となる。

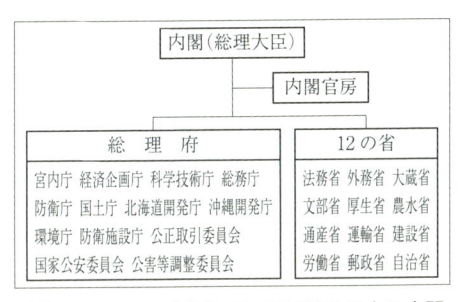

図 14-2　2001（平成 13）年以前の日本の内閣

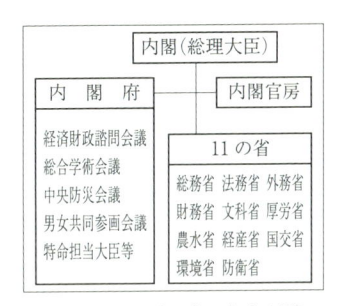

図 14-3　2001（平成 13）年以降の日本の内閣

知識を確認しよう

問題 以下の文の中から適切なものを選びなさい。

(1) 1868 年 9 月 8 日の改元で明治となったが、新しい政治体制は 1 月 3 日の王政復古と三職制の復活で始まった。1871（明治 4）年に太政官制へ移行し、1885（明治 18）年の内閣官制で大臣単独輔弼制が確立され、1890（明治 23）年の帝国議会開設を機に大宰相制に移行した。

(2) 政治と行政から独立性を保ち、中立的な行政執行のための合議制機関が独立規制委員会である。その代表的なものが、福沢諭吉によって導入された会計検査院であり、現在も憲法 90 条の機関として存続している。

(3) 橋本内閣の行政改革において、内閣総理大臣のリーダーシップ強化策の一つとして内閣府が設置された。そこには経済財政諮問会議がおかれ、小泉内閣の時代に予算編成における基本方針が、いわゆる「骨太の方針」として強調された。

(4) 行財政改革のための手段の一つが、国家行政組織法 8 条で設置される、いわゆる「審議会」を活用したネオ・コーポラティズム型の政策形成手法である。その代表的なものとして、アメリカの「フーバー委員会」イギリスの「ベバリッジ委員会」、日本の「第二次臨時行政調査会」（土光委員会）等を挙げることができる。

解答

(1) 日本の内閣制度は、導入当初は大宰相制であったが、帝国議会開設後は大臣単独輔弼制となり、東条内閣で再び大宰相制となった。なお、現在の議院内閣制は大宰相制である。

(2) 会計検査院は 1880（明治 13）年に大隈重信の尽力で太政官直属の機関として設置され、1889（明治 22）年制定の大日本帝国憲法 72 条で天皇直属の機関となった。日本国憲法では 90 条で国会や内閣から独立した独立規制委員会となった。

(3) ○

(4) ○

本章のポイント

　本章では、明治期以降の地方自治制度の確立
と変遷を学ぶことでわが国の地方自治の基本的
性格等を理解し、地方公共団体の基本的構造、
近年の動向について学び、地方分権改革を経た
現在のわが国の地方自治について考える力を養
うことを目的とする。

1. 明治維新後のわが国の地方制度の動向につ
　いて学ぶ。
2. 大日本帝国憲法制定後に確立された近代的
　地方制度について学ぶ。
3. 第二次世界大戦後、日本国憲法や地方自治
　法の下の地方自治制度およびその特徴につ
　いて学ぶ。
4. 地方公共団体の種類およびその役割につい
　て学ぶ。
5. 地方公共団体の政策決定に関して、首長と
　議会の関係を通して学ぶ。
6. 自治体において、住民自治を実現するため
　の制度について学ぶ。
7. 地方分権改革による地方自治制度の変遷に
　ついて学ぶ。

1 明治維新期の地方自治制度

A 新政府による新たな体制の整備

わが国の地方自治を理解するためには、近代的国家の成立した明治時代の地方自治について理解する必要がある。

明治維新を経て、新政府は、江戸時代の幕藩体制を改め、中央集権体制による統治を行った。

まず、1867（慶応3）年大政奉還を行い、翌年、政体書を制定し、地方に府・藩・県を置き、知府事・諸侯・知県事を配置することとした。1869（明治2）年、版籍奉還を行い、諸侯を知藩事に任命した。こうした体制は「府藩県三治制」と呼ばれる。

B 大区・小区制

1871（明治4）年には、廃藩置県を行い、知藩事を罷免し、全国に3府302県を設置した。また、戸籍法を制定し、府県より下位の行政機構として、戸籍事務を取り扱う行政区画である区を全国に設置した。そして、区には国の役人である戸長・副戸長を配置した。さらに、府県に知事・県令を置いた。

そして、翌年、大区および旧来の町村単位に小区を設けた。いわゆる、大区・小区制の導入である。これらに戸長・副戸長などを置き、戸籍事務等を担わせた。特に、小区においては、旧来の村役人をその職にあてた。

C 内務省創設

当時は、不満を抱く士族層の反乱、農民の一揆、自由民権運動など政治的に不安定な状況が存在した。1873（明治6）年には、大久保利通を初代内務卿とし、地方に対する指揮監督権を有し、警察、土木、選挙、公衆衛生などを管轄する内務省が設置された。

このように、明治初期には、国力の増強を目指し、制度の面から中央集権体制の整備が試みられた。

D 三新法

1878（明治11）年には、郡区町村編制法・府県会規則・地方税規則、いわゆる三新法が制定された。

大区・小区制の下では、従来より地域の諸問題の処理をしてきた旧来の町村の反発があり、各地で混乱が生じていた。そこで、郡区町村編制法により、大区・小区は廃止され、府県の下に郡区町村が設置された。そして、それぞれに郡長・区長・戸長が配置された。都市部（東京、大阪、京都、函館、横浜、新潟、神戸、長崎をはじめ人口の多い都市）には区を設置し、農村部には、郡の下に町村が設置された。

また、府県会規則によって、府県に公選議員からなる府県会が設置された。この議員の選挙権は納税額等により制限された。つまり、地租の納入額5円以上の男性に選挙権を与え、10円以上の男性に被選挙権が与えられた。ただし、府知事・県令が議案提出権を独占し、議事事項の施行の認可権を持つなど議会の権限は弱いものであった。

そして、地方税規則により、府県の財政基盤を固め行政機構を強化することや区町村を国政委任事務の執行機関にすることを目的とし、地方税の種類（地租の5分の1、営業税・雑種税、戸数割）と費目（警察費、流行病予防費等）が確定された。

その後、1880（明治13）年には、区町村会法が制定され、区町村にも公選議員からなる区町村会が設けられることとなった。

E 大日本帝国憲法までの動き

1881（明治14）年には国会開設の勅諭が発せられ、翌年には伊藤博文に憲法調査が命じられ、政府は憲法発布と国会開設に向けた準備に取り組み始めた。

そして、1884（明治17）年には内務卿山県有朋の下、内務省内に町村法調査委員が設けられ、地方制度の全面的な再編成案が起草された。

1889（明治22）年に大日本帝国憲法は制定されるが、自由民権運動など地方における政治的な動きとの関係で、憲法に先行し、地方制度等が制定されることとなった。

2　大日本帝国憲法下の地方制度の変遷

A　市制・町村制、府県制、郡制

　大日本帝国憲法制定前の 1886 (明治 19) 年には、地方官官制が制定され、府知事・県令の名称を知事に統一し、内務大臣を頂点として、官選の府県知事を中心とし、官選の郡長がその下にある人事的な体制が成立した。

　1888 (明治 21) 年には市制・町村制が公布され、市町村に法人格が認められた。市町村は、条例・規則の制定権が付与され、公共事務を扱うこととされたが、国の委任事務も扱うものとされ、国の機関としての性格も有していた。

　また、執行機関については、市では市長および市参事会、町村では町村長が置かれることとなった。市長は市会が市長候補 3 人を推薦し、その中から内務大臣によって選任された。東京・大阪・京都の三大市では、市長・助役を置かず、府知事・府書記官がその職務を行うこととされた (市制特例)。町村長は町村会により選出された。

　さらに、市会および町村会は等級選挙制度により公選された。すなわち、納税額に応じて等級に分け、上位の等級ほど選挙権の価値を大きくする。市会は、三等級選挙制で、町村会は、二等級選挙制で行われた。

　1890 (明治 23) 年には、府県制、郡制が定められ、府県・郡は地方行政区画としての性格を有していた。

　府県会は、郡会議員らが選出する議員と市会議員らが選出する議員で構成された (複選制)。また、府県参事会は副議決機関として機能した。

　府県の執行機関は、内務大臣が任命する知事 (国の機関) であり、主要な補助機関である幹部職員も官吏であった。

　郡会は大地主の互選により選出された議員と町村会により選出された議員で構成された (複選制)。郡長は官選であった。また、郡にも参事会が設置された。

　このように、明治の地方制度は、初期には政治的に混とんとしていたが、時代が進むにつれ、それが収拾されていった。中央 - 地方関係は、市長や町村長等を国の下部機関として、国の事務を委任する機関委任事務制度が

象徴的である。また、内務省が府県知事の派遣を通じ、地方の行財政を握るなど強く関与していた。

B 明治時代以降の地方自治制度の変遷

1898（明治31）年には、市制特例が撤廃された。その後、東京市をはじめ、大阪市などの大都市は府県から分離・独立し、より拡大した権限を求めた。そして、三大市に名古屋、横浜、神戸を加えた六市により、特別市制運動が進められた。

また、1899（明治32）年には府県会および郡会の複選制が廃止された。

1921（大正10）年には、市制・町村制が改正され、直接市町村税を納める者に選挙権・被選挙権を与え、町村会選挙は等級選挙を廃止し、市会選挙は3等級制から2級選挙制に改められた。また1923（大正12）年、郡制が廃止され、府県−市町村の二層制となった。

1925（大正14）年、普通選挙法により選挙権は満25歳以上の男子に与えられ、納税要件は撤廃され、翌年、市会・町村会議員選挙でも男子普通選挙制度が導入された。また、市長の選出については、市会による選挙で選任される制度へと変更、さらに同年、郡長、郡役所が廃止となった。

このように、大正期の地方自治の特徴は自治権の拡充にあると考えられる。

続いて、昭和初期には、府県会の法規制定の権限、府県会の招集請求権、府県会議員、市町村議会議員らへの議案提出権などを認める制度変更が行われた。

しかしながら、第二次世界大戦の戦局が緊迫化してくると、①市長、町村長の選出方法の変更（市長については、市会が候補者を推薦し、内務大臣が勅裁を経て選任。町村長については、町村会が選挙し、知事が認可。）、②市町村会の権限の縮減、③町内会等の国の末端機構化、④東京都制の導入等の地方制度の変更が行われた。

このように、戦時下になると地方制度における自治権が制約され、集権的性格の強化が進んだ。

3 日本国憲法と地方自治法

A 占領下の改革

　第二次世界大戦終戦後は、連合軍総司令部（GHQ）の指導の下の地方自治制度の改革が行われた。GHQ の主な目的は、日本の非軍事化であり、その手段として民主化を進めることとした。そして、地方自治制度については、集権的な制度の分権化に主眼が置かれた。

　1946（昭和 21）年には、住民の選挙権・被選挙権が拡充され、女性の参政権も実現した。また、府県知事・市町村長等は公選とされた。その他に、選挙管理委員会・監査委員、直接請求制度の導入などが行われた。

B 地方自治に関する法整備

　日本国憲法においては、地方自治の章（第 8 章 92 条～95 条）が設けられ、地方自治が保障されることとなった。また、地方自治法が制定され、それぞれ 1947（昭和 22）年 5 月 3 日に施行された。

　地方自治法においては、①都道府県と市町村を地方公共団体とし、②住民の直接選挙による首長と議員の選任、すなわち二元代表制の導入、③条例の制定・改廃請求や解職請求など直接請求等が導入された。知事の直接選挙により、都道府県は完全自治体に変わったとされる。

　GHQ により、日本の警察制度の民主化や地方分権化のため内務省は解体され、全国選挙管理委員会や国家公安委員会などに分割された。1947（昭和 22）年には町内会等が廃止された。

　また、1947（昭和 22）年には警察法が制定され、市および人口 5000 人以上の町村に自治体警察を置き、その他の地域は国家地方警察の管轄とされた。1948（昭和 23）年には、教育委員会法が制定され、都道府県・市町村に公選による教育委員会が設置された。

　1949（昭和 24）年に来日したシャウプ税制調査団による勧告（シャウプ勧告）では、中央政府、府県、市町村の行政事務の分離、責任を明確化すること、それぞれの事務の能率的処理のため適切な行政機関に割り当てること、住民に最も身近な市町村を優先することなどが強調された。そして、国税と

地方税の分離、都道府県税と市町村税の分離が目指され、中央地方財政調整のしくみである地方財政平衡交付金制度が提唱された。

C　「逆コース」

1952（昭和27）年には、地方自治法が改正、特別区長の公選制の廃止が規定された。1954（昭和29）年には、警察法が改正され、国家地方警察と自治体警察を廃止し、都道府県警察に一元化された。

続いて、1956（昭和31）年には、地方自治法が改正され、政令指定都市制度が創設された。また、同年、地方教育行政の組織及び運営に関する法律が制定され、教育委員の公選制が廃止され、首長による任命制へと変更された。

1950年代の地方自治は、戦後のこれまでの改革の流れからすると「逆コース」の性格を有する。

特に、機関委任事務は顕著なものであり、明治時代以来、第二次世界大戦後も持続してきた制度といえる。第二次世界大戦後は、市町村に加え、都道府県にも適用されるようになった。

また、1952（昭和27）年に自治庁（1960［昭和35］年に自治省に）が設置された。

さらに、地方税財政制度についても、1954（昭和29）年に地方交付税制度が創設され、シャウプ勧告に基づいて導入された地方財政平衡交付金制度およびその原則は弱まることとなった。

D　昭和後期〜地方分権改革までの地方自治制度の展開

1950年代に地方自治制度が確立されて以降、第一次地方分権改革が行われるまで、その制度は安定していた。1974（昭和49）年の地方自治法改正では、東京都特別区長公選制が採用され、1994（平成6）年の改正で、中核市制度及び広域連合制度を創設、1997（平成9）年の改正で外部監査制度が導入された。そして、1998（平成10）年の改正によって、従来の特別区を「基礎的な地方公共団体」として位置付け、清掃事務など、都から特別区への事務の移譲が行われた。

4 地方公共団体の種類と役割

A 地方公共団体の種類

　地方公共団体の種類については、地方自治法で規定されている。

　地方公共団体には、普通地方公共団体および特別地方公共団体がある。そして、普通地方公共団体は、都道府県および市町村、特別地方公共団体は、特別区、地方公共団体の組合および財産区に分けられる。また、市の要件は人口5万以上であること等のほか、大都市に関する特例などが定められている。

B 地方公共団体の役割

　市町村は、住民に最も身近な自治体のため基礎的自治体としての役割を有するとされる。

　都道府県は、基礎的自治体を包括する広域的自治体としての性格を有する。都道府県は治山治水事業や大規模な土地改良事業など広域にわたる広域事務、市区町村に関する連絡調整事務、高等学校や大規模施設の設置等、一般の市区町村が処理することが適当でないと認められる補完事務を行う役割を担っている。

　特別区は、市町村と同じく基礎自治体としての性格を有する。また、直接公選の区長（1954年～1974年間一時廃止）、議会が存在しているという制度的側面からも基礎自治体としての性格が見い出せる。現在は、東京都の23区のみである。その起源は、1943（昭和18）年の東京都制にある。都は通常の府県の事務に加え、特別区に関する連絡調整に関する事務、消防や上下水道、バスや地下鉄などの都市交通、病院、港湾管理等、市町村が処理する事務のうち大都市地域における行政の一体性等が必要とされる事務を各区に代わって行うこととされている。また、都と特別区および特別区相互間の財源の均衡化を図り、特別区の行政の自主的かつ計画的な運営を確保するため、都区財政調整制度が採られている。これは、固定資産税・市町村民税法人分、特別土地保有税（調整3税）を都が一体的に課税・徴収し、その収入額に条例で定める割合を乗じて得た額で特別区が等しくその行う

べき事務を遂行することができるように都が交付する特別区財政調整交付金により行われる。

　また、複数の自治体によって別法人として設立される特別地方公共団体として、地方公共団体の組合がある。その組合には、一部事務組合と広域連合がある。まず、一部事務組合とは、複数の自治体がその事務の一部（上下水道、ごみ処理、消防・救急など）を共同処理するために設ける組合である。次に、広域連合とは、1994（平成6）年に多様化した広域行政需要に対応し、国からの権限移譲の受け入れ態勢を整えるため、廃棄物処理・環境汚染対策等広域処理が望ましい分野の事務の共同処理方式として制度化された。例としては、関西広域連合（2010［平成22］年12月設立）がある。

C　大都市制度

　大都市制度としては、政令指定都市制度および中核市制度がある。

　大都市制度は、戦前に行われた特別市制運動にまでその発端を遡ることができる。第二次世界大戦後、地方自治法において区域が都道府県から独立し、都道府県と同様の機能が与えられた特別市制度が設けられたが、特別市を抱える府県との対立や特別市指定に際し、日本国憲法95条に定める住民投票に関する問題が浮上し実現の目途が立たなかったことから、1956（昭和31）年特別市制度に関する条文は削除された。その妥協の産物として、設けられたのが政令指定都市制度である。

　政令指定都市は、政令により指定する人口50万以上の市である。社会福祉、保健衛生、都市計画等に関する事務が都道府県から移譲され、内部には区（行政区）が置かれる。

　また、1980年代後半から市の規模・能力に応じて事務・権限を委譲すべきであるとの議論が高まり、多様な都市特例制度の創設についての議論が進められ、1994（平成6）年に中核市制度が設けられた。なお、1999（平成11）年の地方自治法改正によって特例市制度が設けられていたが、2015（平成27）年の改正で、中核市制度に統合されている（改正時に特例市であった市は施行時特例市とされた）。中核市では政令指定都市よりも狭い範囲での保健所に関する事務、都市計画等に関する権限を都道府県から移譲される。

5　首長制と議会

A　二元代表制

　日本国憲法および地方自治法制定により、都道府県知事と市町村長の直接選挙が導入され、わが国の自治体の政治機構は、地方公共団体の長と議会が住民から直接選出される（憲法93条2項）二元代表制となった。この二元代表制は、執行部、立法部それぞれが住民から選ばれ、それぞれの機関の均衡と抑制を図る機関対立主義に基づいているという点からすると、アメリカの大統領制に近いものと考えられるが、首長に条例案・予算案等を提出する権限、議会招集権、議会の解散権などの特徴を有していることから、大統領制よりも首長に有利な制度となっている。

B　首長と議会

　地方公共団体の議会については、法令上、日本国憲法や地方自治法、公職選挙法等に規定されている。憲法93条には、議事機関としての議会の設置が定められている。

　地方自治法第6章（89～138条）に議会についての規定がされている。たとえば、89条には、普通地方公共団体に議会を置くこと、93条1項には、議員の任期が4年であることが規定されている（ただし、解散・解職請求等により失職することもある）。なお、町村には町村総会を設けることができる（94, 95条）。公職選挙法では、被選挙権は都道府県・市町村議会の議員ともに、満25歳以上であり、3カ月以上その自治体に住所を有しているもの（10条3号、5号）であること、選挙権は、満18歳以上で、3カ月以上その自治体に住所を有しているもの（9条2項）であることが定められている。

　議会は、条例を制定し、改廃すること、予算を定めること、決算を認定する議決権（地方自治法96条）、事務に関わる人の出頭請求や証言請求などを求める調査権（地方自治法100条）、重要な人事（副知事、副市長村長など）に対する同意権（地方自治法162条など）、長に対する不信任決議権（地方自治法178条）などの監視的権限などを有している。

　議会には、条例で定める回数を招集される定例会、必要がある場合には

その事件に限り招集される臨時会がある。政策に関する主要な検討は、政策領域ごとの常任委員会、特別委員会の委員会により行われる。

2012（平成24）年の地方自治法改正では、条例による通年の会期選択、本会議における公聴会の開催・参考人の招致の導入、政務調査費から「政務活動費」への名称変更および交付目的の改正等、議会と長との関係の見直し（再議制度、専決処分制度等）などが行われた。

自治体における立法機関としての議会の能力、それを支える議会スタッフのあり方など議会に関する課題・議論は存在する。このような課題等を背景とし、近年、議会基本条例の制定等議会改革が進められている。

地方自治法上、執行機関は長、委員会および委員に限られる（地方自治法138条の4、1項）。ここでは、委員会は各政策分野など部分的に地方公共団体の執行権を有しているため、地方公共団体の全般的な分野についての執行権を有し、議会と機関的に緊張関係にある首長を扱う。

首長の被選挙権は、都道府県知事については、満30歳以上（公職選挙法10条1項4号）、市町村長については満25歳以上（公職選挙法10条1項6号）とされている。ただし、当該自治体の住民でなくてもよい。任期はそれぞれ4年（地方自治法140条）である（ただし、議会の不信任の議決や解職請求等により解任されることもある）。

首長の権限については、長の役割は地方自治法上、普通地方公共団体を統括し、これを代表し、当該普通地方公共団体の事務を管理し、およびこれを執行するとされ、地方自治法に概括例示されている。具体的には、議会に対して条例案や予算案を提出する権限、法律・政令に違反しない限りにおいて規則制定権、自治体職員の人事権（地方自治法162条他）、組織編成権などを有している。

また、首長は議会との関係においていくつかの権限を有している。議会の議決に異議がある場合、その再議を請求できる再議請求権を有している。ただし、議会において出席議員の3分の2以上の賛成により再議に付された議決と同じ議決がされた場合は、その決定が成立する。

その他にも、本来議会の議決事件とされている事項について、一定の場合に議決を経ず処分できる専決処分権や議会解散権を有する。

6 開かれた地方自治と改革

A 直接民主制

　戦後の地方自治制度において、二元代表制の導入と同様に代議制民主主義を補う直接民主制の導入は、住民参加の実現のために重要な課題であった。地方自治法においては、条例の制定や改廃請求権、地方公共団体の事務の監査請求、議会の解散請求権、地方公共団体の議員、長、その他主な公務員などの解職請求権が定められている。

　条例の制定や改廃請求権については、普通地方公共団体の有権者の総数50分の1以上の連署により、その代表者から普通地方公共団体の長に対し、条例の制定または改廃を請求することができる。アメリカ等のイニシアティブ（住民発議）と比較すると、わが国の条例の制定や改廃請求は、議会により否決される可能性があり、住民が最終的な決定権を有していない。

　地方公共団体の事務の監査請求については、普通地方公共団体の有権者の総数50分の1以上の者の連署をもって、その代表者から普通地方公共団体の監査委員に対し、当該地方公共団体の事務の執行に関し、監査の請求をすることができる。

　地方公共団体の議会の解散請求および議員、長の解職請求については、普通地方公共団体の有権者の総数3分の1以上の者の連署（人口40万人以上の自治体は別の規定）により、選挙管理委員会に対し、その解職や議会の解散の請求をすることができる。解職・解散請求の成立後、投票において過半数の同意があった場合、解散または解職させることができる。

　また、副知事・副市町村長、選挙管理委員、監査委員、公安委員などの主な公務員については、普通地方公共団体の有権者の総数3分の1以上の者の連署（人口40万人以上の自治体は別の規定）により、長に対し、その解職を請求することができ、議会議員の3分の2以上の者が出席し、その4分の3以上の同意があったときは、その職を失う。これらは、欧米におけるリコールと同様である。

　その他に、地方自治における直接民主制としては、条例に基づく住民投票などが存在する。

B 情報公開制度・個人情報保護制度

　行政への住民参加も重要であるが、行政が正しいか否かを判断する情報へのアクセスは重要である。従来より、行政に関する情報提供を行う広報、住民から情報を集める広聴や調査という手段が採られてきた。しかしながら、これらは、行政の裁量によるものであり、不十分であった。

　そこで、1980 年代より国に先立ち、自治体において情報公開条例が制定され、情報公開制度が確立されてきた。こうした情報公開制度は、行政情報に関し、具体的な公開請求に応じて、情報を開示していく仕組みである。1982（昭和 57）年、山形県金山町において、1983（昭和 58）年には神奈川県と埼玉県において、情報公開条例が制定された。現在ではすべての都道府県、その他ほとんどの地方公共団体においても導入されている。

　情報化が進展するとともに、自治体の個人情報の扱いについても問題とされ、個人情報保護制度も、自治体で先行して制度化された。個人情報保護制度は、1985（昭和 60）年に川崎市、1990（平成 2）年に神奈川県で採用された。現在ではすべての都道府県、市町村において導入されている。

C 公的オンブズマン制度

　基本的には住民によって提起される苦情などに対して、行政機関からは独立した第三者として、当該自治体の行政に関する事項について、公平かつ中立の観点から、調査・判断をし、その苦情等の解決を図るという制度である。わが国においては、1990（平成 2）年に初めて川崎市で「川崎市市民オンブズマン」が設けられた。なお、人権、こども、男女共同参画等、特定の事項に対するオンブズパーソン等を設けていることもある。オンブズマンの機能としては、苦情処理により、申立者や関係者の行政救済、制度改革・行政改善の契機として、行政運営について不備がないと判断された場合でも、第三者であるオンブズマンの判断により行政の政策や対応についてその妥当性が示されるなどの機能がある。オンブズマンには、行政機関に対する指揮命令権限はなく、調査に基づく意見や勧告にとどまる。しかし、調査や判断内容の妥当性などから、行政機関は調査結果に従うことが多い。この他にも、地方公共団体においては、監査や行政評価など自治行政の透明性を確保する改革が進められている。

7 地方分権改革と自治体再編

A 地方分権改革

1980年代、第二次行政改革推進審議会の「国と地方の関係に関する答申」（1989 [平成元] 年）など、行政改革の流れの中で地方分権への注目が集まっていた。

1993（平成5）年6月、衆参両議院において「地方分権の推進に関する決議」が全会一致でなされた。その後、非自民連立政権である細川内閣が誕生し、1995（平成7）年には地方分権推進法が制定された。地方分権推進委員会の発足により改革の本格的な議論が開始された。そして、1999（平成11）年7月、総計475本の関係法律の一部改正を一括処理し「地方分権の推進を図るための関係法律の整備等に関する法律」（地方分権一括法）が成立した。こうした1990年代初頭から始まった地方分権一括法の施行までの一連の動きを第一次地方分権改革と呼ぶ。

第一次地方分権改革の主要な成果とされるのが、機関委任事務の廃止である。これにより、上下・主従の関係におかれてきた国と地方の関係は、対等・協力の関係へと変化したといわれ、従来の機関委任事務は自治事務と法定受託事務に再編されることになった。

また、第一次地方分権改革においては、地方公共団体に対する国の新たな関与のルールも定められた。国による関与は、法定主義の原則、一般法主義の原則、公正・透明性の原則に則って行うとされた。

さらに、国と都道府県・市町村の対等・協力関係を担保するため国と地方の係争処理制度を導入し、国地方係争処理委員会が総務省に設けられた。

このような成果のあった第一次地方分権改革であったが、さらなる改革の必要性、課題も存在した。たとえば、地方税源の充実強化や国から自治体への権限移譲、国庫補助負担金の整理合理化等が存在した。地方税財政に関わる課題については、2001（平成13）年に発足した小泉内閣の下で、財政面での分権化を目指し、「三位一体改革」として実現された。一方で、住民自治の拡充を目的とした諸課題は、分権委においても着手できなかった。

三位一体改革においては、地方分権改革推進会議で議論され、国庫補助

負担金の改革（廃止・削減）、国から自治体への税源の移譲、地方交付税の改革（地方交付税等の総額抑制）などが進められた。

その後、2006（平成 18）年には地方分権推進法が制定され、2007（平成 19）年には地方分権改革推進委員会を内閣府に設置、地方分権改革が推進されてきた。地方分権改革推進法以降の改革は、第二次地方分権改革と呼ばれる。以後、2009（平成 21）年に誕生した鳩山内閣のもとでは、地域主権改革が進められた。地方分権改革推進委員会の勧告内容（地方公共団体に対する義務付け・枠付け等）は、「地域の自主性及び自立性を高めるための改革の推進を図るための関係法律の整備に関する法律」等により推進されている。

B　市町村合併

これまでも明治の大合併や昭和の大合併では、戸数や人口に基づいた目標などを設定したうえ合併が進められ、約 3200 程度の市町村で安定してきたが、地方分権改革により、権限が市町村に下り、中央省庁の影響力が弱まった結果、特に小規模町村を中心に行財政能力が問題になり、行財政基盤の強化、広域的な行政需要への対応、国家財政との関連から必要性が高まり、特に 2000 年代に入ってからは市町村合併が進んだ。

平成の大合併は、1999（平成 11）年に始まり、2010（平成 22）年に収束したといわれる。2000（平成 12）年 12 月行政改革大綱において、合併後の市町村総数を総数の 3 分の 1 の 1000 まで削減するとの目標が示され、2005（平成 17）年 4 月合併三法により、合併が進められた。平成の大合併においては、合併による人口目標は示されなかった。しかしながら、政府は、政令市への昇格条件の緩和や議会定数の特例などの支援策を採り、中でも合併により交付税給付が受けられるという合併特例債の発行は、財政状況の厳しさによる歳出抑制を検討していた市町村、特に町村の合併を促進した。これにより、1999（平成 11）年 3 月に 3232 市町村であったものが、2009（平成 21）年には 1760 にまで減少した。ただし、小規模な自治体の合併が進まなかったことや都道府県によって合併の進捗に偏りが生じたこと、大都市圏ではほとんど進捗しなかった等の指摘もある。

知識を確認しよう

【問題】 わが国の地方自治に関する次の記述のうち、妥当なものはどれか。

(1) 1925 (大正14) 年の普通選挙制法導入に伴い、市会・町村会議員選挙についても男子普通選挙制度が導入されたと同時に、都道府県知事は官選から住民による直接選挙へと改められた。

(2) 1999 (平成11) 年の地方分権の推進を図るための関係法律の整備等に関する法律の制定により、いわゆる第一次地方分権改革が進められ、機関委任事務の廃止、国と地方の新たなルールの形成、国から自治体への税源移譲などが行われた。

(3) 地方公共団体のうち、普通地方公共団体には、市町村および特別区が含まれ、特別地方公共団体には、都道府県及び組合等が含まれる。

(4) 直接民主制には、イニシアティブ、レファレンダム、リコールがある。わが国では、地方自治法上、長や議員等の解職請求としてリコール制度が採用されているが、レファレンダムは採用されていない。

(5) 自治体の政治機構においては、首長が優位であり、議会は、首長の解職請求等は可能であるが、地方公共団体の事務に関する調査権や監査権などを有していない。

解答

(1) ×　都道府県知事が住民による直接選挙に改められたのは、第二次世界大戦後である。

(2) ×　三位一体改革により国から自治体への税源移譲が行われた。

(3) ×　特別区は、特別地方公共団体であり、都道府県は普通地方公共団体である。ちなみに、特別区は、基礎自治体としての性格を有する。

(4) ○　レファレンダムとは、自治体の決定に際し、住民の投票により承認を要する制度である。

(5) ×　議会には、地方自治法100条に基づき、国会の国政調査権と同様に、広範な調査権 (いわゆる百条調査権) が与えられている。

参考文献

第1章

レイプハルト，A.『民主主義対民主主義』粕谷裕子訳，勁草書房，2005.

福田歓一『近代民主主義とその展望』岩波書店，1997.

西平重喜『比例代表制』中央公論社，1999.

山脇直司『社会思想史を学ぶ』筑摩書房，2009.

間宮洋介『市場社会の思想史』中央公論新社，1999.

田中敏弘『経済学史』基本経済学シリーズ 18，八千代出版，1997.

永井義雄『経済学史概説』ミネルヴァ書房，1992.

手島孝『行政概念の省察』学陽書房，1982.

辻清明編『行政の理論』行政学講座 1，東京大学出版会，1976.

池内了「未来世代への責任」『やさしい経済学』日本経済新聞 2008 年 3 月 14 日〜25 日

河合信和『ヒトの進化七〇〇万年史』筑摩書房，2010.

三輪和宏『諸外国の上院の選挙制度・任命制度』基本情報シリーズ 4，国立国会図書館調
　　査及び立法考査局，2009.

第2章

メリアム，C.E.『政治権力——その構造と技術』上，斉藤真・有賀弘訳，東京大学出版会，
　　1977.

ラスウェル，H. D.『権力と人間』永井陽之助訳，創元社，1954.

佐々木毅『主権・抵抗権・寛容』岩波書店，1973.

Krasner, S. D., *Sovereignty : Organized Hypocricy*, Princeton University Press, 1999.

ウェーバー，M.『支配の諸類型』世良晃志郎訳，創文社，1999.

建林正彦・曽我謙悟・待鳥聡史『比較政治制度論』有斐閣，2008.

ピータース，B. ガイ『新制度論』土屋光芳訳，芦書房，2007.

マンハイム，K.『イデオロギーとユートピア』鈴木二郎訳，未來社，1968.

山口定『政治体制』東京大学出版会，1995.

篠原一・永井陽之助編『現代政治学入門（第 2 版）』，有斐閣，1993.

猪口孝・大澤真幸・岡沢憲芙・山本吉宣・リード，S.R. 編『政治学事典』弘文堂，2000.

廣松渉・子安宣邦・三島憲一・宮本久雄・佐々木力・野家啓一・末木文美士編『岩波哲
　　学・思想事典』岩波書店，1998.

リンス，J.『民主体制の崩壊』内山秀夫訳，岩波書店現代選書，1982.

第3章

荒木勝『アリストテレス政治哲学の重層性』創文社，2011.

アリストテレス『政治学』牛田徳子訳，京都大学学術出版会，2001.

宇野重規『デモクラシーを生きる——トクヴィルにおける政治の再発見』創文社, 1998.

宇野重規『西洋政治思想史』有斐閣, 2013.

加藤節『ジョン・ロックの思想世界——神と人間との間』東京大学出版会, 1987.

佐々木毅『プラトンと政治』東京大学出版会, 1984.

佐々木毅『マキアヴェッリの政治思想』岩波書店, 1970.

佐々木毅『主権・抵抗権・寛容——ジャン・ボダンの国家哲学』岩波書店, 1973.

関口正司『自由と陶冶——J.S. ミルとマス・デモクラシー』みすず書房, 1989.

トクヴィル, A.『アメリカのデモクラシー』第 1 巻（上）（下）-第 2 巻（上）（下）, 松本礼二訳, 岩波書店, 2005-2008.

福田歓一『近代政治原理成立史序説』岩波書店, 1971.

福田歓一『政治学史』東京大学出版会, 1996.

藤原保信『近代政治哲学の形成——ホッブズの政治哲学』早稲田大学出版部, 1974.

藤原保信『西洋政治理論史（新装版）』早稲田大学出版部, 1998.

プラトン『国家（改版）』（上）（下）, 藤沢令夫訳, 岩波書店, 2008.

ホッブズ, T.『リヴァイアサン』第 1-4 巻, 水田洋訳, 岩波書店, 1982-1992.

マキアヴェッリ, N.『君主論』佐々木毅全訳注, 講談社, 2004.

ミル, J.S.『自由論』塩尻公明・木村健康訳, 岩波書店, 1971.

ルソー, J.-J.『社会契約論』桑原武夫・前川貞次郎訳, 岩波書店, 1954.

ロック, J.『完訳 統治二論』加藤節訳, 岩波書店, 2010.

第 4 章

アリストテレス『政治学』山本光雄訳, 岩波書店, 1961.

イーストン, D.「政治学における新しい革命」デ・ソラ・プール, I. 編『現代政治学の思想と方法』内山秀夫他訳, 勁草書房, 1970.

ウォーラス, G.『政治における人間性』石上良平・川口浩訳, 創文社, 1958.

加藤哲郎『国家論のルネサンス』青木書店, 1986.

菊池理夫『現代のコミュニタリアニズムと「第三の道」』風行社, 2004.

河野勝・岩崎正洋編『アクセス 比較政治学』日本経済評論社, 2002.

中谷義和『草創期のアメリカ政治学』ミネルヴァ書房, 2002.

ノージック, R.『アナーキー・国家・ユートピア——国家の正当性とその限界』嶋津格訳, 木鐸社, 1985.

阪野亘編『行動論政治学』世界思想社, 1976.

ピータース, B.G.『新制度論』土屋光芳訳, 芦書房, 2007.

プラトン『国家』藤沢令夫訳, 岩波書店, 1979.

ベアー, M. 他編『アメリカ政治学を創った人たち——政治学の口述史』内山秀夫監訳, ミネルヴァ書房, 2001.

ベントリー, A.F.『統治過程論——社会圧力の研究』喜多靖郎・上林良一訳, 法律文化社, 1994.

ホッブズ, T.『リヴァイアサン』水田洋訳, 岩波書店, 1992.

マキアヴェリ, N. 『君主論』池田廉訳, 中央公論新社, 2002.
リプセット, S. M. 『現代政治学の基礎』矢沢修次郎・矢沢澄子訳, 東京大学出版会, 1973.
ルソー, J.-J. 『社会契約論』桑原武夫他訳, 岩波書店, 1954.
ロック, J. 『市民政府論』鵜飼信成訳, 岩波書店, 1968.
ロールズ, J. 『正義論』矢島鈞次監訳, 紀伊國屋書店, 1979.

第5章

篠原一『市民の政治学——討議デモクラシーとは何か』岩波書店, 2004.
キムリッカ, W. 『新版 現代政治理論』千葉眞・岡崎晴輝訳, 日本経済評論社, 2005.
フィンリー, M. I. 『民主主義——古代と現代』柴田平三郎訳, 講談社, 2007.
福田歓一『近代政治原理成立史序説』岩波書店, 1971.
トクヴィル, A. de 『アメリカのデモクラシー』第1巻-第2巻, 松本礼二訳, 岩波書店, 2005-2008.
シュンペーター, J. A. 『資本主義、社会主義、民主主義 1』大野一訳, 日経BP社, 2016.
フィヒテ, J. G. 『ドイツ国民に告ぐ』大津康訳, 岩波書店, 1988.
ゲルナー, E. 『民族とナショナリズム』加藤節訳, 岩波書店, 2000.
アンダーソン, B. 『定本 想像の共同体——ナショナリズムの起源と流行』白石隆・白石さや訳, 書籍工房早山, 2007.
アレント, H. 『新版 全体主義の起源』大久保和郎他訳, みすず書房, 2017.
山口定『ファシズム』岩波書店, 2006.
ダール, R. 『ポリアーキー』高畠通敏他訳, 岩波書店, 2014.
ダール, R. 『現代政治分析』高畠通敏訳, 岩波書店, 2012.
ハーバーマス, J. 『公共性の構造転換——市民社会の一カテゴリーについての探究（第2版）』細谷貞雄・山田正行訳, 未來社, 1994.
ハーバーマス, J. 『コミュニケイション的行為の理論』上・中・下, 河上倫逸他訳, 未來社, 1985-1987.
ペイトマン, C. 『参加と民主主義理論』寄本勝美訳, 早稲田大学出版部, 1977.
田村哲樹『熟議の理由——民主主義の政治理論』勁草書房, 2008.
ムフ, C. 『政治的なるものの再興』千葉眞他訳, 日本経済評論社, 1998.
バトラー, J. 『ジェンダー・トラブル——フェミニズムとアイデンティティの攪乱』竹村和子訳, 青土社, 1999.
森山至貴『LGBTを読みとく——クィア・スタディーズ入門』筑摩書房, 2017.

第6章

阿部斉『概説 現代政治の理論』東京大学出版会, 1991.
大山礼子『フランスの政治制度』東信堂, 2006.
川崎修・杉田敦編『現代政治理論』有斐閣, 2006.
川出良枝・谷口将紀『政治学』東京大学出版会, 2012.
久保慶一・末近浩太・高橋百合子『比較政治学の考え方』有斐閣, 2016.

佐々木毅『政治学講義（第2版）』東京大学出版会，2012.

杉本稔編『西洋政治史』弘文堂，2014.

田口富久治・中谷義和編『比較政治制度論（第3版）』法律文化社，2006.

待鳥聡史『代議制民主主義——「民意」と「政治家」を問い直す』中央公論新社，2015.

山川雄巳『政治学概論（第2版）』有斐閣，1994.

山口二郎『内閣制度』東京大学出版会，2007.

第7章

岩崎正洋『e デモクラシーと電子投票』日本経済評論社，2009.

岩崎正洋編『選挙と民主主義』吉田書店，2013.

梅津實・森脇俊雅他『比較・選挙政治（新版）』ミネルヴァ書房，2004.

加藤秀治郎編訳『選挙制度の思想と理論——Readings』芦書房，1998.

蒲島郁夫『政治参加』現代政治学叢書6，東京大学出版会，1988.

小林良彰『選挙・投票行動』社会科学の理論とモデル1，東京大学出版会，2000.

佐々木毅編『政治改革1800日の真実』講談社，1999.

白鳥令編『選挙と投票行動の理論』東海大学出版会，1997.

西平重喜『各国の選挙』木鐸社，2003.

三宅一郎『投票行動』現代政治学叢書5，東京大学出版会，1989.

山田真裕・飯田健編『投票行動研究のフロンティア』おうふう，2009.

デュベルジェ，M.『政党社会学——現代政党の組織と活動』岡野加穂留訳，潮出版社，1970.

サルトーリ，G.『比較政治学——構造・動機・結果』岡沢憲芙監訳・工藤裕子訳，早稲田大学出版部，2000.

第8章

岡﨑晴輝「サルトーリ再考」日本政治学会編『特集 政党研究のフロンティア　年報政治学』(2)，木鐸社，2016.

川人貞史・吉野孝・平野浩・加藤淳子『現代の政党と選挙』有斐閣，2001.

久米郁男・川出良枝・古城佳子・田中愛治・真渕勝『政治学』有斐閣，2003.

佐々木毅『政治学講義』東京大学出版会，1999.

杉本稔編『政治の世界』北樹出版，2004.

山口二郎『政治改革』岩波書店，1993.

渡辺容一郎『現代ヨーロッパの政治』北樹出版，2007.

渡辺容一郎『オポジションとヨーロッパ政治』北樹出版，2010.

サルトーリ，G.『現代政党学——政党システム論の分析枠組み』岡沢憲芙・川野秀之訳，早稲田大学出版部，1992.

ノイマン，S.『政党——比較政治学的研究　I』渡辺一訳，みすず書房，1958.

バーク，E.『バーク政治経済論集』中野好之編訳，法政大学出版局，2000.

パーネビアンコ，A.『政党——組織と権力』村上信一郎訳，ミネルヴァ書房，2005.

Jones, B., Kavanagh, D., Moran, M. & Norton, P., *Politics UK*, 6th. ed., Harlow : Pearson Education, 2007.

Mair, P., *Party System Change : Approaches and Interpretations*, Oxford : Oxford University Press, 1997.

第9章

内田満『アメリカ圧力団体の研究』三一書房，1980.

オルソン, M. 『集合行為論——公共財と集団理論』依田博・森脇俊雅訳，ミネルヴァ書房，1983.

シュミッター, P. & レームブルッフ, G. 編『現代コーポラティズム I・II——団体統合主義の政治とその理論』山口定監訳，木鐸社，1984.

辻中豊『利益集団』東京大学出版会，1988.

辻中豊編『現代日本の市民社会・利益団体』木鐸社，2002.

恒川惠市『企業と国家』東京大学出版会，1996.

ベントリー, A. F. 『統治過程論』喜多靖郎・上林良一訳，法律文化社，1994.

ボール, A. R. & ミラード, F. 『圧力団体政治——東西主要国の比較分析』宮下輝雄監訳，三嶺書房，1997.

村松岐夫・伊藤光利・辻中豊『戦後日本の圧力団体』東洋経済新報社，1986.

ローウィ, T. J. 『自由主義の終焉——現代政府の問題性』村松岐夫監訳，木鐸社，1981.

第10章

稲増一憲・三浦麻子『「自由」なメディアの陥穽——有権者の選好に基づくもうひとつの選択的接触』社会心理学研究 31 (3)，pp. 172-183，2016.

川口貴久「昨今のサイバー安全保障政策の課題——サイバー攻撃と自衛権」公益財団法人日本国際問題研究所『平成 25 年度研究プロジェクトグローバル・コモンズ（サイバー空間、宇宙、北極海）における日米同盟の新しい課題分析レポート』2014.

川口貴久「サイバー空間における安全保障の現状と課題——サイバー空間の抑止力と日米同盟」日本国際問題研究所『平成 25 年度研究プロジェクトグローバル・コモンズ（サイバー空間、宇宙、北極海）における日米同盟の新しい課題』2015.

清原聖子・前嶋和弘『インターネットが変える選挙——米韓比較と日本の展望』慶応義塾大学出版会，2011.

神足祐太郎「日本における情報政策の展開——IT 基本法以降の政府の IT 戦略を中心に」国立国会図書館調査及び立法考査局『情報通信をめぐる諸課題』2015.

国立国会図書館調査及び立法考査局『情報通信をめぐる諸課題』2015.

近藤玲子「サイバーセキュリティ国際連携取組方針の策定——j-initiative on Cybersecurity」『ITU ジャーナル』2013.

選挙制度研究会編『実務と研修のためのわかりやすい公職選挙法（第 15 次改訂版）』ぎょうせい，2014.

杣正夫『日本選挙制度史』九州大学出版会，1986.

田中宗孝「選挙運動入門講座（17）」『選挙』2006.

谷口将紀『政治とマスメディア』シリーズ日本の政治10, 東京大学出版会, 2015.

土屋大洋『情報による安全保障——ネットワーク時代のインテリジェンス・コミュニティ』慶應義塾大学出版会, 2007.

土屋大洋『サイバーセキュリティと国際政治』千倉書房, 2015.

原田有「サイバー空間のガバナンスをめぐる論争」『NIDSコメンタリー』第43号, 2015.

山本達也『革命と騒乱のエジプト——ソーシャルメディアとピークオイルの政治学』慶應義塾大学出版会, 2014.

吉田光男・松本明日香「ソーシャルメディアの政治的活用——活用事例と分析事例から」『人工知能学会誌』第27巻1号, 2012.

リッド, T. & ブキャナン, B.「サイバー攻撃を行うのは誰か」『戦略研究』土屋大洋訳, 戦略研究学会, 2016.

デナルディス, L.『インターネットガバナンス——世界を決める見えざる戦い』岡部晋太郎訳, 河出書房新社, 2015.

第11章

網谷龍介・伊藤武・成廣孝編『ヨーロッパのデモクラシー』ナカニシヤ出版, 2009.

梅津實・森脇俊雅・坪郷實・後房雄・山田真裕『新版 比較・選挙政治——21世紀初頭における先進6カ国の選挙』ミネルヴァ書房, 2004.

初宿正典・辻村みよ子編『新解説世界憲法集』三省堂, 2006.

高瀬淳一・近裕一『まるごとナビゲーション 世界の政治・日本の政治』実務教育出版, 2004.

田口富久治・中谷義和編『比較政治制度論（第3版）』法律文化社, 2006.

中村勝範編『主要国政治システム概論（改訂版）』慶應義塾大学出版会, 2005.

馬場康雄・平島健司編『ヨーロッパ政治ハンドブック（第2版）』東京大学出版会, 2010.

藤原孝・杉本稔編『現代政治へのアプローチ（増補版）』北樹出版, 1998.

横手慎二『現代ロシア政治入門』慶應義塾大学出版会, 2005.

Powell, Jr., G. B., Dalton, R. J. & Strøm, K., *Comparative Politics Today : A World View*, 11th eds., New York : Pearson, 2015.

第12章

ウォルツ, K.『国際政治の理論』河野勝・岡垣知子共訳, 勁草書房, 2010.

カー, E. H.『危機の二十年』井上茂訳, 岩波書店, 1996.

コヘイン, R. O.『覇権後の国際政治経済学』石黒馨・小林誠訳, 晃洋書房, 1998.

ジロー, R.『国際関係史 1817～1914年——ヨーロッパ外交、民族と帝国主義』濱口學・渡邊啓貴他訳, 未来社, 1998.

ナイ, J. S.『ソフト・パワー——21世紀国際政治を制する見えざる力』山岡洋一訳, 日本経済新聞社, 2004.

ナイ, J. S.『国際紛争——理論と歴史』田中明彦・村田晃嗣訳, 有斐閣, 2004.

キッシンジャー，H. A. 『外交』上・下，岡崎久彦監訳，日本経済新聞社，1996.

モーゲンソー，H. 『国際政治──権力と平和』現代平和研究会訳，福村出版，1998.

吉川元編『国際関係論を超えて──トランスナショナル関係論の新次元』山川出版社，
    2003.

ラセット，B. 『パクス・デモクラティア──冷戦後世界への原理』鴨武彦訳，東京大学出
    版会，1996.

第 13 章

五十嵐暁郎『日本政治論』岩波書店，2010.

石川真澄・山口二郎『戦後政治史（第 3 版）』岩波書店，2010.

笠原英彦・桑原英明編『日本の政治と行政』芦書房，2012.

新藤宗幸・阿部齊『現代日本政治入門』東京大学出版会，2016.

内閣府男女共同参画局「女性の政治参加マップ 2017」（http://www.gender.go.jp/policy/
    mieruka/pdf/map_josei_2017.pdf）

長澤高明『入門現代日本の政治』学習の友社，2014.

中村政則『戦後史』岩波新書，2005.

畑山敏夫・平井一臣編『ポスト・フクシマの政治学』法律文化社，2014.

御巫由美子「ジェンダーの政治学」賀来健輔・丸山仁編『政治変容のパースペクティブ
    （第 2 版）』ミネルヴァ書房，2010.

森本哲郎編『現代日本の政治──持続と変化』法律文化社，2016.

吉野孝・谷藤悦史・今村浩編『論点　日本の政治──政治を学ぶための基礎知識』東京
    法令出版，2015.

「総特集　3・11 は何を問うか」『季刊現代の理論』11 夏号［vol. 28］明石書店，2011.

第 14 章

高辻正己，辻清明編『政府』現代行政全集 1，ぎょうせい，1983.

百瀬孝『内務省──名門官庁はなぜ解体されたか』PHP 研究所，2001.

西尾勝『行政学（新版）』有斐閣，2001.

村松岐夫『行政学教科書──現代行政の政治分析』有斐閣，1999.

村松岐夫『日本の行政──活動型官僚制の変貌』中央公論社，1994.

百瀬孝『事典昭和戦前期の日本──制度と実態』吉川弘文館，1990.

パーキンソン，C. N. 『パーキンソンの法則』森永晴彦訳，至誠堂，1961.

松尾正人『廃藩置県──近代統一国家への苦悶』中央公論社，1986.

辻清明編『行政の歴史』行政学講座 2，東京大学出版会，1976.

毛利俊彦『明治六年政変』中央公論社，1979.

第 15 章

礒崎初仁・金井利之・伊藤正次『ホーンブック地方自治（第 3 版）』北樹出版，2014.

今川晃他編『分権時代の地方自治』三省堂，2007.

今村都南雄編『現代日本の地方自治』自治総研叢書 20，敬文堂，2006.

今村都南雄ほか『ホーンブック基礎行政学（第 3 版）』北樹出版，2015.

宇賀克也『地方自治法概説（第 6 版）』有斐閣，2015.

風間規男編『行政学の基礎』一藝社，2007.

金井利之『自治制度』行政学叢書 3，東京大学出版会，2007.

亀掛川浩『明治地方制度成立史』巌南堂書店，1967.

中川剛『地方自治制度史』学陽書房，1990.

西尾勝他編『自治行政要論』地方公務員のための法律講座 3，第一法規出版，1986.

地方自治総合研究所監修『戦後自治の政策・制度事典』公人社，2016.

東京市政調査会編『大都市のあゆみ』東京市政調査会，2006.

西尾勝『行政学（新版）』有斐閣，2001.

西尾勝『地方分権改革』東京大学出版会，2007.

日本オンブズマン学会編『日本と世界のオンブズマン――行政相談と行政苦情救済』第一法規，2015.

人見剛・須藤陽子『ホーンブック地方自治法（第 3 版）』北樹出版，2015.

宮本憲一『日本の地方自治――その歴史と未来（増補版）』自治体研究社，2016.

村松岐夫編『テキストブック地方自治（第 2 版）』東洋経済新報社，2010.

吉野孝ほか編『論点　日本の政治――政治を学ぶための基礎知識』東京法令出版，2015.

寄本勝美編『公共を支える民――市民主権の地方自治』コモンズ，2001.

索引

さ〜そ

Next教科書シリーズ 政治学［第2版］

2011（平成23）年3月15日　初　版1刷発行
2018（平成30）年2月28日　第2版1刷発行

編　者　吉野　篤
発行者　鯉渕　友南
発行所　株式会社　弘文堂　　101-0062　東京都千代田区神田駿河台1の7
　　　　　　　　　　　　　　TEL 03（3294）4801　　振替 00120-6-53909
　　　　　　　　　　　　　　http://www.koubundou.co.jp

装　丁　水木喜美男
印　刷　三美印刷
製　本　井上製本所

ISBN978-4-335-00231-1

Next 教科書シリーズ

授業の予習や独習に適した初学者向けの大学テキスト

(刊行順)

『心理学』[第3版] 和田万紀＝編
定価(本体2100円＋税) ISBN978-4-335-00230-4

『政治学』[第2版] 吉野 篤＝編
定価(本体2000円＋税) ISBN978-4-335-00231-1

『行政学』[第2版] 外山公美＝編
定価(本体2600円＋税) ISBN978-4-335-00222-9

『国際法』[第3版] 渡部茂己・喜多義人＝編
定価(本体2200円＋税) ISBN978-4-335-00232-8

『現代商取引法』 藤田勝利・工藤聡一＝編
定価(本体2800円＋税) ISBN978-4-335-00193-2

『刑事訴訟法』 関 正晴＝編
定価(本体2400円＋税) ISBN978-4-335-00197-0

『行政法』[第3版] 池村正道＝編
定価(本体2800円＋税) ISBN978-4-335-00229-8

『民事訴訟法』[第2版] 小田 司＝編
定価(本体2200円＋税) ISBN978-4-335-00223-6

『日本経済論』 稲葉陽二・乾友彦・伊ヶ崎大理＝編
定価(本体2200円＋税) ISBN978-4-335-00200-7

『地方自治論』 山田光矢・代田剛彦＝編
定価(本体2000円＋税) ISBN978-4-335-00199-4

『憲法』[第2版] 齋藤康輝・高畑英一郎＝編
定価(本体2100円＋税) ISBN978-4-335-00225-0

『教育政策・行政』 安藤忠・壽福隆人＝編
定価(本体2200円＋税) ISBN978-4-335-00201-4

『国際関係論』[第3版] 佐渡友哲・信夫隆司・柑本英雄＝編
定価(本体2200円＋税) ISBN978-4-335-00233-5

『労働法』 新谷眞人＝編
定価(本体2000円＋税) ISBN978-4-335-00206-9

『刑事法入門』 船山泰範＝編
定価(本体2000円＋税) ISBN978-4-335-00210-6

『西洋政治史』 杉本 稔＝編
定価(本体2000円＋税) ISBN978-4-335-00202-1

『社会保障』 神尾真知子・古橋エツ子＝編
定価(本体2000円＋税) ISBN978-4-335-00208-3

『民事執行法・民事保全法』 小田 司＝編
定価(本体2500円＋税) ISBN978-4-335-00207-6

『教育心理学』 和田万紀＝編
定価(本体2000円＋税) ISBN978-4-335-00212-0

『教育相談』 津川律子・山口義枝・北村世都＝編
定価(本体2200円＋税) ISBN978-4-335-00214-4